R. R. King Spinnaker

R. R. King

Spinnaker

Aus dem Englischen
von Jürgen Hassel

Verlag Delius Klasing & Co Bielefeld

Titel der englischen Originalausgabe
SPINNAKER

Published by Granada Publishing in
Adlard Coles 1981
Frogmore, St. Albans, Herts AL2 2NF

ISBN 3-7688-0400-3

Printed in Germany 1982
Druck: Druckerei Auer, Donauwörth

Danksagung

Daß dieses Buch überhaupt existiert, habe ich der Segelmacherei Hood zu danken. In all den Jahren, in denen ich für Ted Hood arbeitete und die Segelmacherei in Lymington in England leitete, hatte ich die einzigartige Chance, mit ihm, Chris Bouzaid und Robby Doyle zusammenzuarbeiten, und zwar nicht nur an der Weiterentwicklung des Spinnakers, sondern in allen Bereichen der Segelmacherkunst. Ohne diese Erfahrung hätte ich das hier abgehandelte Thema nicht so umfassend angehen können. Ich danke Ted Hood für sein freundliches Vorwort und für die Erlaubnis zur Veröffentlichung einiger Fotos in diesem Buch.

Mein Sohn David und Proctor Metal Masts halfen mir freundlicherweise, Skizzen für Mike Collins schöne Zeichnungen vorzubereiten; Samuel Courtauld und ICI Fibres waren sehr hilfreich bei der Abhandlung über Segeltuche; das Regelbuch des Offshore Racing Council lag ständig griffbereit, und Keith Ludlow vom RORC Rating Office überprüfte freundlicherweise einige meiner Erläuterungen zum Meßverfahren (doch restliche Fehler sind natürlich mir, nicht ihm anzukreiden).

Schließlich muß ich Jeremy Howard-Williams für seine Hilfe danken. Hätte er mich nicht ständig zum Schreiben, Zeichnen und allen anderen Arbeiten gedrängt, die nun einmal zu einem solchen Buch gehören, und hätte er es schließlich nicht in seine Form gezwungen, wäre es ganz zweifellos nie veröffentlicht worden.

Inhalt

Vorwort

Fragt man einen Nicht-Segler nach Segeln, erhält man höchstwahrscheinlich eine Beschreibung „jener hübschen, bunten Ballonsegel" – der Spinnaker. Auch wenn er vielleicht nicht einmal seine richtige Bezeichnung kennt, erinnert sich doch jeder, der einmal einen Spinnaker gesehen hat, an die Farbe, die Größe und die Erregung, die von diesem Vormwindsegel ausgeht. Auch altgediente Regatta- und Tourensegler geben zu, daß mit Spinnakern irgend etwas Magisches verbunden ist. Einige bewundern die Fähigkeit des Spinnakers, ein Boot auch noch in den leichtesten Winden voranzubewegen; andere fürchten die Größe eines Spinnakers und die Kraft, die er entwickeln kann. Vielleicht resultiert diese Furcht aus einem mangelhaften Verständnis von Spinnakern im allgemeinen – wie sie entworfen werden, wie sie gebaut sind und wie sie richtig gefahren werden.
R. R. King – der bei all seinen Seglerfreunden als Bunty bekannt ist – liefert nun in diesem Buch alles, was nötig ist, um diese Furcht zu bekämpfen. Es wird eine wertvolle Informationsquelle für alle Segler sein, gleich, ob sie Regattasegler oder Tourensegler, ob sie Anfänger oder Experten sind.
Zunächst mag man vielleicht fragen, ob über Spinnaker überhaupt genug geschrieben werden kann, um ein Buch zu füllen. Doch nach der Lektüre dieses Buches wird vielleicht auch der erfahrene Segler bemerken, wieviel er vergessen hat, und der Anfänger wird alle Tricks kennen, mit denen er unter Spinnaker vor dem Wind schneller, aufregender und kontrollierter segeln kann, und das unter Regatta- und unter Tourenbedingungen.
Bunty erklärt, wie sich die Spinnaker etwa in den letzten hundert Jahren entwickelt haben. Ausgehend von der Herstellung spezieller Tuche diskutiert er die verschiedenen Entwurfskriterien, die beim Bau von Vormwindsegeln entscheidend sind. Buntys Beschreibung der verschiedenen Spinnakertypen vom grundlegenden Allroundsegel bis zu ganz speziellen Schnitten gibt einen wertvollen Überblick über die vielen verschiedenen Typen von Spinnakern, die für das Regatta- und für das Tourensegeln entwikkelt wurden.
Die Ausrüstung, die man zum Spinnakersegeln nötig hat, wird oft als verwirrende Masse merkwürdig bezeichneten Geräts betrachtet. Niederholer, Toppnant, Achterholer usw. – alles wird klar be-

schrieben, und der Gebrauch wird erklärt. Ein Blick auf das Inhaltsverzeichnis kann den Leser rasch überzeugen, daß Bunty nicht nur das abgehandelt hat, was geschehen sollte, sondern auch das, was passieren kann, wenn man unter Spinnaker segelt. Seine Tips zum Trimmen und Bedienen des Spinnakers sind besonders wertvoll und sollten den Seglern für alle Bedingungen Kenntnisse und Vertrauen vermitteln. Es sind Informationen, die man an jedes Crewmitglied weitergeben sollte.
Ich vermute, daß „Spinnaker" viele Jahre als Nachschlagewerk beim Vormwindsegeln benutzt wird. Jeder Segler sollte dieses Buch in seiner Bibliothek haben.

Frederick E. ‚Ted' Hood

Einleitung

Das Segeln begann, als der Mensch zum erstenmal merkte, daß ein Busch oder eine andere sperrige Last auf einem Boot seinem Vorankommen in Windrichtung behilflich war. Die alten Ägypter fanden heraus, daß die vorherrschenden Winde ihnen halfen, nilaufwärts zu fahren, während sie sich mit der Strömung wieder zurücktreiben lassen konnten. Einbaumkanus kamen voran, indem man Tierhäute hochhielt. Die Wikinger breiteten genähte Segel an Rahen aus, um vor dem Wind, der aus den Fjorden herausweht, auf See segeln zu können. Doch die Kunst, ein Boot in die andere Richtung, gegen den Wind zu segeln, bedurfte langwieriger Entwicklungen; so ist es kein Wunder, daß die Rahsegler mit ihrer riesigen Segelfläche große Popularität gewannen. Es ist auch kein Wunder, daß sie so klotzig aussahen; ihre turmartigen Aufbauten waren unter anderem auch Hilfe für das Vormwindsegeln und trugen zudem zur Bequemlichkeit und guten Sicht bei.
Außerhalb Europas waren die Fahrzeuge früherer Zeiten weniger topplastig. Der Mensch begann zu begreifen, daß er auch in anderen Richtungen als platt vor dem Wind segeln konnte, als die Polynesier mit dem dort vorherrschenden halben Wind zwischen ihren Inseln zu verkehren begannen und als sich aus ähnlichen Gründen im östlichen Mittelmeer das Lateinersegel entwickelte. Und wie in Europa das Gaffelrigg die Rahsegel verdrängte, so machte das Bermuda-Großsegel die Gaffel überflüssig, womit allerdings auch eine beträchtliche Vormwind-Segelfläche verlorenging. Große Vorsegel wurden auf der dem Groß gegenüberliegenden Seite ausgebaumt, bis schließlich die Entwicklung eines neuen Segels speziell für das Segeln vor dem Wind in Regatten unvermeidlich wurde.
Der Spinnaker war geboren.
Sein Geburtsdatum läßt sich ungefähr festlegen. Am 5. Juni 1865 setzte ein gewisser William Gordon ein Vorsegel, das er selbst in seiner eigenen Segelmacherei in Southampton zugeschnitten hatte, fliegend am Toppmast seines Bootes NIOBE und baumte es gegenüber vom Großsegel aus. Anlaß war eine Regatta auf dem Solent, bei der ihm dieses Segel so gute Dienste leistete, daß er gleich ein ähnliches an den Eigner einer Yacht namens SPHINX verkaufen konnte. Wir haben heute verschiedene Versionen zur Auswahl, wie das Segel zu seinem Namen kam. Einige behaupten,

es sei nur eine Verballhornung des Wortes „Sphinxer“, nach dem Namen jenes eben genannten zweiten Bootes, andere glauben eher Tom Diapers Erzählung. In seinen Memoiren von 1939 („Tom Diaper's Log“, 1950 veröffentlicht) berichtet er, daß sein Großvater Berufs-Skipper auf der NIOBE gewesen sei, als sie fast hundert Jahre früher zum erstenmal dieses Segel setzte; dabei habe, so die Überlieferung in seiner Familie, eine Deckshand bewundernd ausgerufen:
„Now that is the sail to make her spin!“ (Das ist das Segel, das sie zum Laufen bringt!)
Aus dieser Bemerkung soll dann das Wort „Spin-maker“ und danach „Spinaker“ oder „Spinnaker“ entstanden sein. Ob Sie dem folgen wollen oder lieber der Ableitung aus dem Namen „Sphinx“ oder vielleicht eher (wie wiederum andere glauben) der Assoziation an die „spinning properties“, die driftenden Eigenschaften, die ein manchmal auch als „Jimmy Green“ bekanntes kleines dreieckiges Segel besaß, das als Ruderhilfe gegen Luvgierigkeit unter dem Bugspriet gesetzt wurde, ist letztlich egal. Beweisbare Geschichte ist jedenfalls, daß das Wort „Spinnaker“ in dieser Schreibweise am 18. August 1866 in „The Field“ gedruckt wurde. Herausgeber jener gefürchteten britischen Sportzeitschrift war damals der berühmte Dixon Kemp, bekannt auch durch sein „Manual of Yachting and Boat Sailing“. Als „Spinnaker“ tauchte das Wort noch im gleichen Jahr im „Yachting Magazine“ auf.
Über mehr als fünfzig Jahre wurde das Segel eher wie eine bauchige, leichte Genua geschnitten, wobei Vor- und Achterliek deutlich unterscheidbar und von unterschiedlicher Länge waren. Die symmetrische Form entstand erst in den späten 20er Jahren, als einige Eigner sich zum leichteren Halsen Spinnaker mit gleich langen Lieken fertigen ließen; einer von ihnen war Sven Salen, der solch ein Segel, hergestellt von der New Yorker Segelmacherei Ratsey & Lapthorn, 1927 auf seiner 6-m-Yacht MAYBE fuhr. Die Segel wurden in zwei Hälften zugeschnitten, besaßen also eine Mittelnaht, so daß Vor- und Achterliek austauschbar waren. Es dauerte nicht lange, bis sie dann auch außerhalb des Vorstags statt wie bisher innerhalb gesetzt wurden.
Vor- und Achterliek dieser Segel waren gerade, Rundung erhielten sie nur durch die Mittelnaht. Das Ergebnis war ein höchst unwirksames, tief gebauchtes Segel, das sich an den Kanten stark einrollte und überhaupt nur platt vor dem Wind einigermaßen zog. Damals störte das die Eigner nicht besonders, weil die Genua, die gerade entwickelt wurde, bei raumem oder halbem Wind genug zusätzliche Segelfläche bot. So fehlte der Druck für eine Verbesserung des Spinnakers. Seine Zeit sollte noch kommen.
Heute ist der Spinnaker ein hochentwickeltes Segel, das viel Geschicklichkeit verlangt, wenn man alles aus ihm herausholen will.

Diese Geschicklichkeit ist keine schwarze Kunst, die sich nur wenige Ausnahmesegler aneignen können. Sie kann von jedem gemeistert werden, der Zeit, Geduld und vor allem praktische Erfahrung hat. Die Weisheit, daß man durch Praxis erst zur Perfektion gelangt, stimmt besonders beim Spinnakersegeln. Sie werden das Spinnakersegeln nur dann gut beherrschen, wenn Sie es immer und immer wieder üben. Dabei werden Sie Ihre eigenen Techniken entwickeln. Und so hoffe ich, das Spinnakersegeln in diesem Buch so dargestellt zu haben, daß Sie eine gute Basis haben, mit der Sie arbeiten können.

Viele entwickeln eine Art Haßliebe gegenüber dem Spinnaker, und dem entspricht der oft gehörte Satz, daß dieses Segel zwar am leichtesten zu setzen sei, jedoch den meisten Mut erfordere. Ich halte das aber für ein Mißverständnis; denn während das saubere Setzen des Spinnakers schon einige Grundkenntnisse verlangt, läßt er sich doch bei konsequenter Anwendung dieser Kenntnisse leicht handhaben. Wenn Bedienung und Trimmen dieses Segels zuerst bei leichtem Wetter geübt werden, bekommt die Crew schnell die grundsätzlichen Vorgänge in den Griff und kann das Segel dann auch bei stärkeren Winden kontrollieren.

Vormwindsegeln bei leichten Winden nur mit Groß und Fock kann ziemlich langweilig sein, mit einem Spinnaker jedoch zu einem angenehmen Erlebnis werden. Für die Crew bedeutet dies nicht nur zusätzliches Training, sondern die Erhöhung der Bootsgeschwindigkeit stimuliert an sich schon ihre Moral. Der Tourensegler gelangt nicht nur schneller an sein Ziel, sondern hat dabei noch wesentlich mehr Spaß am Segeln.

Erwähnenswert sind noch einige Benennungen für die Teile des Segels. Sollen wir die Kanten des Segels Vor- und Achterliek oder Luv- und Leeliek nennen? Ich bin sicher, daß man in den Zeiten der Rahsegler von Luv- und Leeliek gesprochen hätte, so daß dann die Ecke zwischen Leeliek und Unterliek Schothorn genannt worden wäre. Wir haben diese Bezeichnungen im wesentlichen übernommen: Dort, wo der Spinnakerbaum eingepickt wird, und zwar in den Achterholer, liegt der Hals des Spinnakers, und das zugehörige Liek nennen wir Luvliek; auf der anderen Seite liegt das Leeliek mit dem Schothorn und der Spinnakerschot. Nach dem Halsen, wenn der Spinnakerbaum umgesetzt ist, wird das bisherige Schothorn zum Hals, das Leeliek zum Luvliek, die Schot zum Achterholer. Man sollte diese unterscheidenden Benennungen auch beibehalten, weil sie insbesondere beim Segelsetzen für Ordnung sorgen.

Ich hoffe, daß dieses Buch dem Leser zu einem besseren Verständnis des Spinnakers helfen wird, so daß er die Kunst des Spinnakersegelns bald meistern und dessen belebende Kraft genießen kann.

1 Rund um den Spinnaker

In der Einleitung haben wir gesehen, daß der Spinnaker entwickelt wurde, um dem Segelschiff etwas von seiner Fähigkeit, vor dem Wind zu segeln, wiederzugeben, die es mit dem Verschwinden des Rahsegels verloren hatte. Um dies zu erreichen, muß er soviel Windkraft wie möglich in Bootsgeschwindigkeit umsetzen – innerhalb gewisser Grenzen.
Welches sind diese Grenzen? Zunächst muß das Segel wirksam sein, und zwar nicht nur bei achterlichen Winden, sondern auch, wenn der Wind raum einkommt, und sogar, wenn er vorlicher als querab weht. Zweitens muß es Regeln für Regattayachten geben, weil sonst ein Vergleich zwischen verschiedenen Booten unmöglich wäre. Drittens muß das Segel seemännisch zu handhaben sein, nämlich kontrollierbar unter den Bedingungen, in denen es einzusetzen ist. Schließlich muß der Segelmacher ihm die Form geben können, die den eben beschriebenen Einschränkungen entspricht. Bevor wir weiter ins Detail gehen, wollen wir diese vier Kriterien untersuchen.

Wirksamkeit

Wenn wir über die Wirksamkeit eines Segels reden wollen, müssen wir wissen, was mit dem Wind geschieht, der über die Segel einer Yacht streicht. Außer wenn er in einem Winkel von etwa 15 Grad zu beiden Seiten von recht achteraus weht, streicht ein Wind über einen Spinnaker vom Luvliek zum Leeliek geradeso wie über eine Fock. Der Spinnaker kann deshalb wie ein besonders großes Vorsegel mit gewissen Vorteilen und Nachteilen betrachtet werden.

Vorteile Ein Spinnaker hat eine wesentlich größere Fläche als eine Fock, so daß er mehr Windkraft in Vortrieb verwandeln kann. Er besitzt auch einen justierbaren Hals, der in einem weiten Bogen geschiftet und damit wirkungsvoll getrimmt werden kann. Das Segel ist gewöhnlich aus leichtem Material gefertigt und ist damit für die leichtesten Brisen wie für den relativ leichteren scheinbaren Wind beim Vormwindsegeln geeignet.

Nachteile Das Luvliek ist nie gerade wie bei der Fock, worunter die Amwindeigenschaften des Spinnakers leiden; ebenso ungün-

stig in dieser Hinsicht ist der starke Bauch, auch bei sogenannten flach geschnittenen Spinnakern; schon bevor dieYacht hart an den Wind geht, wird der Spinnaker also nicht mehr stehen. Auch wenn es einem gelingt, einen Spinnaker noch bei 50 bis 60 Grad am scheinbaren Wind zu setzen, reicht der Bauch im Leeliek meistens aus, um jeden Vorteil aus der zusätzlichen Segelfläche zu annullieren; das Boot krängt dann nur noch übermäßig, und das Segel gibt keinerlei Vortrieb. Das leichte Nylon dehnt sich stark und vergrößert damit dieses Problem.
Der Spinnaker muß also genau wie das Vorsegel Windkraft in Vortrieb umsetzen. Dazu muß er die Windrichtung umlenken und seine Kraft in einem System von Druck und Zug ausnutzen, in das wir uns hier nicht weiter vertiefen wollen. Es reicht zu sagen, daß das Luvliek eine glatte Anströmkante haben und das Segel am Leeliek nicht so stark gebaucht sein sollte, daß der abfließende Wind sich darin verfängt und so an die Leeseite des Großsegels zurückgeworfen wird. Um die größte Wirksamkeit zu erreichen, sollte das Segel normalerweise so weit wie möglich vom Großsegel abgehalten sein, um soviel Luft wie möglich dazwischen zu fangen. Abbildung 1 zeigt verschiedene Trimm-Möglichkeiten bei unterschiedlichen Richtungen des scheinbaren Windes im Vergleich mit einer üblichen Genua.

Regeln

Wenn auch dieses frei fliegende Segel in der Größe nicht beschränkt zu sein scheint, muß es natürlich für Regattaboote solche Beschränkungen geben. Die ersten Spinnaker waren wahrscheinlich noch unvermessen, aber dieser ideale Zustand dauerte nicht lange; dann begannen die Regelausschüsse, Grenzen zu setzen.
Anfangs machten es sich unsere Großväter noch ziemlich leicht und stellten nur Regeln für die Abstände zwischen den drei Ecken des Segels auf. Aber sie – oder vielleicht ihre Söhne – entdeckten bald, daß trickreiche Segelmacher mehr und mehr Tuch zwischen die Eckpunkte dieses festgelegten Dreiecks packten. So trickreich waren diese Meister vom Tuch, daß etwa in der Spanne zweier Generationen der Spinnaker sich von einer etwas vollen Genua zum Fallschirm-Spinnaker entwickelte und damit die Form erhielt, die unmittelbar unseren heutigen Spi-Segeln vorausging.
Die Regelmacher früherer Generationen konnten ganz offensichtlich diese Entwicklung nicht unkontrolliert lassen und erfanden deshalb alle Arten von Beschränkungen, und sogar heute noch gehen die Argumente über das, was am besten sei, auseinander. Es macht die Dinge nicht leichter, daß der Spinnaker das am schwierigsten genau zu vermessende Segel ist.

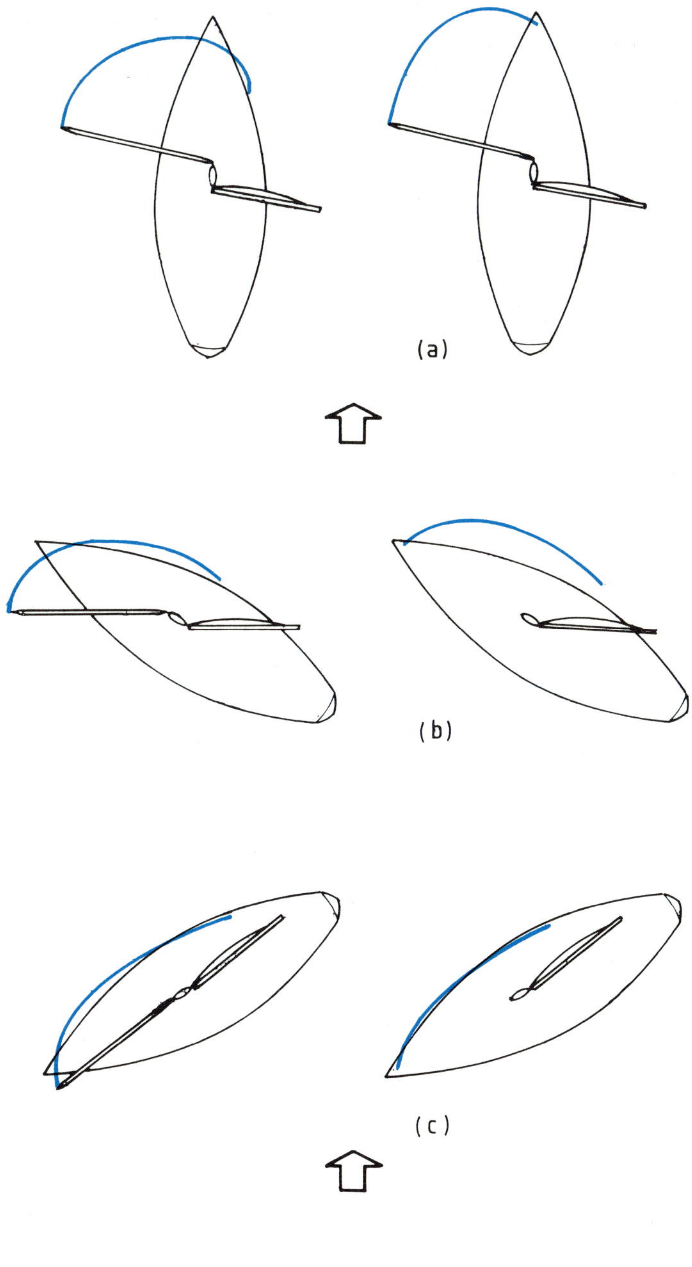

Spinnaker-Trimm 1. Spinnaker und Genua im Vergleich: Vor dem Wind (a), auf raum-achterlichem (b) und auf raum-vorlichem Kurs (c). Zur Beurteilung, ob bei (c) der Spinnaker noch zieht, vergleiche auch Abbildung auf Seite 145.

Wenn man verhindern will, daß nicht wieder extravagante Segel entstehen, für die es nicht nur kein Handikap gibt, sondern die auch unseemännisch sind, muß es brauchbare Regeln geben, mit denen man Spinnaker kontrollieren kann. Es gibt denn auch drei verschiedene Basisregeln für:

1. Einheitsklassen (One-Design)
2. Beschränkte Klassen
3. Freie Klassen

Einheitsklassen Wie der Name sagt, sollten auch alle Segel in jeder Hinsicht gleich sein. In der Praxis gibt es jedoch nur wenige Klassen, in denen das One-Design-Konzept verwirklicht ist, weil Gewicht und Farbe der Segel doch immer ein wenig variieren. Die alte Internationale One-Design-Klasse (ein Boot, das Mitte der 30er Jahre entwickelt wurde und auf dem internationalen 6er basierte) forderte ein Standardtuch in der immer gleichen blaßblauen Farbe, während Klassen wie Daring (ein Boot, das auf dem internationalen 5,5er basierte) und Drachen schon Unterschiede in Farbe und Tuchgewicht erlauben, wenn auch nicht in der Form. In einigen Fällen fordern die Regeln Spinnaker, die kleiner sind als die maximal erlaubte Segelgröße. Gleichartigkeit wird entweder angestrebt durch detaillierte Vermessungsregeln oder durch die Benennung von Klassen-Segelmachern, die sich an ein bewährtes Muster halten müssen. Der Drachen ist ein Beispiel für die erste Art und die IOD-Klasse für letztere.

Beschränkt Diese Klassifikation umfaßt die meisten Spinnaker, die auf der ganzen Welt hergestellt werden. Beschränkungen können in der Form der größten Länge der Seitenlieken und des Kreuzmaßes an jedem beliebigen Punkt festgeschrieben sein (entweder ein größtes Maß für die Höhe des Segels oder ein größtes Maß für die Länge des Unterlieks in Verbindung mit einem größeren Kreuzmaß auf halber Höhe des Segels). Wir werden später sehen, wie die komplexen Kurven der dreidimensionalen Spinnakerform die genaue Vermessung zu einer der schwierigsten Aufgaben für die Regelfestsetzung machen. IOR, die International Offshore Rule, die Vermessungsformel für Seekreuzer, gibt ein gutes Beispiel für Segel dieser Art, aber auch viele Klassen offener Segeljollen gehören in die gleiche Kategorie, wenn sie nicht unter die One-Design-Regel fallen. Andererseits wird in einigen Klassen auch nur die gesamte Lieklänge (Luv-, Lee- und Unterliek) festgelegt, während die Form des Segels innerhalb dieses Maßes frei ist.

Frei Diese Regel besitzt entweder keinerlei Beschränkungen außer denen, die durch Vernunft und Respekt vor den Elementen vorgegeben werden, oder sie beschränkt nur eine oder zwei Kontrollfaktoren wie die Länge des Spinnakerbaums und/oder die Länge des Unterlieks. Damit wird das gesamte Segel innerhalb gewisser Maximalgrenzen kontrolliert, weil es ja außerdem noch die natürliche Beschränkung für die Seitenlieken durch die Höhe des Fallblocks über Deck gibt – und dieses Maß ist wiederum meistens Gegenstand der Regeln. Die internationalen Meter-Klassen (12er, 6er usw.) beschränken üblicherweise nur das Unterliek, erlauben aber sonst alle Freiheiten. So entstehen dann natürlich Segel aller Formen und Größem; und doch stellt sich dabei durch Experimentieren eine Größe heraus, die man nur selten mit Gewinn überschreiten kann.

Kontrolle

Das beste Segel, das allen oder einigen der eben genannten Bedingungen entspricht, nützt nichts, wenn die Crew es nicht setzen und gut kontrollieren kann. Sie muß das Segel bei allen entsprechenden Winden setzen, trimmen und von der einen zur anderen Seite schiften können. Die größte Größe fängt vielleicht mehr Wind, macht aber auch die Kontrolle schwieriger. Die Zwölfer sind ein Beispiel dafür: ihre Leichtwetter-Spinnaker sind gewöhnlich wirksamer, wenn sie nicht allzu groß sind, besonders im Kopf, verglichen mit der maximal möglichen Segelfläche, die soviel Luft wie möglich fängt; bei sehr leichtem Wind reicht oft schon das zusätzliche Tuchgewicht, um den Riesen-Spinnaker zusammenfallen zu lassen, während der kleinere Rivale weiterhin gut steht.

Setzen Das Spinnakersetzen erfordert eine Ausrüstung, die wir später besprechen werden. Grundsätzlich muß das Segel in einem passenden Behälter gestaut werden, so daß es sich beim Herausnehmen vorhersehbar verhält. In der Praxis erfordert dies gewöhnlich einen speziellen Spinnakersack oder eine Spinnakertrompete, in die das Segel so gepackt ist, daß Kopf und Schothörner herausschauen; Fall, Schot und Achterholer können dann schon vorher angeschlagen werden. Wenn die Lieken sorgfältig geschichtet ohne Kinken übereinander liegen, wird das Segel aus dem Sack ohne Vertörnen herauskommen, sobald es am Fall hochgezogen wird. Man kann dem nachhelfen, indem man die Lieken vor dem Einsacken glattzieht und das Segel mit Stropps aus dünnen Fäden oder Gummibändern auftucht; wie man das macht, wird in Kapitel 6 genauer beschrieben. Ein besonderer Vorteil des Auftuchens ist, daß große Segel sich bei starkem Wind nicht entfalten, bevor sie nicht vollständig hochgezogen sind; erst, wenn alles bereit ist, werden sie ausgerissen.

Trimm Die beiden wichtigsten Ziele eines guten Spinnakertrimms sind erstens, das Segel soweit wie möglich vom Großsegel weg und in ungestörten Wind zu dirigieren, und zweitens, den Spinnaker so zu setzen, daß die Windkraft stärker in Vortrieb als in seitwärts gerichtete Kraft umgesetzt wird. Jedem ist einsichtig, daß es sinnlos ist, viel Wind im Segel einzufangen, wenn man damit nur das Boot krängt oder sogar abstoppt. Um einen guten Stand zu erreichen, kann der Spinnakerhals mit der Nock des Spinnakerbaums ganz um das Vorschiff herumgeholt und seine Höhe nach oben und unten verstellt werden; zusätzlich kann man natürlich mit der Spinnakerschot spielen wie mit der Schot jedes anderen Segels. Aber auch mit diesen Kontrollmöglichkeiten kann das Segel falsch gesetzt werden, so daß sich praktisches Üben immer bezahlt macht. Aber auch das umgekehrte ist richtig; denn oft kann der Stand des Spinnakers unter fast allen Bedingungen verbessert werden, wenn man seine Theorie beherrscht. Es lohnt sich also, auch diese zu studieren.

Halsen Wenn ein Boot unter Spinnaker halst, geschieht das Schiften des Großsegels von der einen zur anderen Seite schnell und leicht. Wegen der komplexen Ausrüstung kann der Spinnaker jedoch nicht auf ähnlich einfache Weise quer über das Boot schwingen. (Jedes Segel, das beim Wenden oder Halsen von alleine übergeht, fängt den Wind auf dem neuen Bug jetzt mit seiner „Rückseite" ein, aber der Spinnaker kann nicht sein Inneres nach außen wenden und dabei noch unter Kontrolle bleiben.) Also muß man üben, das Gerät, mit dem das Segel gesetzt und getrimmt wurde, teilweise abzuschlagen, auf die andere Seite des Bootes zu bringen und dann wieder anzuschlagen. Das ist das Halsen, und sein Sinn ist immer der gleiche: den Spinnaker genau dann auf die andere Seite des Bootes zu bringen, wenn es nötig ist, ohne daß das Segel dabei zusammenfällt und das Boot Fahrt verliert. Es gibt dafür viele und unterschiedliche Methoden, die von der Größe des Bootes und des Segels ebenso abhängen wie vom Geschmack des Skippers.
Wir sprechen hier also von einem Segel, das in der gesamten Segelgarderobe des Bootes einzigartig ist. Im gesetzten Zustand wird keine seiner Kanten von einer Spiere oder einem Stag gehalten, und Hals und Schothorn können sich in jeder Richtung frei bewegen. Es ist das größte Segel auf dem Boot, wodurch allein es schon vielen teuer ist. Die große Freiheit dieses Segels erfordert zu seiner Beherrschung ein gewisses Können, und damit kommt das Element der Herausforderung mit ins Spiel. So groß ist die Faszination des Spinnakers, daß man kaum einen Törn erlebt, auf dem nicht die Crew verlangt, daß er gesetzt werde.
Obwohl das Segel größer ist als jedes andere, kann es doch vor

dem Wind bei viel stärkerem wahrem Wind gesetzt werden als die Genua, die weniger als halb so groß ist, am Wind. Dies ist leicht zu erklären; denn es ist eine Sache der relativen Geschwindigkeit des scheinbaren Winds. Betrachten wir das folgende Beispiel: Wenn der wahre Wind mit 12 Knoten weht und man macht 5 Knoten Fahrt am Wind, beträgt der scheinbare Wind um die 17 Knoten (Windgeschwindigkeit und Fahrt des Schiffes am Wind addieren sich), und das ist nun mal kein Wetter für eine leichte Genua; kleinere Boote werden vielleicht sogar ein kleineres Vorsegel setzen, wenn sie nicht sogar reffen. Dreht man aber vor den Wind und setzt den Spinnaker, macht das Boot vielleicht 6 Knoten Fahrt. Da man sich nun vom wahren Wind fortbewegt, verringert sich der scheinbare Wind um die Bootsgeschwindigkeit und beträgt nur noch 6 Knoten – fast schon Bedingungen für den Floater, den Leichtwindspinnaker. Das ist der Grund, warum ein im Verhältnis zur gesamten Segelfläche so großes Segel gesetzt werden kann.
Weil der scheinbare Wind auf Vormwindkursen geringer ist, können wir hier also solch ein großes Segel setzen. Und weil wir keine Rah am Masttopp dulden wollen, müssen wir unser Segel an einem einzigen Punkt setzen; wir nehmen dafür das größte Segel, das uns die Regeln zugestehen, und setzen es so, daß der Wind es in seiner Form hält.
Warum wird denn dieses Segel soviel schwieriger, wenn der Wind von querab oder sogar von etwas vorlicher als querab einfällt? Dafür gibt es zwei unterschiedliche Gründe. Der erste betrifft das Problem des scheinbaren Windes. Sobald das Boot nicht mehr vor dem Wind segelt, sondern mit Backstagsbrise oder schließlich sogar am Wind, vergrößert sich die Windgeschwindigkeit über Deck schnell, bis aus einem leichten Vormwindkurs ein schneller Halbwindkurs und schließlich ein hektischer Amwindkurs wird.
Der zweite Grund ist, daß das Segel schon bei halbem Wind gewöhnlich zu voll steht und für eine bessere Bootsgeschwindigkeit aus aerodynamischen Gründen ein flacherer Amwind-Spinnaker benötigt wird. Wenn das Boot noch mehr an den Wind geht, wird auch dieses Segel zu voll stehen und zusammenfallen. Je dichter am Wind man ein Segel fährt, um so flacher muß es geschnitten sein.
In einer Regatta trägt der Spinnaker viel zum Erfolg des Bootes bei. Die Crew, die durch sorgfältigen Trimm das Beste aus ihren Segeln herausholt, wird gewinnen. So gehört der Spinnaker schon lange zur Grundausrüstung von Regattabooten. Heute reicht sogar ein Spinnaker für ein solches Boot nicht mehr aus, sondern es sind mehrere unterschiedliche Segel dieser Art nötig, um alle Windbedingungen ausnutzen zu können.

Ausrüstung Es ist unmöglich, den Spinnaker isoliert zu betrachten; die Ausrüstung, die zum Setzen und Kontrollieren des Segels nötig ist, muß ebenso sorgfältig bedacht werden wie das Segel selbst. Ein sauberer Trimm erfordert eben speziell entwickeltes Gerät, das seinen Zweck auch erfüllt. Aber wie es viele Segelmacher gibt, die einen guten Spinnaker herstellen können, so gibt es auch viele Masten- und Beschlägehersteller, die das richtige Gerät liefern können. Zwar haben sich inzwischen grundsätzliche Regeln für die Gestaltung dieser Ausrüstung entwickelt, aber dennoch gibt es innerhalb dieser Regeln große Unterschiede, so daß man sich das Gerät schon genau anschauen sollte. Das Setzen und Trimmen braucht außer Blöcken und Winden nicht notwendigerweise komplizierte Ausrüstung, anders verhält es sich jedoch beim Halsen. Wir werden später genauer darauf eingehen, so soll hier die Aussage genügen, daß für alle Arbeitsgänge robustes und wirksames Gerät wesentlich ist. Haben Sie sich also entschlossen, einen Spinnaker mit allem Drumherum anzuschaffen, so machen Sie sich auf beträchtliche Ausgaben gefaßt.

Segeltuche

Soviel ist klar, daß Spinnaker schon immer aus leichtem Material gemacht waren, weil auf Vormwindkursen der scheinbare Wind immer geringer als der wahre Wind ist. Anfangs wurde leichtes Baumwolltuch verwendet, doch abgesehen von wenigen Experimenten mit Rayon, Seide und Polyester hat sich seit dem Zweiten Weltkrieg Nylon als das universelle Spinnakertuch durchgesetzt.
Nylon ist der Markenname für eine Gruppe von Kunststoffen, die in den 30er Jahren als Derivat von Kohlenstoffen entwickelt wurden. Ursprünglich entwickelt von Forscherteams, die in New York und London (daher der Name) unter Wallace Carothers von der Harvard Universität und der amerikanischen DuPont-Gesellschaft arbeiteten, wurde Nylon während des Weltkrieges für Fallschirme verwendet, doch danach begann man auch Segel daraus zu fertigen.
Für Segeltuch wird geschmolzenes Nylon zu Fäden verarbeitet, die dann in kaltem Zustand zu Fasern von vierhundertfacher Länge ausgezogen werden. Das macht das Garn sehr dünn, richtet die Moleküle aus und erhöht die Stärke um mehr als das Fünffache. Die grundlegenden Eigenschaften des Materials sind gut für Spinnaker. Es ist sehr elastisch und bruchfest, seine relative Naßfestigkeit beträgt 80 bis 90 Prozent, und die Bruchfestigkeit sinkt nur um etwa 15 Prozent, wenn es geknotet wird. Sein geringes spezifisches Gewicht von 1,14 macht es höchst geeignet für Leichtgewichtfabrikate, weil der Faserdurchmesser in bezug zum Gewicht relativ groß ist, so daß beim Weben ein guter Deckungsfaktor erreicht wird.

Der Schmelzpunkt von Textilien – an der Luft bei etwa 250° C – ist nicht sehr hoch; ein Bügeleisen, das auf 180° C erhitzt ist, wird das Material verkleben oder einzelne Fäden verschmelzen lassen, während 230° C schon beträchtlichen Schaden anrichtet. Deshalb sollte ein Spinnaker nie gebügelt werden (Nylon ist leicht genug, so daß sich Falten von allein ausblasen). Bei Überhitzung wird das Material gelb; doch wenn es soweit ist, ist der Schaden schon irreparabel.

Da Nylon chemisch stabil ist, besitzt es als Segeltuch auch ausreichende Widerstandsfähigkeit gegenüber den meisten Chemikalien, mit denen es in Berührung kommen könnte. Besonders Lösungsmittel, die in den meisten Reinigungsmitteln vorkommen, verträgt es normalerweise gut; allerdings wird es von Säuren wie Ameisensäure und (kohlensäurehaltigem) Phenol angegriffen und aufgelöst, so daß man damit immer vorsichtig umgehen sollte.

An Schmutzstellen im Gewebe kann sich zwar Schimmel bilden, aber dadurch wird das Material selbst nicht angegriffen. Wenn es sehr lange dem Sonnenlicht oder chemisch stark verunreinigter Luft ausgesetzt ist, kann allerdings auch Nylon geschwächt werden. Im Falle eines Brandes schmilzt es und tropft in kleinen Kügelchen herunter, doch ist die allgemeine Feuergefahr gering.

Chemiefasern werden nach zwei Standards eingestuft. Der erste Standard ist Denier, was allen Frauen auf der ganzen Welt als Maß für die Feinheit eines Strumpfes bekannt ist; das Maß stammt aus der Seidenindustrie. Mit diesem Maß wird insbesondere das Gewicht von 9000 Meter Garn in Gramm ausgedrückt: Ein Kamm Garn von 9000 Meter, das 100 g wiegt, wird als 100-Denier-Garn bezeichnet. Wenn zwei oder mehr Garne zu einem Faden verdreht werden, ist das Denier des Endprodukts die Summe der einzelnen Ausgangsmaterialien.

Das System, das noch nicht lange Denier ersetzt hat, heißt tex. Diese Maßeinheit wiegt 1000 Meter Garn statt der 9000 Meter bei Denier. tex kann gemäß dem metrischen System in Millitex, Decitex (oft dtex geschrieben) oder auch Kilotex (ktex) unterteilt werden. 1 tex sind dann 10 dtex = 1000 Millitex = 9 Denier.

Das Weben von Spinnaker-Nylon ist einfach, und das heißt, daß die Fäden in Kette und Schuß von gleichem oder fast gleichem Decitex sind. Oft wird in Abständen von einem halben Zentimeter oder einem viertel Zoll in Kette und Schuß ein doppelter Faden verwebt, um das Gewebe reißfester zu machen. Ähnlich wie fast alle anderen synthetischen Segeltuche wird dann das Tuch noch bearbeitet, beispielsweise durch Waschen, Reinigen, durch Wärmeschrumpfung, durch Vorrecken und durch Glätten; es können aber auch Kunstharz-Füllstoffe eingewalzt werden, um die Festigkeit und Undurchlässigkeit zu verbessern. Ein weiches Finish, das das Tuch griffiger macht, ist gewöhnlich gut, aber man sollte darauf achten,

daß dieser Effekt nicht durch Kunstharz-Appretur erreicht wurde, die sich später ablösen kann. Zwar sollte es eigentlich heute nicht mehr vorkommen, doch einige billige Tuche zeigen nach dem Zerknittern mit der Hand immer noch feine Haarrisse und danach beim Durchblasen oder Lufthindurchsaugen eine deutliche Verschlechterung. Ein steifes Finish deutet auf ein festes Tuch, das manchmal jedoch auf Kosten der Zugfestigkeit geht. Im Versuch schneidet man das Tuch mit der Schere ein und reißt dann von Hand weiter. Beide Tucharten werden reißen, aber das steife wird gewöhnlich schneller nachgeben als das weiche.
Wie bekannt, läßt sich Nylon in für Segeltuche interessanten Gewichten leichter färben als Terylene oder Dacron, so daß bunte Muster entstehen können. Doch in bestimmten Kombinationen von Feuchtigkeit und Hitze können die Farben verlaufen. Demnach können bei einem feuchten, vielfarbigen Spinnaker, der einfach in seinem Sack in der Vorpiek verstaut wird, die dunkleren roten und blauen Farben in die helleren gelben und weißen Farben hineinlaufen. Ist dies einmal geschehen, so hilft kein Mittel dagegen.
Da die am Markt gehandelten Fadengewichte einigermaßen standardisiert sind, hat sich Nylon-Segeltuch mit etwa folgenden Gewichten eingebürgert, wobei Unterschiede vom jeweiligen Webprozeß und von der Nachbehandlung abhängen.

Unzen/yard x 28½″ USA-Standard	Unzen/yard² Britischer Standard	Gramm/m² Metrischer Standard
0,5	0,65	22
0,8	1,0	34
1,2	1,5	51
1,5	1,9	65
2,2	2,75	93
2,6	3,3	112

Nylon ist also in vieler Hinsicht gut geeignet zum Spinnaker-Material. Es ist leicht, geschmeidig und knitterfrei und kann sehr dicht gewebt werden, wodurch es relativ undurchlässig wird; außerdem läßt es sich leicht färben und ist damit ästhetisch reizvoll. Schließlich braucht ein Spinnaker eine gewisse Elastizität, damit er vor dem Wind seine dralle Form annehmen kann. Nylon hat einen ursprünglichen Reck, der durch die große Leichtigkeit der verwendeten Tuchgewichte noch verstärkt wird – üblicherweise zwischen 20 und 70 g/m² (½ bis 2 Unzen).
Wie jedes gewebte Material, reckt sich Nylon leichter in der Diagonalen als in Richtung von Kette und Schuß. Reckt man es also in Fadenrichtung, so ist der Reck gering und wird nach Wegnahme

der Belastung wieder zurückgehen; reckt man es aber quer zum Fadenlauf, so wird es seine Form verlieren. Das muß der Segelmacher immer im Auge behalten, wenn er ein bestimmtes Segel zuschneidet, und es ist auch die Erklärung für einige exotische Schnittmuster, mit denen Segelmacher gelegentlich unerwünschten Reck in komplizierten Kurven bestimmter Spinnaker verhindern wollen.

Spinnaker-Schnitte

Wie schon gesagt, waren die ersten Spinnaker tatsächlich besondere Focks, die fliegend vom Masttopp aus gesetzt und vor dem Wind an der dem Großsegel gegenüberliegenden Seite ausgebaumt wurden. Sie waren also, wie traditionelle Segel, unsymmetrisch mit kürzerem Vorliek und längerem Achterliek, wobei die Bahnen zumeist parallel zum Achterliek verliefen. Das Vorliek war nämlich immer noch mit schwerem Draht eingeliekt, was unerwünschten Reck des Tuches in der Diagonalen verhindern sollte; das freie Achterliek verzog sich relativ wenig, weil diese Kante parallel mit der Kette lief, so daß alle Kraft am Fadenlauf ansetzte.

Symmetrischer Schnitt Als in den 20er Jahren symmetrische Segel eingeführt wurden, blieben die beiden Seitenlieken zunächst noch gerade, so daß der Fadenlauf parallel zu den Lieken lag; damit wurde in der Mitte eine Naht nötig wie in Abbildung 2 gezeigt. Der Schritt zu einer größeren Segelfläche mit abgerundeten Schultern war klein; der französische Konstrukteur Herbulot entwickelte einen umgekehrten V-Schnitt, der kurz nach dem Zweiten Weltkrieg einigen Erfolg hatte. Obwohl die Bahnen diagonal auf die nicht verstärkten Seitenlieken trafen, fand man heraus, daß der Reck dennoch in vernünftigen Grenzen zu kontrollieren war. Das wurde durch drei Faktoren erreicht: durch die bessere Festigkeit von Nylon gegenüber leichter Baumwolle, durch dichte Nähte an den Lieken und durch Verstärkungsbänder und dünne Drähte.

Horizontalschnitt 1951 zog Ted Hood aus dieser Entwicklung den logischen Schluß, indem er die Bahnen so legte, daß der Schuß an jeder Stelle parallel zu den Seitenlieken lag. Damit entstand ein leichter Diagonalwinkel an der senkrechten Mittelnaht, doch die meisten Nähte lagen genau richtig, so daß der Reck durch einen sich zu den Seitenlieken hin verjüngenden Schnitt der Bahnen kontrollierbar war. Die CCA- und RORC-Formeln jener Zeit beschränkten die maximale Größe der Spinnaker durch ein Maß für die Höhe des Segels (wie es heute bei der IOR-Formel ist); damit entstand eine rechteckige Form in der unteren Hälfte des

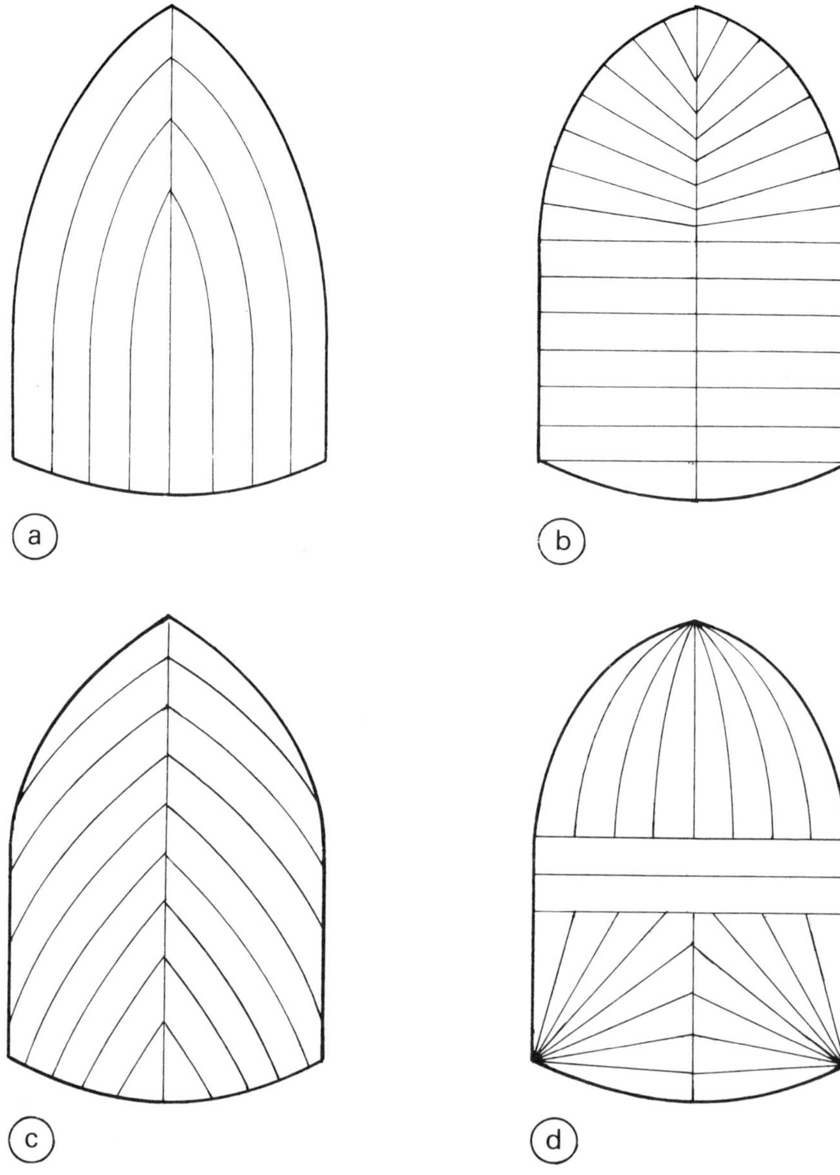

Spinnaker-Schnitte 1. (a) Früher vertikaler Schnitt: Die Nähte verlaufen parallel zu den Lieken, die Schultern sind schmal. (b) Von Ted Hood entwickelter Horizontalschnitt, bei dem die Nähte im rechten Winkel zu den Seitenlieken verlaufen. (c) Winkel-Schnitt, wie ihn Herbulot populär machte: Die Bahnen sind so gelegt, daß an der Mittelnaht möglichst wenig Reck quer zum Fadenlauf auftritt. (d) Moderner Triradial, der aus dem Starcut von Bruce Banks entwickelt wurde: Man beachte, daß die radialen Bahnen schmaler als die horizontalen sind.

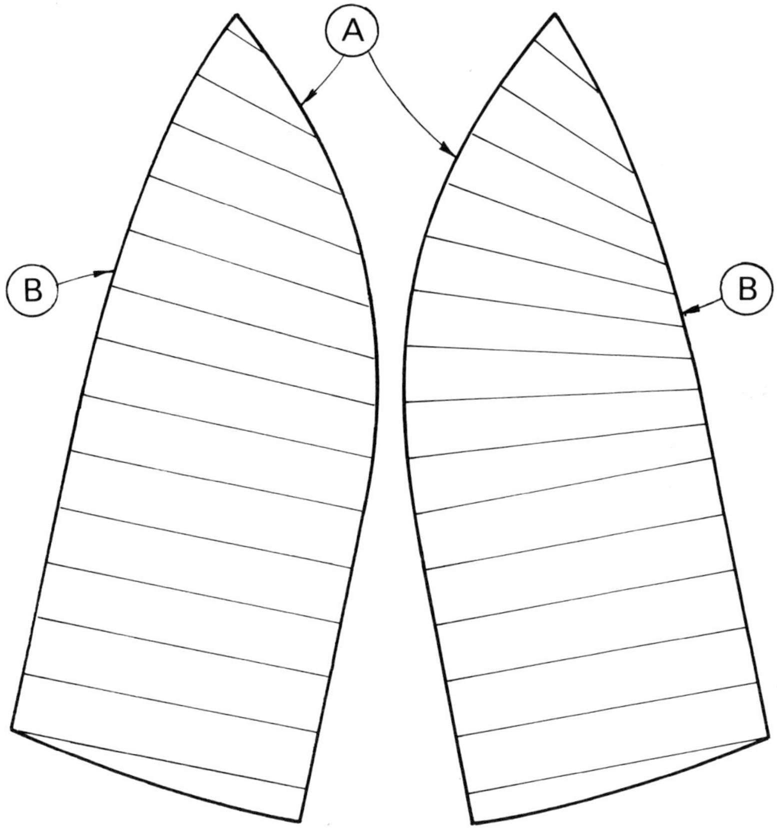

Spinnaker-Schnitte 2.
Zwei um die Mittellinie (A) gefaltete Spinnaker. Bei dem linken Segel verlaufen die Bahnen im rechten Winkel zu den Seitenlieken (B). Das Segel ist in zwei Hälften gefertigt, die an der Mittelnaht (A) zusammengenäht wurden. Die Bahnen des rechten Segels schneiden die Mittellinie im rechten Winkel; also kann der Spinnaker ohne Mittelnaht ausgeführt werden, obgleich man sie an einigen Segeln zur Vereinfachung der Produktion dennoch finden wird.

Segels, was einen horizontalen Schnitt begünstigte, weil die Bahnen in diesem Teil des Segels im rechten Winkel auf die Lieken und die Mittelnaht trafen. Der Faden lag also parallel zum Unterliek (entlang der Kette) und zu den Seitenlieken (entlang dem Schuß) wie auch in der unteren Hälfte des Segels parallel zur Mittelnaht (wiederum entlang dem Schuß); unerwünschter Reck konnte also kaum eintreten. Die Bahnen im Kopfteil verliefen im rechten Winkel zu den Seitenlieken, so daß Diagonalreck nur an der Mittelnaht im oberen Teil des Segels auftreten konnte.

Kugelschnitt Die amerikanische Firma Hard Sails wollte hier noch nicht haltmachen. Wenn die umgekehrte V-Form von Herbulot mit schrägen Winkeln an den Seitenlieken nicht zuviel Ärger bereitete, konnte man doch auch die Mittelnaht fortlassen. Um dies besser zu verstehen, müssen wir uns kurz vergegenwärtigen, wie die Bahnen eines Spinnakers geschnitten und vermessen werden. Die konvexe Wölbung kann einzig und allein fast flach auf dem Boden ausgebreitet werden, wenn das Segel in der Mitte gefaltet wird, so daß beide Schothörner übereinander liegen. Aus der Darstellung eines typischen Segels in Abbildung 3 kann man ersehen, daß die Bahnen im Kopfteil entweder so gelegt werden können, daß sie in der Mitte im schrägen Winkel aufeinander stoßen und dort also geschnitten und genäht werden müssen, oder aber daß sie in der Mitte, an der Faltung, im rechten Winkel ansetzen und demnach dort nicht geschnitten und genäht werden müssen, dann jedoch in einem spitzen Winkel auf die Lieken treffen. Hard Sails entwickelte diesen nahtlosen Schnitt besonders für unbeschränkte Spinnaker, für die es keine Begrenzung der Schulterbreite auf halber Höhe gab, außer daß sie ordentlich stehen mußten. Heraus kam ein gutstehendes Segel von beträchtlicher Größe, das eher wie ein Kugelsegment aussah und deshalb Kugelspinnaker genannt wurde. Andere Segelmacher erfanden seitdem noch andere Namen wie Sphärischer Schnitt oder Orbitalschnitt.

Segel für raum-vorliche Kurse

Die Segler vermuteten schon bald, daß man mit dem Spinnaker nicht nur platt vor dem Wind Regatten gewinnen konnte, sondern daß seine riesige Fläche sich immer dann bezahlt machen würde, wenn man sie richtig zum Ziehen bringen könnte. Lange Zeit blieb dies jedoch eine Vermutung. Die Euphorie über die gerade entdeckte Genua und der sehr bauchige Schnitt der Spinnaker jener Zeit hatten nämlich zur Folge, daß halber Wind der höchstmögliche Kurs am Wind war, bei dem man längere Strecken unter Spinnaker fahren konnte. Wenn Segelmacher einen Spinnaker, der auch noch auf raum-vorlichen Kursen ziehen sollte, herstellen wollten, beschränkten sie sich darauf, den Kopf schmaler und flacher zu gestalten, indem sie die Kopfbahnen verkürzten und die Nähte, wie sie die verschiedenen Horizontalschnitte boten, verjüngten. Wird der Spinnaker um die Mittellinie gefaltet und flach auf den Boden gelegt, so bezeichnet die Rundung der Mittellinie die Tiefe des Bauchs, während die Rundung der Seitenlieken etwas über die Breite der Schultern aussagt: Ist die Rundung zu gering, wird das Segel eine schmale, leere Hülle sein, die in recht steifen Winden vielleicht gerade noch brauchbar ist; ist sie zu stark, werden die Schultern einfallen, wenn nicht der Wind von recht achteraus kommt.
Ebenso wie ein Spinnaker für raum-vorliche Kurse also in den Schultern schmaler als ein regulärer Spinnaker ist, kann er aber

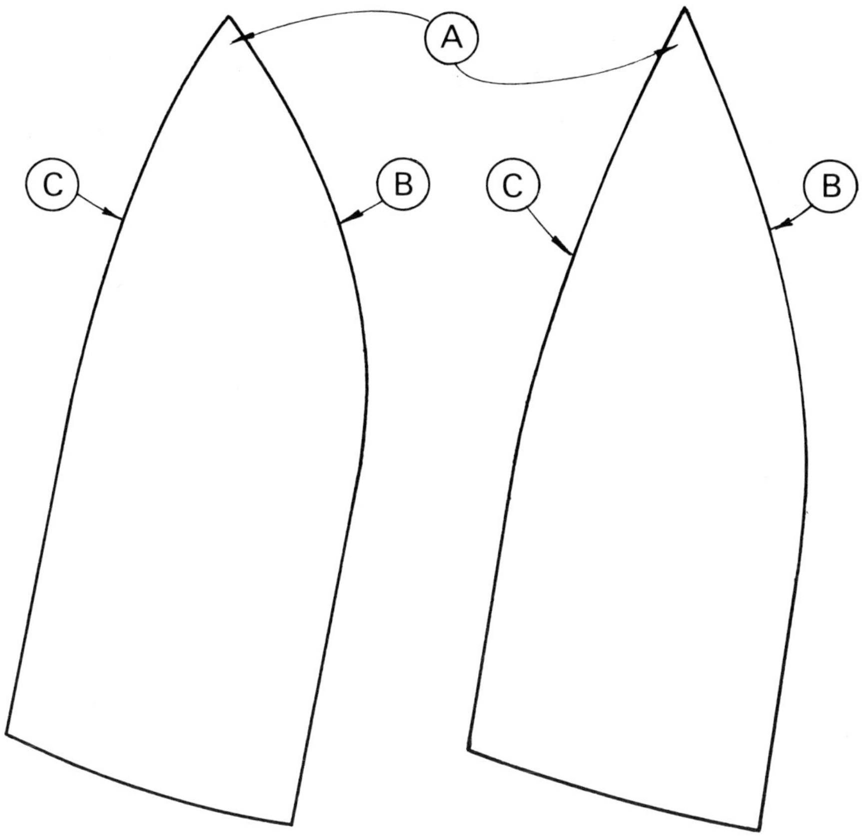

Spinnaker-Schnitte 3. Vergleich zweier Spinnaker, beide um die Mittellinie gefaltet: Der linke ist der vollere Vormwind-Spinnaker, während der rechte der flachere Spinnaker für raumseitliche und raum-vorliche Kurse ist. – Man beachte den kleineren Winkel im Kopf (A), die flachere Mittellinie (B) und die schmaleren Schultern (C).

auch in seinen gesamten Dimensionen kleiner sein. Außer wenn das Boot ein relativ schwerer Verdränger ist oder aus einem anderen Grund am Wind einen Spinnaker tragen kann, darf dieses Segel in der Breite um ca. 15 Prozent kleiner und in der Lieklänge um bis zu 5 Prozent kürzer sein als maximal zugestanden. Über den genauen Wert muß der Segelmacher entscheiden, und er muß dabei die Rumpfform und den Segelplan mit berücksichtigen. Heute sind Spinnaker für raum-vorliche Kurse entweder als Triradial oder als Star-Cut geschnitten (s. unten).
Auf Booten von 35 Fuß (10,60 m) Lüa an aufwärts wird der Abstand zwischen diesem Segel und dem Vormwindspinnaker oft als zu groß angesehen. Vielleicht ist der Vormwindspinnaker (Runner) aber auch nur zu leicht, um in stärkeren Winden eingesetzt werden zu können, wenn das Boot eigentlich noch ein großes Segel tragen könnte. In diesem Fall hängt die Eignung des Raum-Spinnakers

6944

von der Art des Segels ab. Ein Segel aus stärkerem Tuch, etwa 1½ Unzen (50 g/m²), mit voller Breite und Lieklänge, aber reduzierten Schultern und flacherem Schnitt als der leichte Runner steht auch auf raum-vorlichen Kursen gut und ist in Regattaserien, in denen viele Kursänderungen vorkommen, durchaus sinnvoll.

Radialschnitt Von nun an dachten die Segelmacher sehr genau über die Kräfte im Spinnaker nach. Zahlreiche Kombinationen verschiedener Schnittmuster erschienen und wurden auch nacheinander erprobt, um die Form besser halten zu können. Dabei entstand der Radialschnitt als bisher beste Lösung für den oberen Teil des Segels, weil damit die Kräfte naturgemäß radial vom Kopf ausgingen. Diese Idee wurde in den verschiedensten Schnitten realisiert, so daß von einigen Segelmachern Segel, die eher Patchwork-Decken glichen, geliefert wurden.

Starcut Daß die Kräfte im Spinnaker von keinem Mast, Baum oder Stag aufgefangen werden und er nur an Kopf und Schothörnern gehalten wird, brachte die Theoretiker schließlich zu der Überlegung, daß alle Kräfte radial zu diesen drei Ecken hineingeleitet werden müßten. Der Radialschnitt im Kopf hatte sich als so wirksam erwiesen, daß man nun mit einem ähnlichen Schnitt an den Schothörnern experimentierte. Die Segelmacherei von Bruce Banks entwickelte schließlich den Starcut: Die Bahnen strahlen von den drei Ecken aus zur Mitte und treffen sich dort, die äußeren Bahnen laufen parallel zu den Lieken. Damit war endlich das Problem des schrägen Schnitts in der Mitte erledigt, und es entstanden Spinnaker mit großer Fläche, die jedoch nicht zu bauchig waren und sich also für Amwindkurse eigneten. Merkwürdigerweise wurde erst danach der Triradialschnitt entwickelt, der in den Ecken ebenso strahlenförmig geschnitten ist wie der Starcut, aber in der Mitte einige Querbahnen besitzt, um die nötige Fülligkeit zu erreichen.
Der Starcut ist nicht nur auf Amwindkurse beschränkt, Bruce Banks stellt auch einen Allround-Starcut her. Der Schnitt ist jedoch viel teurer als der etwas einfachere Triradial, und es ist fraglich, ob er auf Vormwindkurs auch so wirksam ist. Ohne Frage bietet der Starcut ein gutes, haltbares Segel, aber man kann alles übertreiben.
Der Starcut ist ziemlich populär, doch die modernen Leichtdeplacementboote mit ihrer geringen benetzten Oberfläche können eigentlich nur unter günstigen Umständen ein solches Segel voll ausnutzen. Die IOR-Regeln machen es nicht mehr unbedingt erforderlich, ein spezielles Amwindsegel zu fahren; sobald das Boot ein wenig mehr abfällt, kann ein größeres und volleres Segel gefahren werden. Also benötigt man eher ein Allroundsegel, und dafür bietet

Gegenüber: Dieser Radialkopf-Spinnaker wird etwas zu dicht am Wind gefahren. Teilt man ihn um die gedachte Mittelinie in zwei Hälften, erkennt man, daß die achtere Hälfte nach hinten zieht und den Vortrieb der anderen Hälfte zunichte macht. Absenken des Spinnakerbaums würde das Luvliek straffen und das Segel nach vorne ziehen. Dann könnte man die Schot etwas fieren, und das Leeliek wäre freier, wodurch man zugleich verhindert, daß der Spinnaker Abwind ins Großsegel wirft. Die Luftströmung könnte dann frei abfließen, und die Hemmung des Vortriebs wäre behoben.
Hood Sailmakers

Oben: Ein schönes Beispiel für einen Starcut (hier zufällig von seinem Erfinder hergestellt) auf der IMPULSE, Südafrika. *Bruce Banks Sails*

Rechts: Dieser enorme Triradial wird auf einem 18 Fuß Sydney Harbour Skiff gefahren. Der runde Fleck in der Mitte ist eine Verstärkung, an der die Niederholerleine angebracht ist. Es scheint, daß das riesige Segel wegen der problematischen Bedienung auf einem so kleinen Boot hier und da schon leicht verzogen ist. *David Hughes*

Gegenüber: CARPETBAGGER fährt einen kleinen, flachen Super-Starcut auf einem Kurs relativ hoch am Wind. Darunter ist noch ein hochgeschnittener Reacher gesetzt, dessen Hals zwischen Vorstag und Mast angeschlagen ist.

Hood Sailmakers

sich der Triradial an – oder Shooting Star, wie Ratsey & Lapthorn ihre Version nannten –, der im wesentlichen dem Starcut entspricht, nur durch die horizontalen Bahnen in der Mitte bauchiger wird.

Der Starcut ist wahrscheinlich der meistbeschriebene und meistbesprochene Typ von Spinnaker, und überall auf dem Wasser trifft man auf seinen unverkennbaren Anblick – ein Zeichen für den Erfolg des Segels. Bruce Banks verdanken wir diese erste tatsächliche Neuentwicklung seit dem Auftauchen des Horizontalschnitts. Das Segel wurde zuerst bekannt auf der LONGBOW während des Admiral's Cup von 1969, obwohl er den Schnitt schon für einige Zwölfer-Spinnaker für die SOVEREIGN im Jahre 1963/64 verwendet hatte. Anfangs hatte er das Segel aus Bahnen einer Farbe hergestellt; und man erzählt sich, daß David Macauley, der Eigner der LONGBOW, ein Werbemann, Banks dazu gebracht hatte, den mittleren Stern herauszunehmen und mit Tuch in kontrastierender Farbe zu ersetzen, um den Schnitt in der Yachtszene populär zu machen.

Das Segel ist formbeständig, da sich das Tuch auch unter kräftiger Belastung kaum verzieht, was man auf Kursen dicht am Wind ausprobieren kann. Außerdem hat der Zug zu den sternförmig geschnittenen drei Ecken die Tendenz, das Segel in der Mitte abzuflachen. Für einen Amwindspinnaker ist dies natürlich sehr wünschenswert; ein runderes Segel wäre hier nicht so gut.

Der Starcut wird gewöhnlich aus schwererem Tuch als ein üblicher Vormwindspinnaker gemacht, und an den drei Ecken erhält er kräftige Verstärkungen. Das macht ihn auch brauchbar als Schwerwetter-Vormwindsegel oder sogar als Sturmspinnaker, so daß er für zwei unterschiedliche Bedingungen geeignet ist. Wenn er als Sturmspinnaker verwendet wird, muß wegen des flachen Schnitts der Spinnakerbaum flach gefahren werden.

Gefährlich ist nur, daß der Starcut auch zu dicht am Wind gefahren werden kann. Das Segel steht dann immer noch voll, aber hart wie ein Brett, so daß das Boot zu geigen beginnt und viel Leeweg macht – der schnellste Weg, um seitwärts aus dem Rennen herauszufahren. Das Großsegel muß völlig dichtgeholt werden, was den Ärger nur vergrößert und allein schon anzeigt, daß man Probleme hat. Unter solchen Bedingungen sollte man im Geiste den Spinnaker in zwei Hälften teilen und abschätzen, ob einen die hintere Hälfte nicht rückwärts zieht. Ist dies so, dann käme man mit einer Genua oder Fock und Klüver besser zurecht.

Der Starcut ist vom Entwurf her also ein spezialisiertes Segel, das auf den ersten Blick nicht jedermanns Sache ist, besonders wenn man ohnehin nicht alle Segel an Bord haben kann; durch seinen zweiten Zweck als Schwerwettersegel verdient er aber doch einen Platz in der Segellast, auch wenn sie nur zwei Spinnaker umfaßt. Ob man sich schließlich für einen Starcut oder einen Triradial

47034
4703
CARPETBAGGER

entscheidet, hängt von der Größe und der Bauart des Bootes ab.

Super-Starcut Das ist nicht, wie der Name andeuten mag, ein größerer Starcut, sondern er ist kleiner und flacher. Er wird aus schwererem Tuch (2 Unzen) hergestellt und hat schwere Verstärkungen. Wie bei dem üblichen Amwindspinnaker sind die Dimensionen kleiner, so daß er wirksamer ist und sich tatsächlich auf vielen Booten als schnelleres Segel als der normale Starcut erwiesen hat. Das gilt insbesondere für Leichtdeplacementboote, die keine größere Segelfläche tragen können. Wegen seiner Derbheit eignet er sich natürlich besonders für schweres Wetter.

Leichtes Wetter

In leichtem Wetter ist die Versuchung groß, soviel Segelfläche wie möglich zu setzen, um soviel Wind wie möglich einzufangen. Diese Idee ist jedoch so altmodisch wie die Rahsegel, mit denen sie entstand: Was Spinnaker betrifft, haben wir den Sachverhalt schon kurz gestreift: Sie dürfen nur so groß sein, daß auch leichter Wind sie füllen kann. Später werden wir noch näher darauf eingehen. Wenn wir im Sinn behalten, daß jede Bootsgeschwindigkeit vor dem Wind die schon an sich geringe Geschwindigkeit des wahren Windes noch weiter reduziert, ergibt sich daraus als Hauptanforderung an einen Leichtwindspinnaker, daß er sich auch unter sehr leichtem Winddruck im Segel überhaupt entfaltet und steht. Aus diesem Grund darf er vor allem nicht zuviel wiegen, weil er sonst zusammenfällt. Gefordert wird also ein leichtes Tuch und davon auch nicht zuviel; erst dann ist die aerodynamische Form von Bedeutung.

Der Floater Dieses Segel erhielt seinen Namen schon vor vielen Jahren, als die Segelmacherei Hood ein sehr leichtes Tuch entwikkelte, das Garne aus einem synthetischen Material mit einem spezifischen Gewicht von weniger als 1 enthielt, so daß es auf dem Wasser schwimmen konnte. Daher der Name Floater, Schwimmer, der aber bald für alle Spinnaker aus Tuchen, die weniger als eine halbe Unze per Yard (17 g/m^2) wogen, verwendet wurde. Das Segel wurde für die Zwölfer-Regatta entwickelt und zuerst auf der INTREPID eingesetzt, was ihr den beneidenswerten Vorteil verschaffte, aus einem Flautenloch herauszusegeln. Das gazeartige Material füllt sich immer noch, wenn ein normaler Spinnaker schon Schwierigkeiten macht, so daß der Floater auf den meisten Top-Regattayachten heute zu finden ist. Er kann bei einem scheinbaren Wind bis zu 7 oder 8 Knoten eingesetzt werden.
Die Form des Floater entspricht ziemlich der eines Vormwindspin-

nakers, aber er ist etwas flacher geschnitten und mit schmaleren Schultern und engeren Lieken. Entsprechend dem Tuchgewicht ist das gesamte Segel sehr leicht verarbeitet, mit kleinen Verstärkungen an den Ecken und leichteren Liekbändern als bei vergleichbaren normalen Segeln; auch die Schoten müssen dünn und leicht sein.

Starcut-Floater Wie der Name sagt, handelt es sich bei diesem Segel um einen Starcut für Kurse am Wind, der aus Floater-Material hergestellt ist. Er hat nur einen sehr beschränkten Anwendungsbereich, denn er kann nur am Wind bei sehr leichtem Wind eingesetzt werden. Auf offener See, wo Bootsgeschwindigkeit oft wichtiger ist als der genaue Kurs, kann dieses Segel sehr hoch am Wind gesetzt werden; wenn das Schiff mehr Fahrt macht, vergrößert sich auch der scheinbare Wind. Muß die Segellast begrenzt bleiben, kann man dieses Segel auch zusätzlich als normalen Floater nehmen – entsprechend einer Lehrmeinung, die behauptet, daß ein Spinnaker für sehr leichtes Wetter sehr flach und mit schmalen Schultern geschnitten sein sollte, damit sein Gesamtgewicht möglichst gering ist. Die Herstellung dieses Segels ist jedoch sehr teuer, und so ist es vielleicht nur etwas für jene Regattasegler, für die Kosten keine Rolle spielen.

Schweres Wetter

Paradoxerweise müssen Spinnaker für schweres Wetter wie die für leichtes Wetter oben sehr schmal geschnitten sein, allerdings aus unterschiedlichen Gründen. Das Leichtwettersegel hat weniger Fläche, um das Gewicht zu verringern, so daß das Segel auch in der leichtesten Brise steht. Der Sturmspinnaker darf andererseits im allgemeinen nicht zuviel Fläche haben, weil er auch unter Bedingungen eingesetzt wird, in denen man normalerweise refft; außerdem muß der Segeldruckpunkt allgemein ziemlich tief im Segelplan sitzen.

Sturmspinnaker Dies ist ein Segel für den ernsthaften Hochsee-Regattasegler, und so findet man es denn auch nicht oft in der Segellast, wenn nicht das heimische Revier ohnehin stark von schwerem Wetter heimgesucht wird. Der Sturmspinnaker ist der kleinste Spinnaker, den man noch mit Erfolg setzen kann; die Lieken sind etwa um 8 bis 10 Prozent gekürzt, während die Maximalbreite am Unterliek nur etwa 155 Prozent statt der 180 Prozent von J bei einem normalen Spinnaker beträgt. Das Unterliek ist gelegentlich sehr rund und damit an den Seiten sehr hoch geschnitten, damit zum einen die Segelfläche kleiner und zum andern die Sicht verbessert wird. Ein noch kleineres Segel würde nicht mehr bis zum Fallblock im Masttopp reichen und auch nicht mehr außen um das Vorstag herumgeführt werden können, also nicht mehr korrekt geschotet werden können. Auf halber Höhe ist das Segel schmaler als am Unterliek, und „Schultern" sind kaum erkennbar. Natürlich ist das Segel aus ziemlich schwerem Tuch gemacht, das wahrscheinlich wenigstens 2½ Unzen (135 g/m^2 wiegt; auf einem großen Boot wird man fast sicher sogar Nylon von 4 Unzen (136 g/m^2) verwenden. Verstärkungen und Schotringe werden besonders stark sein.

Rechts: Starcut gegen Radialkopfspinnaker. Der Unterschied in der Form und der Stellung des Baums ist deutlich, und daß NORYEMA vorn liegt, kann nicht überraschen.

Hood Sailmakers

K3400

2 Grundlagen des Entwurfs

Nachdem wir nun die Grenzen und Möglichkeiten des Spinnakers im schnellen Durchgang inspiziert haben, wollen wir uns etwas näher anschauen, wie das Segel die gewünschte Form erhält. Auch wenn sich dabei einiges wiederholt, ist das Thema doch wichtig genug.

Obwohl für jeden Kurs zum Wind und für jede Windgeschwindigkeit eine genaue Segelform errechnet werden kann, wird das Ergebnis seine beste Wirkung doch nur unter eben diesen bestimmten Bedingungen zeigen. In der Praxis ändern sich die Bedingungen dauernd, und es wäre jedenfalls unpraktisch, bei jeder Änderung der Windgeschwindigkeit oder des Bootskurses zum Wind den Spinnaker auswechseln zu müssen. Außerdem verursacht das elastische Material eine Änderung der Form, nicht nur bei wechselnder Windstärke, sondern auch in Abhängigkeit vom Trimm und von der Weise, in der man das Segel setzt. Man muß also einen Kompromiß finden zwischen der als optimal errechneten Form und einem Segel, das in einem breiten Spektrum von Windgeschwindigkeiten und Windeinfallswinkeln wirksam ist. Und dies sind die grundlegenden Parameter, die für jeden Spinnaker gelten:

1. Tuch: Das Tuch, aus dem er hergestellt wird, darf sich nicht recken und muß undurchlässig sein.
2. Windgradient: Je höher man über die Wasseroberfläche kommt, um so stärker wird der Wind, so daß auf hohe Segel oben mehr Kraft einwirkt als auf niedrige.
3. Kompatibilität: Der Spinnaker muß sich mit anderen Segeln vertragen, mit denen er wahrscheinlich zusammen benutzt wird – also vor allem mit dem Großsegel.
4. Kontrolle: Er darf nur über den Kopf und die beiden Schothörner kontrolliert werden.
5. Anpassungsfähigkeit: Er muß in einer vernünftigen Spanne von Wetterbedingungen wirksam arbeiten.
6. Form: Da keine Kante des Segels von Spieren oder Stagen gehalten wird, muß es so geschnitten sein, daß es sich selbst trägt und seine Form behält.

Nun mögen Sie vielleicht fragen, wie ein Spinnaker, der all diesem entspricht, jemals mit Vorteil eingesetzt werden kann.

Und wenn Sie irgendein Regatta-Feld beobachten, werden Ihnen auch tatsächlich große Unterschiede bei den Spinnakern auffallen;

auf den schnelleren Booten haben die Segel gewöhnlich eine bessere aerodynamische Form als auf ihren langsameren Rivalen. Also kommt alles auf die Form an, und vielleicht haben Sie bemerkt, daß die obengenannten Punkte alle darauf hinführen, so daß ich diesen Punkt mit Absicht als letzten aufgeführt habe.

Tuch

Wie jedes andere Segel setzt auch der Spinnaker durch Ausnutzen des Windflusses Windkraft in Vortrieb um. Auch ein perfekt geformtes Segel ist sinnlos, wenn der Wind durch das durchlässige Material hindurchwehen kann, ohne kaum in seinem Fluß aufgehalten zu werden. Glücklicherweise gehört stark durchlässiges Segeltuch dank moderner Webverfahren fast gänzlich der Vergangenheit an, aber doch muß auch heute noch der Segelmacher dieses Problem immer im Auge behalten, damit ihm keine minderwertige Ware durchgeht.
Noch wichtiger ist, wie stark sich ein Segeltuch verformt, wenn Kraft schräg zum Fadenlauf auf ihm steht. Offensichtlich kann ein Tuch um so eher Reck widerstehen, je schwerer es ist, wenn alle anderen Faktoren gleich sind. Doch da nach immer leichterem Nylon gefragt wird, müssen die Weber beständig um mehr Formbeständigkeit in ihren Produkten kämpfen.

Windgradient

Die Windgeschwindigkeit in einer Höhe von 10 bis 15 Fuß (etwa 3 bis 4,5 m) über der Wasseroberfläche ist normalerweise nur halb so stark wie in einer Höhe von 100 Fuß (30 m). Auch schon über 25 Fuß (7,5 m) ist ein deutlicher Unterschied spürbar, so daß Spinnaker für Jollen normalerweise nicht so gut steigen wie jene, die bis auf 30 bis 40 Fuß (9 bis 12,5 m) hinaufreichen, wo immmerhin schon 80 Prozent der Windgeschwindigkeit in einer Höhe von 100 Fuß (30 m) erreicht wird. Also ist das Element des Steigens für niedrigere Segel wichtiger als für jene in höheren Riggs.

Kompatibilität

Es gibt sehr verschiedenartige Segel, die mit dem Spinnaker zusammen gesetzt werden können, und sie alle dürfen sich gegenseitig nicht stören. Das wichtigste ist das Großsegel, nicht nur weil es fast immer zusammen mit dem Spinnaker gesetzt wird, sondern auch oft den Luftstrom schon ablenkt, bevor er den Spinnaker erreicht; außerdem ist es groß genug, um viel Vortrieb zu geben,

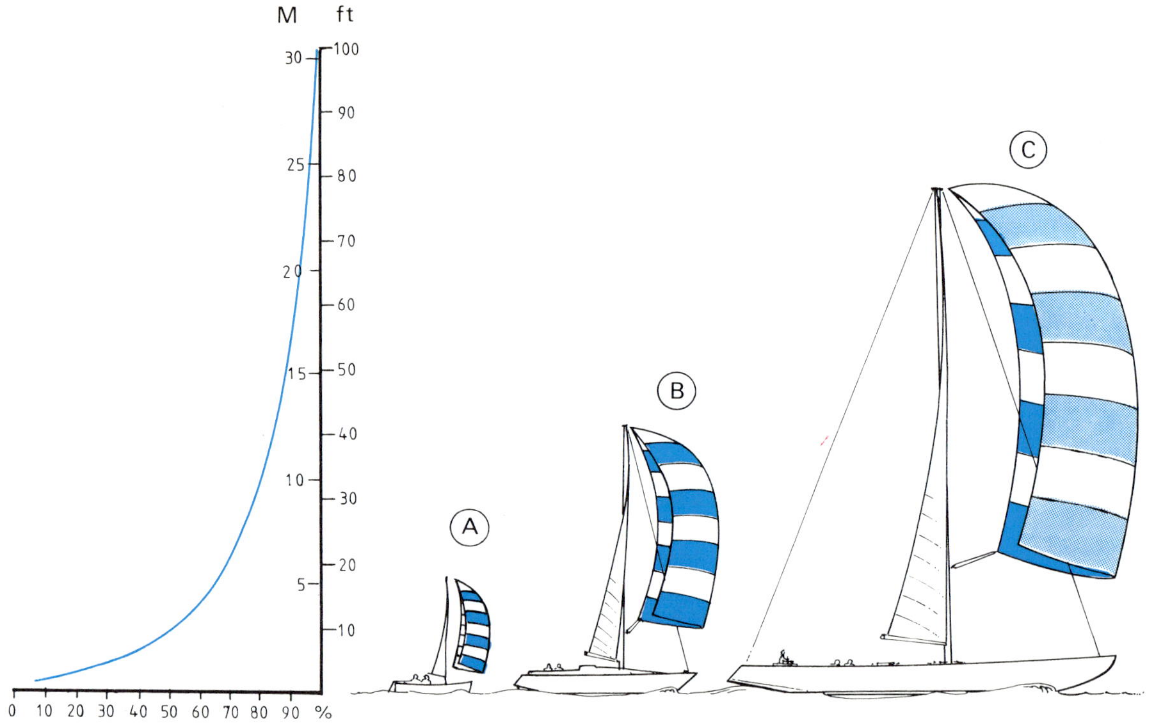

Windgradient. Die vertikale Skala gibt in Fuß und Meter die Höhe über dem Meeresspiegel an. Die horizontale Skala zeigt den Prozentsatz der Windgeschwindigkeit bei 100 Fuß oder 30 m. Bei dem kleineren Boot (A) steigt im Vergleich mit der größeren Yacht (B) der Spinnaker kaum; bei dem Maxi-Racer (C) steigt das Segel am stärksten, weil sein Spinnaker in stärkeren Wind hinaufreicht.

besonders weil sein Schothorn ziemlich leicht außerhalb des Decksplans gebracht werden kann, so daß das Segel weit ausgebreitet ist. Abwinde ins Großsegel müssen, wenn möglich, vermieden werden; also muß das Leeliek des Spinnakers auf Amwindkursen so flach wie möglich sein.

Als Zusatzsegel werden auch verschiedene Stagsegel und Genuas gefahren, deren Vorliek gewöhnlich auf der Mittschiffslinie steht, so daß man darauf achten muß, Störungen zwischen diesem und dem Luvliek des Spinnakers zu vermeiden. Dies ist eher eine Sache des Spinnakertrimms als der Form, doch der Hals dieses Vorsegels muß an der richtigen Stelle zwischen Spinnaker und Mast sitzen. Schließlich wird bei Kursen nahezu vorm Wind auch der Big Boy (Blooper, Leespinnaker) gefahren, dessen Vorliek in Lee des Spinnakers gesetzt wird. Das Vermeiden von Störungen ist eher eine

Sache des Zuschnitts des Big Boy als des Spinnakers, ja eher noch eine Frage, wie dieses Zusatzsegel im Verhältnis zum größeren Spinnaker getrimmt wird. Wenn der Spinnaker etwas schlechter getrimmt gesetzt werden muß, damit der Big Boy besser steht, wird die Segelleistung ungünstig beeinflußt.

Kontrolle

Ein Großsegel wird von Mast und Baum gehalten und entfaltet, bei einer Fock oder Genua wird das Vorliek von einem Stag unterstützt. Außer dem Big Boy ist der Spinnaker das einzige Segel an Bord, dessen Ecken alle frei in der Luft stehen, so daß es sich selbst tragen muß. Der Big Boy, der immerhin noch am Hals gehalten wird, ist ein Segel von begrenzter Anwendbarkeit, so daß er nur bei einem scheinbaren Wind gesetzt werden kann, der ihn auch tatsächlich entfaltet (mehr als 7 oder 8 Knoten) und der aus einem Winkel von nicht mehr als etwa 30 Grad von recht achterlich einfällt.
Beim Spinnaker sind andererseits Hals und Schothorn beweglich, so daß er auf ein breites Spektrum von Windeinfallswinkeln ausgerichtet werden kann. Jedoch muß das Segel sich allein durch Windkraft entfalten und tragen, was beim Schnitt beachtet werden muß, damit der Wind auf wirksame Weise über das Segel streichen kann.
Die Ausrüstung, mit der man diese Kontrolle ausübt, gehört wesentlich zum Segel und muß sorgfältig durchdacht werden, wenn sie im Gebrauch wirksam sein soll.

Anpassungsfähigkeit

Nachdem wir geklärt haben, daß der Spinnaker aus gutem Tuch hergestellt, sein Schnitt dem Windgradienten angepaßt, daß er mit den übrigen Segeln kompatibel und ohne stützende Spieren oder Stage zu kontrollieren sein muß, sollte davon abgeraten werden, sich für ein Segel von nur geringen Einsatzmöglichkeiten zu entscheiden.
Wie bereits gezeigt, muß das Tuch leicht und zugleich stark und undurchlässig und das Segel so geformt sein, daß es sich unterschiedlichen Windrichtungen anpaßt, da die Crew sonst unter wechselnden Bedingungen ständig Segel wechseln muß. Also muß nicht nur ein Vormwindsegel auch dann stehen bleiben können, wenn der Wind von achterlich auf halben Wind raumt; auch ein spezielles Segel für Kurse dichter am Wind muß auch dann noch relativ wirksam bleiben, wenn der Wind achterlicher einkommt.

Selbstverständlich wird irgendwann die Situation eintreten, daß der eine Segeltyp besser als der andere zieht, so daß ein Boot, das unter Regattabedingungen wirklich mithalten will, denn doch zwei oder drei Spinnaker braucht. Doch auch dann kann der Segelwechsel Zeit kosten, auch wenn dies nur durch das zusätzliche Crewgewicht auf dem Vordeck verursacht wird, so daß man durch zu häufigen Segelwechsel mehr verliert als man durch effizientere Segel gewinnt.

Form

Bevor wir die Idealform eines Spinnakers unter den oben erwähnten Voraussetzungen untersuchen, müssen wir uns über die Kriterien klar werden, nach denen wir diese Form beurteilen. Grundsätzlich gibt es drei Beurteilungskriterien: Wölbung, Gillung und Seitenverhältnis.

Segelwölbung

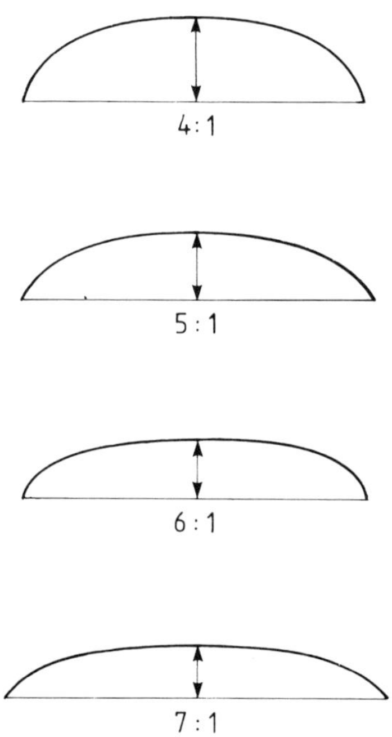

Verhältnis von Sehne zu Tiefe: Das Verhältnis von 4 : 1 gilt für Vormwind-Spinnaker; es flacht ab bis zu 7 : 1 für einen Reacher.

Wir betrachten hier jene Form, die entsteht, wenn man horizontal einen Schnitt durch das Segel macht und diesen von oben betrachtet. Die uns daran interessierenden Punkte sind die Tiefe oder Flachheit des Schnitts und der Winkel der Kurve bei Eintritt und Austritt des Windes.

Flachheit Wenn wir davon sprechen, wie flach ein Spinnaker für gegebene Bedingungen sein sollte, so setzen wir üblicherweise die Gerade zwischen beiden Lieken (die Sehne) mit der Wölbungstiefe ins Verhältnis. Untersuchungen von Hunderten von Fotos, Auswertungen nach dem Meßbildverfahren und reale Messungen der betreffenden Segel haben gezeigt, daß mit dem Verhältnis von Sehne zu Wölbungstiefe von 5:1 ein durchschnittliches Maß für die Völligkeit oder Flachheit eines Spinnaker gegeben ist. Je nach Wind und Kurs zum Wind äußert sich dieses Maß: Vor dem Wind wird ein gut stehendes Segel, besonders wenn es hoch und schmal geschnitten ist, eher ein Verhältnis von 4:1 besitzen, während auf Amwindkursen oder bei Sturmsegeln größere Flachheit bis zu dem sehr hohen Verhältnis von 7:1 angestrebt wird. Jedoch wird auf Vormwind- oder Raumschotskursen zumeist die Länge des Spinnakerbaums und die Schotführung innerhalb der Rumpfbreite eine Tiefe, zumindest des Spinnaker-Unterlieks, im Verhältnis von 4:1 verhindern. Doch je mehr sich das Segel entfaltet und steigt, desto eher kann wenigstens in der oberen Hälfte das Optimum erreicht werden. Also sollte man schon beim Trimmen darauf hinarbeiten,

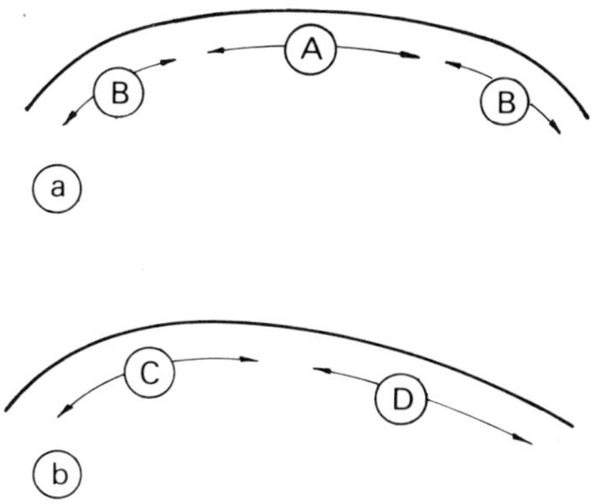

Spinnaker-Querschnitte: (a) Vor dem Wind sollte die Mitte (A) flacher sein als die Schultern (B). (b) Auf raumen bis raumvorlichen Kursen sollte der Bauch an der Luvkante (C) stärker ausgebildet sein. Idealerweise sollte das Segel an der Leekante (D) ganz flach sein, was jedoch die Elastizität des Nylons verhindert.

daß der Hauptteil des Segels die entsprechende Wölbung einnimmt. Auf Amwindkursen sollte die Schotführung so verstellt werden können, daß sich das Segel zu einer flacheren Wölbung öffnet.

Eintrittskurve Nachdem uns die wünschenswerte Wölbungstiefe bekannt ist, müssen wir nun die Kurve betrachten, die das Segel an der Windeintrittskante des in Luv liegenden Lieks einnimmt. Vor dem Wind sollte der Schnitt hier eine Ellipse mit flacherem Mittelteil zeigen, wie es Abb. 12a darstellt. Sobald man höher an den Wind geht, wird mehr Kraft auf das Luvteil des Segels ausgeübt, so daß die Eintrittskurve flacher wird, wie es Abb. 12b zeigt. Auf Raumschotkursen sollte die Lee- oder Windaustrittskante des Segels jedenfalls flacher sein als die Eintrittskante; damit verhindert man zumindest Abwinde im Großsegel. Die Spannung des Luvlieks verursacht eine Abflachung im Leeliek. Dies kann man auch dadurch erreichen, daß der Spinnakerbaum eher tiefer als höher steht und daß die Spinnakerschot nicht so stark durchgeholt ist, daß sich das Leeliek einrollt. Man denke immer daran, daß der Wind von Luv nach Lee am Segel vorbeistreicht, so daß sowohl ein ungestörtes Anströmen wie ein freies Abfließen der Luftströmung um so wichtiger werden, je dichter man am Wind segelt.

Gillung

Gillung nennt man jenen Teil des Segels, der außerhalb der geraden Linie zwischen zwei Ecken liegt. Beim Spinnaker kommt Gillung in den Schultern und beim Keilstück vor.

Schultern Man diskutiert hauptsächlich darüber, wieviel Schulterbreite in die obere Hälfte des Segels eingearbeitet werden kann. Der Wunsch, das Segel hier so breit wie möglich zu machen, wird beschränkt durch das Wissen, daß jedes zusätzliche Gramm, das hier in Form von Gillung eingearbeitet wird, vom Hauptteil des Segels getragen werden muß. Je größer die Schulterbreite, um so tiefer muß die Segelwölbung sein – was ein geringeres Verhältnis zwischen Sehne und Wölbungstiefe bedeutet. Doch wir haben schon gesehen, daß dieses Verhältnis insofern eine kritische Grenze hat, als das Segel, je tiefer die Wölbung ist, um so weniger geneigt ist, sich zu entfalten und seine ganze Fläche gegen den Wind auszubreiten.
Wesentlich zum Problem der Schulterbreite gehört der Vertikalschnitt durchs Segel, und das heißt, die Wölbungstiefe im Verhältnis zu einer Linie, die vom Kopf zum Mittelpunkt des Segels verläuft (im Unterschied zum Horizontalschnitt); die mit diesem Schnitt gegebene Wölbung wird manchmal als ‚Nase' bezeichnet, so daß man von einem Spinnaker mit einem ausgeprägten Vertikalschnitt im Kopfteil sagt, er habe eine ‚römische Nase'.

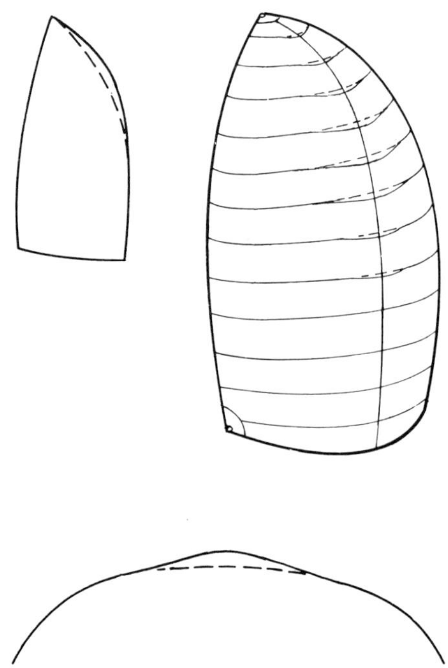

„Römische Nase". Ein Übermaß an Völligkeit in der Mitte des Spinnakerkopfteils verhindert, daß sich der Kopf ordentlich entfaltet; dies bedeutet Verlust an Vortrieb.

Das Maß der Gillung in den Schultern bestimmt, beziehungsweise wird bestimmt durch den Winkel am Kopf, wenn man das Segel von vorne betrachtet – mit anderen Worten, wie stumpf der obere Teil des Segels ist. Um es in den Begriffen der sphärischen Geometrie auszudrücken, kann man sich vielleicht einmal vorstellen, daß der Spinnakerkopf am Nordpol sitzt und sich das Segel von dort aus über die Oberfläche des Globus ausbreitet: Der Winkel am Kopf ist dann der Winkel zwischen den Meridianen, auf denen die beiden Lieken aufliegen. Dieser Winkel variiert zwischen etwa 60° für einen im Kopfteil schmalen Sturmspinnaker über Winkel von 75° bis 85° für Starcut und Triradial bis zu 115° für die größten Vormwindspinnaker. Wie gesagt, basieren diese Gradmaße auf sphärischer Geometrie und sind deshalb geringer als die Winkel, die bei einem flach auf der Erde liegenden Spinnaker gemessen würden. Wird der Winkel zu groß, sind entweder die Schultern zu breit oder die ‚Nase' zu tief. In beiden Fällen entfalten sich und stehen die Liekteile nur bei nahezu direkt achterlich einfallender frischer Brise.

Keilstück Wir haben gesehen, wie jeder Versuch, extra breite Schultern zu schneidern, mehr Schwierigkeiten als Vorteile bringt, und ähnliches gilt für die überstehenden Flächen im Fußteil des Segels. Um den Wind einzufangen, kann man nicht einfach mehr Tuch an das Fußteil des Segels hängen; denn damit würde nur der Rest des Segels nach unten gezogen. Ebenso wie überbreite Schultern steht auch ein übergroßes Keilstück nur bei direkt achterlichem Wind. Die optimale Gillung beträgt etwa 12,5 Prozent der Länge im Unterliek (1½ Zoll per Fuß). Ein Segel mit einer Unterliekslänge von 24 Fuß kann also höchstens eine Gillung von drei Fuß vertragen; bei einem Unterliek von 40 Fuß kann die Gillung fünf Fuß betragen.

Seitenverhältnis

Die mathematische Definition des Seitenverhältnisses bezieht sich auf eine Form, die oben enger ist als an der Grundlinie. Bei einem Dreieck setzt sie die Höhe mit der halben Länge der Basis ins Verhältnis (womit sie die durchschnittliche Breite des Dreiecks in bezug auf die Höhe beschreibt). Für einen Spinnaker wäre, wegen seiner sich nach oben variabel verjüngenden Form, nur schwer eine solche Formel anzugeben; so werde ich nur einfach Seiten- zum Unterliek ins Verhältnis setzen, da man diese Größen greifen kann. Im weiteren werden wir sehen, wie die Maße für das Vorsegel-Dreieck, besonders in der IOR-Formel, die Proportionen jedes Spinnakers betreffen, und deshalb wird auch ein Vergleich der

Gegenüber: Das Fußteil des Triradials auf meinem Boot SIMPLICITY ist nicht so tief, wie es hier scheinen mag. Die gerade Fußlinie läuft durch die Mitte der untersten blauen Bahn. Wir setzen darunter eine normale Genua, und das machte uns schneller als die Yacht an unserer Luvseite.

Brian Manby

Segel zwischen einer Masttopp- und einer Dreivierteltakelung interessant werden.
Hohe, schmale Spinnaker sind nicht besonders wirksame Segel, weil sie hoch oben besonders wenig Wind fangen, und sie sind oft instabil, weil sie allzu leicht zum Schwingen neigen. Dazu können wir alle Spinnaker rechnen, deren Liekländge mehr als doppelt so groß ist wie die Breite des Segels. Experimente zeigen, daß für einen üblichen Spinnaker ein Verhältnis von Seiten- zu Fußliek von 1,8:1 etwa das Maximum ist.

Vorsegel-Dreieck Die durch die Formel gegebenen Maximalwerte für Lieklänge und Breite bedeuten, daß ein IOR-Spinnaker mit einem Seitenverhältnis von 1,8:1 ohne Bestrafung ein Verhältnis von Höhe des Vorsegeldreiecks : Basis des Vorsegeldreiecks von etwa 3,3:1 haben darf. Daraus können wir schließen, daß ein Vorsegeldreieck, das im Verhältnis von Breite zu Höhe noch enger ist, einen unwirksamen Spinnaker zur Folge hat. Folglich ist der Spinnaker um so stabiler, je niedriger dieses Verhältnis ist; in der Praxis kann das Verhältnis von Lieklänge und maximaler Breite bis zu 1,5:1 oder gar 1,4:1 sein, und nach IOR wird ein solches Segel ungefähr bei einem Vorsegel-Dreieck von 2,5:1 entstehen. Interessant ist, daß einige Spinnaker für Zwölfer und Internationale 14-Fuß-Dinghis, bei denen die Breite nicht beschränkt ist, sogar ein Verhältnis von weniger als 1:1 haben und dennoch erfolgreich sind.

Topptakelung gegen Dreiviertel- und Siebenachtel-Takelung

Ohne die Amwind-Eigenschaften zu betrachten, wollen wir kurz das Für und Wider zwischen Topptakelung auf der einen und Dreiviertel- bzw. Siebenachtel-Takelung auf der anderen Seite vor dem Wind untersuchen. Auffällig ist sofort der Unterschied in der Größe des jeweiligen Spinnakers zum zugehörigen Großsegel. Dreiviertel- oder Siebenachtel-Takelung haben ein ausgewogeneres Verhältnis zwischen Großsegel und Spinnaker zur Folge, weil er, bei gleichem Rating, kleiner ist als bei der Topptakelung. Seit dem Auftauchen der Leichtdeplacementrümpfe ist die Größe des Spinnakers allein nicht mehr von entscheidender Bedeutung, weil die optimale Geschwindigkeit schnell erreicht wird und es jetzt nur noch darauf ankommt, das Boot nicht zu stark zu krängen, da das Unterwasserschiff dann eine wenig wirksame Form erhält und Abdrift und Leeweg allzu stark werden. Außerdem wird ein übergroßer Spinnaker nur mehr vom Großsegel abgedeckt, so daß ein größerer Teil des Segels in gestörter Luftströmung arbeitet und

K 1111 K
K-4151

von dem anderen Teil des Segels mitgetragen werden muß; damit verzieht sich die Form, und der Vortrieb leidet. Ein weiterer Vorteil des kleineren Segels besteht darin, daß es bei auffrischender Brise besser kontrolliert werden kann – besonders beim Halsen.
Die Regeln verändern sich von Zeit zu Zeit, so daß vielleicht einmal das Großsegel begünstigt wird und dann wieder das Vorsegeldreieck. Solange das Großsegel nicht zu schlecht bewertet wird, lohnt es sich wenigstens, die hinter dem Mast liegende Segelfläche verhältnismäßig groß zu halten. Ich glaube nicht, daß wir je wieder eine Situation bekommen werden, in der Großsegel fast schon bestraft wurden. Deshalb haben Dreiviertel- und Siebenachteltakelung im Rating einen Vorteil, wie die folgenden Zahlen zeigen werden. Sie stammen aus einigen Versuchen, die Camper & Nicholson Ende der 70er Jahre mit zwei Schwesterschiffen durchführten, die in die Halbtonner-Formel hineingebaut worden waren (es waren Schwesterschiffe von SILVER JUBILEE), von denen aber das eine eine Topptakelung und das andere eine Siebenachtel-Takelung besaß. Basierend auf RSAT* von 480 sq feet (44,59 m²) ergaben sich für die Segelflächen beider Boote folgende Werte:

	Topptakelung	Siebenachtel-Takelung
I	38,5′	34,5′
J	11,6′	11,5′
P	32,65′	37,5′
E	10,0′	12,0′

Daraus ist schnell zu erkennen, daß die Siebenachtel-Takelung von der Segelfläche her solange einen Vorteil hat, wie kein Spinnaker gesetzt wird – tatsächlich beträgt er etwa 5 Prozent. Der Spinnaker jedoch kehrte diese Differenz um, wobei für die Topptakelung außerdem noch sprach, daß bei der Siebenachtel-Takelung kaum ein Big Boy zu fahren ist, weil das große Großsegel ihn abdeckt. Wir wollen uns hier nicht darüber auslassen, daß bei der Siebenachtel-Takelung der Mast leichter gebogen und getrimmt werden kann, oder welche Takelung bessere Amwind-Eigenschaf-

* Hier handelt es sich um Begriffe aus der IOR-Formel.

RSAT	= Ein Wert aus der Summe der einzelnen Segel, berechnet unter Anwendung bestimmter korrigierter Maße
I	= Höhe des Vorsegeldreiecks
J	= Basis des Vorsegeldreiecks
P	= Die Heißhöhe des Großsegels, gemessen zwischen Fallscheibe und Baumoberkante
E	= Länge des Großsegelunterlieks

ten hat. Es reicht zu sagen, daß ein Leichtdeplacementboot durchaus von dem größeren Großsegel profitieren kann – außer bei leichten Winden –, daß jedoch dieser Unterschied um so unbedeutender wird, je größer die Yachten werden. Also sollte sich von daher der Durchschnittseigner für das sorglosere Leben mit dem kleineren Spinnaker entscheiden.
Wie gesagt, kann die Formel jedoch alles ändern. In den 60er Jahren baute dieselbe Firma zwei hölzerne 36-Fuß-Boote nach den Linien ihrer erfolgreichen JOLINA in die RORC-Formel. Eines besaß Topptakelung und das andere Siebenachtel-Takelung, und das toppgetakelte Boot gewann fast immer, solange nicht extrem schweres Wetter herrschte.
Trotz aller Formeldebatten bleibt doch die Grundform des Spinnakers immer gleich; das gilt auch für seine Handhabung. Also stehen wir wieder am Ausgangspunkt, haben ein Segel, dessen Form durch den Segelmacher bestimmt wird, das aber von der Besatzung gehandhabt werden muß. Stimmt alles andere, was kümmert den Eigner also eine solche Diskussion?
Nichts – zugegebenermaßen gar nichts, wenn er ein Regattasegler ist. Der will nur seine Segel beherrschen, um das Beste aus seinem Boot herausholen zu können. Und ein Hochseesegler braucht möglicherweise den knappen Raum unter Deck für alles andere als für einen Spinnaker. Bleibt also der Tourensegler an der Küste. Der wird vielleicht die größere Bequemlichkeit des kleineren Segels mit offenen Armen akzeptieren und es dann bei auffrischendem Wind zu lange stehen lassen. – Mit solchen Diskussionen gewinnt man also niemanden!

Fehler

Fehlerhafte Segel können das Ergebnis schlechter Verarbeitung sein oder aber langen Gebrauchs oder falscher Handhabung. Hier befassen wir uns hauptsächlich mit letzterem.
Es ist nicht schwer, einen Spinnaker rundum zu verwerfen; doch wenn der Fehler korrigiert werden soll, braucht der Segelmacher genauere Angaben. Fast immer wird er das Segel selbst gesetzt sehen wollen, doch spart man viel Zeit, wenn man seine Unzufriedenheit mit ihm genau beschreiben kann. Für den Laien ist die Beurteilung einer Spinnakerform nicht leicht, und da es keine absoluten Kriterien für den Vergleich gibt, kann es auch schwer sein, den Grund des Ärgers richtig abzuschätzen. Eine sehr gute Möglichkeit sind Fotos vom Segel, am besten sogar von außerhalb des Schiffes. Doch auch an Bord gemachte Fotos sind besser als

Gegenüber: Hier läßt man den Spinnaker zu hoch steigen, wodurch sich das Mittelteil so weit öffnet, bis es nahezu flach ist; dadurch geht Vortrieb verloren. Das Segel wurde verbreitert durch Einfügen einer Bahn in der Mittellinie. Dadurch ist es zwar etwas zu flach geworden, aber sonst scheint es ganz gut zu arbeiten.
Hood Sailmakers

gar nichts. Dabei sollte man soviel vom Segel wie möglich aufs Foto bekommen, damit man genau erklären kann, wo das Ärgernis liegt. Das Sonnenlicht sollte man ausnutzen, um durch die Schattenwirkung eventuelle Falten zu verdeutlichen. Ein Segelmacher kann an einem gelungenen Foto oft das Problem erkennen, während er mit einer langatmigen Beschreibung nichts anzufangen weiß.
Mehr als bei jedem anderen Segel sollte man beim Spinnaker daran denken, daß er aus einer riesigen Fläche leichten Tuches besteht, in die man nicht viel Formbeständigkeit hineinschneidern kann. Man kann dieses leichte Segel sehr leicht zu stark strapazieren und so die eingebaute Form verziehen. Leider ist es nicht immer möglich, diesen Schaden zu reparieren.
Hat sich ein Spinnaker eine gewisse Zeitlang bewährt, so entstehen Schwierigkeiten wahrscheinlich zunächst an den Seitenlieken und am Hauptkörper des Segels.

Seitenlieken

Ganz wichtig ist eine akkurate Arbeit der Lieken. Einer der am häufigsten auftretenden Fehler besteht darin, daß sich die Liekbänder zusammenziehen. Dann kommt das Seitenliek zu dicht und rollt sich ein; auf Vormwindkursen ist das nicht allzu problematisch, doch sobald der Wind vorlicher einfällt, wird die Anschnittskante ruiniert und damit die Luftströmung gestört. Grund ist gewöhnlich nicht das Einlaufen der Liekbänder, sondern das Dehnen des Nylons. Der Segelmacher wird dann die Liekbänder entfernen und die neuen etwas verlängern.
Weil dieses Problem vorhersehbar ist, nähen die Segelmacher die Liekbänder meist eher loser als es zunächst nötig ist, damit sich das Tuch etwas recken kann. Infolgedessen werden diese loseren Liekbänder beim neuen Segel ein wenig gekräuselt aussehen und beim Spinnakersegeln in leichten Winden auch eine Tendenz zum Flattern besitzen. Ist das Segel aber erst ein- oder zweimal in einer richtigen Brise benutzt worden, sollte es sich recken und beruhigen; geschieht das nicht, hat sich der Segelmacher verrechnet, und er sollte dann die Liekbänder entfernen und neu einsetzen.
Früher besaßen Spinnaker gewöhnlich Drahtlieken; einige Klassenvorschriften forderten dies sogar. Der Draht veränderte sich natürlich überhaupt nicht, aber das Tuch, so daß sich die Lieken am Segel allzu oft einrollten.
Wie schon oben erwähnt, sollte sich der Eigner also davor hüten, seinen Leichtwetterspinnaker bei für ihn zu starken Winden einzusetzen. Wenn er nicht reißt, wird sich das Tuch wahrscheinlich doch stark recken, so daß die eben beschriebenen Probleme ent-

7000
7000

stehen. Ein Triradial oder Starcut hält diese Kräfte, die von den Ecken des Segels ausgehen, besser aus als einer mit horizontalen Bahnen, der sich durch die schräg zum Faserverlauf auftretenden Zugkräfte verzieht und seine Form verliert.
Manchmal wird es so aussehen, als ob sich ein Spinnaker am Kopf nicht öffnen will; dies bedeutet zwar normalerweise schlechten Stand oder schlechten Schnitt, kann aber auch durch allzu dichte Liekbänder verursacht werden. Und auch wenn das Segel erst einmal überreckt ist, wird es die Tendenz entwickeln, daß sich der Kopfteil nicht voll entfaltet.
Ist das Tuch, aus dem das Segel hergestellt wurde, von guter Qualität, so kann der Segelmacher jedoch quer über das Segel etwas Tuch wegnehmen und damit die ursprüngliche Form ungefähr wiederherstellen. Fehlersuche und Ausbesserung sind zeitraubend und lohnen sich nur bei einem Segel, das noch ziemlich neu ist und dessen Tuch noch viel Festigkeit besitzt.

Das Unterliek

Das am Unterliek angesetzte Keilstück ist ständig im Blickfeld des Eigners und ist deshalb mehr als angemessen Gegenstand der Kritik. Ärger entsteht hier häufig durch fehlende Spannung, wodurch dieses Segelteil zu schlagen beginnt, oder dadurch, daß es nicht genau der Kontur des Segelkörpers folgt. Das Keilstück eines voll stehenden Spinnakers kann sich jedoch auf einem Raumschotskurs leicht etwas einrollen, besonders wenn die Schot zu dichtgeholt ist; doch dies ist nicht von großer Bedeutung. Eine Korrektur ist möglich, doch wiederum bedarf es der Beobachtung am gesetzten Segel durch den Segelmacher. Das Flattern kann oft durch eine leichte Veränderung der Mittelnaht am Fußteil oder durch zusätzliche Nähte oder Abnäher am Unterliek geheilt werden.

Falten im Kopfteil

Wirft der Spinnaker Falten, die vom Kopf in den Körper hinunter laufen, so sind die Schultern wahrscheinlich zu breit, um von dem Segel ordentlich getragen werden zu können. Dann muß Tuch aus dem Kopfteil herausgeschnitten werden, was wiederum Arbeit für den Segelmacher bedeutet. Es könnte aber auch das Mittelteil des Segels zu flach sein, wodurch sich beide Teile des Segels unterschiedlich auswölben; auch hier muß etwas Tuch aus dem Kopfteil herausgeschnitten werden, um die Balance des Segels wiederherzustellen.

Änderungen

Die Größe des Spinnakers zu verändern war relativ einfach, solange die meisten dieser Segel aus horizontalen Bahnen mit einer vertikalen Mittelnaht zusammengesetzt waren. Weil die untere Hälfte des Segels fast ein Rechteck bildete, konnte man an einer Naht etwas oberhalb der Schothörner eine horizontale Bahn herausnehmen oder hinzufügen; ebenso konnte man die Mittelnaht öffnen und dort eine oder zwei vertikal verlaufende Bahnen einsetzen, die von einer bestimmten Höhe ab zum Kopf hin schmaler wurden, oder auch an jeder Hälfte etwas abschneiden, bevor beide Teile wieder zusammengenäht wurden. Keine dieser Änderungen berührte die Ecken, so daß die Arbeit relativ schnell und leicht war.
Doch mit dem Starcut war solches Vorgehen unmöglich geworden, wenigstens dann, wenn der Eigner einen echten Regatta-Spinnaker behalten wollte. Weil die Bahnen hier in unterschiedlichen Winkeln schräg übers Segel verlaufen, werden Änderungen überhaupt schwierig. Es ist jedoch überraschend, welche Mißhandlungen das elastische Nylon aushalten kann; sogar wenn das Messer vertikal durchs Segel geschnitten hat und damit Nähte in den unmöglichsten Winkeln entstanden sind, bleibt fast immer noch ein respektabler Touren-Spinnaker übrig. Besonders wenn der Spinnaker verkleinert wird, bleibt trotz des vertikalen Schnitts häufig noch ein brauchbares Segel; gleiches gilt für eine Verkürzung der Seitenlieken durch Herausnahme eines horizontalen Streifens. Sogar das Einsetzen einer zusätzlichen Bahn scheint zu funktionieren, wenn der Eigner sich durch lokal auftretende Fältchen und Ausbauchungen nicht zu sehr stören läßt. Doch der Regattasegler wird sich solche Änderungen zweimal überlegen, falls nicht Ebbe in der Börse ihn zu solchem Vorgehen zwingt.

Reparaturen

Die meisten großen Reparaturen eines Regattaspinnakers überläßt man am besten einem Segelmacher, da das Tuch zu empfindlich ist und durch ungleiche Stiche beim Nähen allzu leicht Fältchen entstehen können. Doch einige Reparaturarbeiten kann man auch gut zu Hause oder gar an Bord selbst erledigen.
Kleine Risse können zufriedenstellend mit geeignetem Reparaturband, das in Form von etwa 5 cm breitem, farbigem Nylon mit selbstklebender Rückseite auf Rollen verkauft wird, repariert werden. Beim Aufbringen dieser Streifen muß das Segel über einer weichen Oberfläche leicht gespannt werden, wozu man am besten Heftzwecken oder Stecknadeln benutzt – oder auch Gewichte, wenn man beispielsweise das Segel über einen Eßtisch spannt.

Absicht ist, daß das Segeltuch stärker gespannt ist als der aufgeklebte Tuchstreifen – sonst entstehen Falten. Das Segel muß trokken sein und darf nicht allzuviel Salz enthalten; befindet sich auf dem zu reparierenden Teil Meeressalz, muß man es vorher in Frischwasser waschen und dann ordentlich trocknen. Der Reparaturstreifen sollte am besten der Fadenlinie des Segels folgen, doch ist dies nicht unbedingt erforderlich. Man entfernt das Papier auf der selbstklebenden Seite und drückt dann den Streifen fest an; je härter man reibt, um so besser hält der Streifen, weil die Reibung Wärme erzeugt, die für eine gute Haftung nötig ist.
Handelt es sich um einen größeren Riß, so kann man den Rand des aufgeklebten Streifens hinterher mit der Maschine vernähen. Vor dem Nähen sollte man sich jedoch das Segel erst einmal genau anschauen, um sicherzugehen, daß das Tuch durch die Reparatur nicht gekräuselt oder gar gefältelt wurde.
Üblicher Fehler eines Amateurs beim Nähen eines Risses ist, daß er die Kanten zu stark zusammenzieht. Bei einer Rißöffnung entlang dem Fadenlauf gehen einige Garne parallel zum Riß verloren, so daß dort eine schmale Lücke entsteht, die nur von den durchschnittenen Fadenenden im rechten Winkel zum Riß gefüllt wird. Diese Enden sollten nur dicht aneinanderstoßen, weil sonst das Segel Falten ziehen wird. Sobald man das betroffene Teil des Segels unter leichtem Zug entfaltet, wird das Problem schnell sichtbar; man muß also der Versuchung widerstehen, das Segel zu verziehen, um die Lücke zu füllen.
Wird ein Loch (nicht nur ein Riß) im Segel mit einem Stück Segeltuch abgedeckt, so muß man noch vorsichtiger arbeiten und benötigt hierbei gewiß eine Nähmaschine; auch beidseitig klebendes Band ist hier nützlich – es sollte überhaupt zum Reparatur-Set gehören. Das Flicken dieser Art ist Spezialistenarbeit, man braucht Erfahrung; die sollte man nicht beim besten Regattasegel zu sammeln beginnen. Am besten läßt man sich erst einmal ein paar Nachhilfestunden von jemandem geben, der etwas vom Kleidernähen versteht, und übt dann an einem Stückchen Segeltuch oder an einem alten Segel. Dünnes Tuch mit der Maschine zu nähen, ist nicht leicht. Der häufigste Fehler ist, daß man das Tuch zu sehr zusammenzieht, weil der Faden zu starke Spannung hat. Ein anderer Fehler entsteht dadurch, daß man das neue Material nicht straff genug aufliegen hat, so daß ungleicher Zug entsteht. Doch sollte man sich durch Anfangsfehler nicht entmutigen lassen; denn es ist doch überraschend, was man mit einem scheinbar unreparablen Nylonsegel noch alles machen kann. Man benötigt jedenfalls Raum, um das Segel auszulegen, und das ist wiederum ein Grund, weshalb man die Arbeit dem Segelmacher in seiner geräumigen Segelmacherei überlassen sollte – was wir in schwierigen Fällen fast alle sicherlich auch leichten Herzens tun werden.

3 Spinnaker-Ausrüstung

Das Gerät, das zum Setzen, Trimmen und Halsen eines Spinnakers nötig ist, wurde bereits kurz erwähnt. Zwar ist es komplex und unterschiedlich, doch eine Untersuchung der besten zehn Boote einer Flotte wird zeigen, daß die Grundsysteme sich sehr ähnlich sind. Vor allem sollte man sich bei der Anschaffung jedes einzelnen Ausrüstungsgegenstandes immer nur für erprobte, am besten regattaerprobte Systeme entscheiden. Sich für etwas Neues zu entscheiden, bringt keinerlei Vorteil, wenn Gerät verfügbar ist, das sich schon eine Zeitlang in der Praxis bewährt hat.
Das bedeutet nicht, daß es hier keinerlei Weiterentwicklung gibt. Doch solche Art von Experimenten überläßt man besser jenen, die die Kosten und die Enttäuschungen, die das Testen neuer Entwicklungen oft mit sich bringt, tragen können; haben sie Erfolg, so wird der Neuerer seinen Lohn in Form eines Silberpokals einheimsen, während die anderen dann für alle Zeiten den Nutzen haben, ohne an den Entwicklungskosten beteiligt zu sein. Wir wollen demnach mit dem zufrieden sein, was wir als richtig kennen, sowohl was Wirksamkeit als auch was möglichst einfache Handhabung betrifft.

Der Spinnakerbaum

Der Spinnakerbaum ist das wichtigste Gerät der Ausrüstung, um einen Spinnaker setzen zu können. Es gibt da durchaus Unterschiede; jedoch sind sie nicht von großer Bedeutung, auch wenn der für ein bestimmtes Boot richtige Baum nur empirisch gefunden werden kann. Der Baum hat nicht nur die Aufgabe, Hals und Schothorn weit auseinander zu halten, er muß auch noch andere Bedingungen erfüllen:

a) geringes Gewicht zur leichteren Handhabung,
b) Widerstandsfähigkeit gegen Torsions- und Zugkräfte,
c) einfache Befestigung am Mast, ohne daß die Bewegungsfreiheit in alle Richtungen eingeschränkt wird,
d) Verstellbarkeit der Höhe am Mast,
e) einfache Befestigung am Achterholer,
f) Kontrolle in der Vertikalen durch den Toppnant und
g) Kontrolle in der Vertikalen durch den Niederholer.

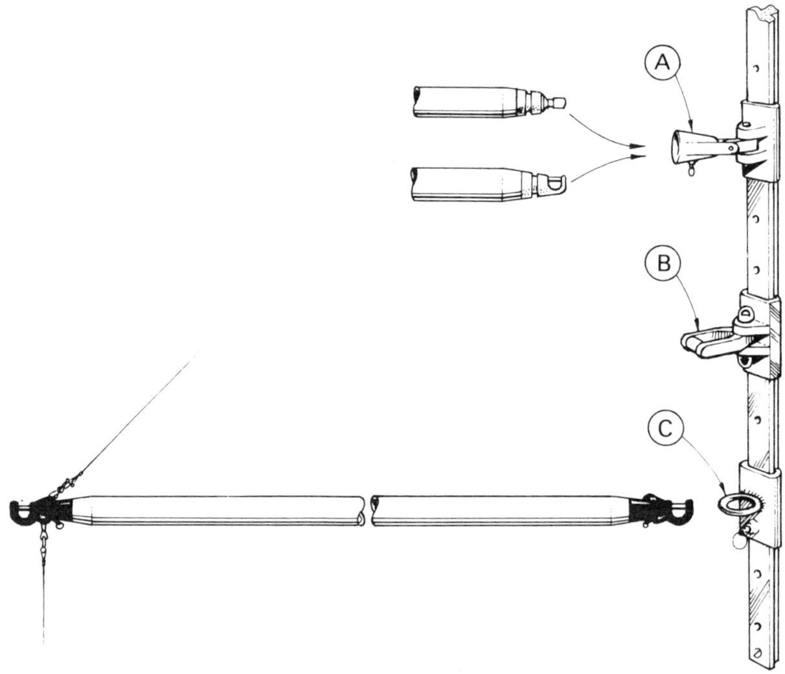

Spinnakerbaum-Systeme: Der Glockenbeschlag hält den Baum mit einem Schnapper, der in eine ringförmige Vertiefung an der konischen inneren Nock faßt. Oder ein Haken mit Federbolzen wird an einem drehbaren Bügel oder an einem festen Ring am Mast angeschlagen. A = Glocke B = Bügel C = Fester Ring

Stärke und Gewicht

Wesentlich ist besonders ein vernünftiges Verhältnis von Stärke und Gewicht; denn die Spiere muß nicht nur allen auftretenden Kräften widerstehen, sondern auch durch die Vordeckscrew leicht zu handhaben sein. Nicht in Gebrauch, bedeutet sie totes Gewicht, meist auch noch auf dem Vordeck. Auf verschiedene Weise hat man versucht, Gewicht zu sparen, ohne Stärke zu verlieren, sogar mit Hilfe von Carbonfasern. David May probierte dies schon 1972 auf seiner WINSOME aus. Doch obwohl das Material in fast jeder Hinsicht zufriedenstellende Ergebnisse brachte, litt es doch, als der Baum wiederholt hart gegen das Vorstag schlug. So betrachtet man heute als bestes Material ein gerades Rohr aus leichtem Aluminium. An den Enden konisch zulaufende Spinnakerbäume sieht man eigentlich nur noch auf größeren Booten.

Beide Glocken sitzen auf einer Mastschiene. Sie werden auf SIMPLICITY durch eine solide Stange getrennt. Der Beschlag kann vertikal mit einer Leine justiert werden.
Autor

Mastbeschläge

Der Spinnakerbaum unserer Großväter wurde am Mast mit einer Art Schuh, ähnlich der Gaffelklau des Großsegels, befestigt. Das moderne System besteht entweder aus einem Ring am Mast, in den ein mit einem Federbolzen versehener Haken greift, oder aber aus einer Glocke, in der die innere Baumnock gehalten wird. In beiden Fällen ist der Mastbeschlag gewöhnlich mit einer Vorrichtung ausgestattet, mit der man ihn vertikal justieren kann. Üblicherweise ist dies ein Schlitten, der auf einer Schiene mit einem Federbolzen arretiert werden kann. Auf größeren Booten treten am Mastbeschlag große Kräfte auf, so daß man eine Vorrichtung benötigt, um den Schlitten unter Druck nach unten oder oben zu versetzen. Das kann eine einfache Talje sein oder auch eine Winde mit Kette und Zahnrad. Benutzt ein Boot zum Halsen zwei Spinnakerbäume, muß der Mastbeschlag ebenso verdoppelt werden. Üblicherweise findet man dann zwei miteinander gekoppelte Schlitten auf einer zentralen Mastschiene. Manchmal sieht man auch zwei nebeneinander liegende Schienen, jede mit ihrem eigenen Schlitten; doch dann kann man mit einem Baum immer nur die eine, richtige Schiene benutzen – und damit ist das Halsen mit einem Baum unmöglich, falls der zweite gebrochen ist.

Die Beschläge an beiden Baumenden können unterschiedlich sein, wenn man das Halsen mit einem Baum bevorzugt; sonst sollten beide Nockbeschläge gleich sein, so daß man jedes Baumende entweder im Ring oder in der Glocke am Mast befestigen oder am Spinnaker-Achterholer anschlagen kann.

Der Lümmelbeschlag

Die Art und Weise, in der der Spinnakerbaum am Mast befestigt wird – wir nennen es Lümmelbeschlag, weil das System diesem bekannten Beschlag am Großbaum gleicht –, muß ebenso bestimmten Bedingungen entsprechen wie der Baum selbst.

a) Der Beschlag muß eine universelle Befestigung sein, in der der Baum in alle Richtungen schwingen kann.
b) Der Baum muß leicht befestigt und wieder gelöst werden können.

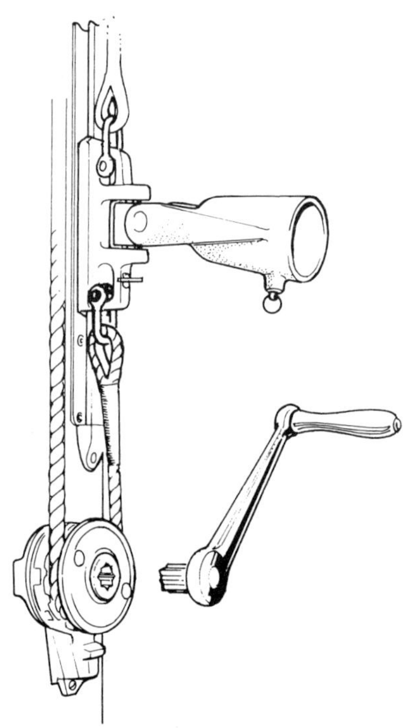

Höhenverstellung mit Kurbel: Das innere Ende des Spinnakerbaums kann in der Höhe getrimmt werden, indem der Schlitten auf der Mastschiene über ein Tau oder einen Kettenzug nach oben oder unten gekurbelt wird.

c) Häufig muß die innere Baumnock auch am Achterholer angeschlagen werden können.
d) Es sollte eine Art Fernbedienung vorhanden sein, so daß man den Bolzen von irgendeiner Stelle am Baum aus lösen kann.
e) Das System muß sowohl Verwindung wie Druck und Zug aushalten.

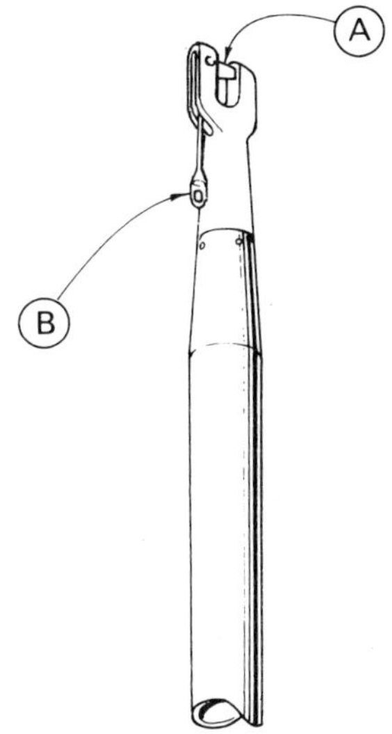

Baumgabel: Das innere Baumende kann die Form einer abgeflachten Gabel haben, die – wie auf Seite 56 gezeigt – über einen Bügel oder einen einfachen Ring faßt.
A = Federbolzen, der sich nach innen öffnet, so daß er über einen Ring oder Bügel geschoben werden kann.
B = Auslöseleine zum Öffnen des Bolzens beim Abschlagen des Baums.

Auf kleineren Booten besteht das System gewöhnlich aus einem Kopfbeschlag mit Federbolzen und Ring, während Boote über 7,50 bis 9,00 m Länge über alles oder Boote, die ernsthaft Regatten segeln, gewöhnlich mit einem Glockenbeschlag und passenden Kopfbeschlägen ausgerüstet sind. Ersteres ist billig und einfach, kann aber unter bestimmten Bedingungen nicht stark genug sein und hat gelegentlich auch die Tendenz, sich zu verkanten und sich dann nicht öffnen zu lassen, weil nicht ausreichend Bewegungsfreiheit in alle Richtungen gegeben ist. Wir werden aber noch sehen, daß sich auch dieses System unter höchsten Regatta-Anforderungen bewährt hat. Der Glockenbeschlag kann kräftig und voll beweglich ausgeführt werden. Er besteht aus einer Glocke, in die der Kopfbeschlag des Baums faßt. In der Glocke befindet sich ein Federbolzen, der in eine Rille faßt, die um das konische Ende des Kopfbeschlags läuft. Auf diese Weise kann sich der Baum um seine Längsachse drehen und Torsionskräften ausweichen. Der Nachteil besteht vor allem darin, daß der Glockenbeschlag auf der Mastschiene etwas groß und plump wirkt – aber das ist wirklich nur eine ästhetische Frage: Die Glocken sehen plump aus, weil sie am Mast frei schwingen können; eine Winsch ist größer und weniger fein gearbeitet und wirkt dennoch nicht plump, weil sie in einer Position fest verankert ist.
Eine Alternative ist die abgeflachte Gabel, die so am Mast angebracht wird, daß ihre Öffnung nach oben weist; als Halterung dient ein horizontaler Bolzen. Das Baumende ist ähnlich abgeflacht, so daß es in die Gabel hinein paßt, wo es durch eine gefederte Fixierung auf dem Bolzen gehalten wird. Auf diesem Bolzen kann der Baum nach oben und unten schwingen, also muß die Gabel nur noch horizontal beweglich sein, damit eine kardanische Aufhängung entsteht.
Die umgekehrte Version des Glockenbeschlags, bei der der Mastbeschlag aus einem kardanisch gehalterten Zapfen besteht, der in einen hohlen Konus an der Baumnock faßt, wurde vor einigen Jahren von wenigstens einem Mastenhersteller angeboten. Sie wurde jedoch nie populär und ist heute kaum noch zu sehen. Wahrscheinlich weil das Ineinanderpassen beider Haltungen schwieriger ist, und weil man sich dabei zu leicht die Finger einklemmen konnte.

Einfachheit

Einfachheit und Wirksamkeit gehen oft Hand in Hand; zudem ist die einfache Konstruktion oft wirtschaftlicher. Der Kopfbeschlag mit Federbolzen, der über einen Ring am Mast faßt, ist einfach und kann auf Booten bis zu einer Länge von etwa 9 Meter verwendet werden. Die Beschläge müssen robust sein, um die zu erwartenden Kräfte aushalten zu können; aber ich habe auf meinen drei Halbtonnern solche Beschläge mit größtem Erfolg eingesetzt.
Auf einem Boot habe ich eine Idee angewendet, die ich zuerst auf Doug Gillings SEPTEMBER sah, als er sie zur Captain Cook Trophy über den großen Teich herüberbrachte. Doug hatte die Mastschiene durch drei fest angebrachte Augen am Mast ersetzt. Das oberste Auge konnte man eben noch von Deck aus erreichen, das unterste saß so tief, daß man daran einen Starcut setzen konnte, und das dritte lag zwischen beiden. Ich habe dieses System drei Jahre lang auf meiner TIMBALINA verwandt und fand nie einen Fehler daran. Das heißt nicht, daß es nicht etwas zu primitiv ist für ein Boot, das heute etwa die Halbtonner-Weltmeisterschaft gewinnen will, doch einem Eigner, der nicht solche Ziele im Auge hat, kann ich diesen kostensparenden Beschlag nur empfehlen.

Nockbeschläge

Der Beschlag am äußeren Ende des Baums muß den Spinnakerhals halten. Früher ging es einfach nur darum, das Segel am Baum zu befestigen; und zu diesem Zweck wurden große Grummet-Stropps in die Schothörner eingearbeitet. Natürlich war auch der Achterholer am Segel befestigt. Bei solcher Befestigung konnte der Baum nur schwer vom Segel und vom Achterholer abgeschlagen werden, wodurch das Halsen unnötig schwierig wurde. Heute ist gängige Praxis, Achterholer und Schot fest am Segel zu lassen und den Achterholer dann durch einen Beschlag an der Baumnock zu führen. Um dies zu erreichen, wurde eine Zeitlang ein spezieller Ausholer benutzt, der von der Segelecke durch den Nockbeschlag und dann am Baum bis zu einer Stelle entlang lief, wo er befestigt werden konnte. Zur Unterstützung beim Halsen führte diese Leine auch manchmal vom Hals über die Baumnock bis zum Schothorn. Es gab auch trichterähnliche Nockbeschläge, durch die die Leine innen am Baum entlang geführt werden konnte. Bei zwei Spinnakerbäumen besaß jeder einen Ausholer, mit dem die Baumnock zum entsprechenden Schothorn des Spinnakers ausgeholt werden konnte. Später wurde dies so verändert, daß der Nockbeschlag lose an einem Draht saß, der in den Baum hinein führte. Der Beschlag wurde dann irgendwo am Achterholer eingepickt und

Der Drahtachterholer läuft frei unter dem Bolzen des Nockbeschlags hindurch und faßt dann mit einem Schnappschäkel an einen Ring, der an dem Schnappschäkel der Schot sitzt. Dieser Schäkel wird dann wiederum an der Schot befestigt. *Autor*

dann in den trichterförmigen Mund an der Baumnock hineingezogen.
Dieses System war eine Zeitlang populär, ist aber heute dem älteren Nockbeschlag mit Federbolzen gewichen. Der Bolzen wird gewöhnlich durch eine Feder gehalten und kann mit einer Reißleine, die am Baum entlang läuft, geöffnet werden. Gelegentlich wird er durch eine Sperrklinke offengehalten, und diese wird durch einen kleinen Drücker im Kopfbeschlag, der beim Einpicken durch Aufschlagen auf den Achterholer niedergedrückt wird, wieder ausgelöst. Die Feder ist meist sehr kräftig, so daß man, wenn sie durch eine falsche Handbewegung ausgelöst wird, leicht ein oder zwei Finger verlieren kann.
Sitzt der Achterholer erst einmal im Kopfbeschlag, so rutscht der Baum bis zur Segelecke hinaus, wobei man, wenn es nötig ist, durch Zug am Niederholer nachhelfen kann. Ich habe sogar ein noch einfacheres System gesehen: Auf John Tylers SPRINTER be-

stand der Nockbeschlag aus einem simplen Auge, durch das der Achterholer permanent geschoren war. So konnte die Baumnock natürlich nicht zur anderen Seite schwingen, so daß man hier nur mit zwei Bäumen halsen konnte.
Das Federbolzen-System hat mehrere Vorteile. Zuerst kann, besonders auf kleineren Booten, an beiden Baumenden der gleiche Beschlag verwendet werden. Wie aus dem Kapitel über das Halsen deutlich werden wird, kann dies sehr hilfreich sein. Auf größeren Booten wird alles etwas komplizierter, so daß diese Art Beschlag nicht immer auch am inneren Ende des Baumes verwendet werden kann. Zweitens ist der Federbolzen meistens mit einer Art Hülse oder Bund umgeben, der sich frei um den Bolzen drehen kann. Wird der Achterholer durch den Beschlag gezogen, so dreht sich dieser Bund und verhindert damit, daß sich der Bolzen zufällig öffnet – ein Problem, das ohne diese Verfeinerung leicht auftreten kann. Und drittens haben wir auch schon die Reiß- oder Auslöseleine erwähnt, mit der der Bolzen fast vom inneren Baumende aus geöffnet werden kann.

Selbststauender Toppnant

Es spart Zeit, wenn der Toppnant permanent am äußeren Ende des Spinnakerbaums angeschlagen bleiben kann, doch wäre er offensichtlich sehr im Wege, wenn er nicht auf eigene Weise gestaut werden könnte. Wir nehmen an, daß der Baum so weit vorne wie möglich auf dem Vordeck gestaut wird, so daß sein inneres Ende sich etwa auf Höhe der Püttings befindet. Die Idee läuft im wesentlichen darauf hinaus, daß der Toppnant auf übliche Weise am äußeren Ende, an der Nock des Spinnakerbaums befestigt wird und dann über den Baum zu einem tief sitzenden Haken zurück läuft, über den er dann zu seiner Scheibe im Mast geführt wird; der Toppnant liegt dann dicht an den Wanten an und stört nicht auf dem Vordeck. Es gibt zwei Möglichkeiten, den Toppnant in dieser Position zu halten, so daß er ständig zum Einsatz bereit ist. Zum einen kann man einen Karabinerhaken einsetzen, der entweder am Spinnakerbaum selbst oder tief unten im Rigg angebracht wird. Das erstere ist besser, weil der Toppnant auch dann noch aus dem Weg bleibt, wenn der Baum am Mast angeschlagen wird. Dies kann insbesondere dann vorteilhaft sein, wenn man mit einer Fock wenden muß, kurz bevor man den Spinnaker hochzieht.
Zum anderen kann man auch den Toppnant mit Gummiband zum inneren Baumende herunterziehen, wenn kein Zug auf ihm steht. Der Gummistropp muß sehr lang sein, damit sich der Toppnant im Einsatz strecken kann; also muß er auf irgendeine Weise innerhalb des Baums untergebracht werden (siehe Abbildung Seite 63).

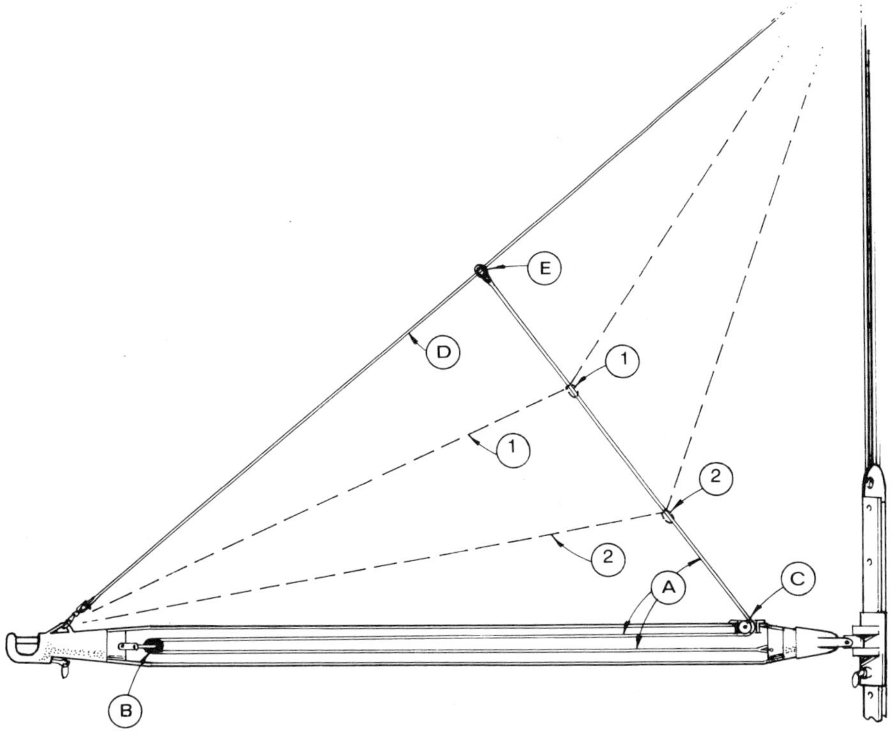

Selbststauender Toppnant: Kommt der Toppnant (D) lose, zieht sich das Gummiband (A) zusammen. Der Toppnant wird bis zur Austrittsöffnung des Gummibands aus dem Baum (C) herabgezogen, so daß er dicht an Spinnakerbaum und Mast anliegt.

A = Elastisches Gummiband
B = Innenliegender Block
C = Austrittsöffnung und Scheibe
D = Toppnant
E = Ring oder Karabinerhaken am Ende des Gummibands
1 und 2 = Zwischenpositionen

Schließlich kann auch der untere Teil des Toppnants durch einen Drahtvorläufer gebildet werden. Dieser ist eben lang genug, um oben über dem Baum bis ans innere Baumende zurück zu reichen, wo er an einen Ring gespleißt ist. Zum Verstauen wird der Toppnant zu diesem Ring geholt und mit einem Gummistropp oder einem Schwedenschäkel befestigt.
Nach fast allen Regeln wird der Spinnakerbaum auch vermessen, doch darüber mehr an anderer Stelle.

Jockeybaum oder Ausleger

Auf raum-vorlichen Spinnakerkursen muß der Spinnakerbaum dicht am Vorstag anliegen, weil sonst der Spinnaker nicht steht. Dabei verläuft der Achterholer immer mehr in Längsschiffsrichtung, bis er schließlich an den Wanten anliegt. Dann tritt natürlich Schamfilen auf, aber auch der Winkel zwischen Achterholer und Spinnakerbaum wird sehr klein und unwirksam. Die Lösung für beide Probleme bietet der Jockeybaum.

Der Jockeybaum wird gewöhnlich mit Haken und Federbolzen in einen festen Ring am Mast gepickt und besitzt am äußeren Ende eine offene Gabel mit einer Umlenkrolle, in die der Achterholer eingelegt wird, so daß man ihn klar von den Wanten nach außen drücken kann. Der wirksame Winkel an der Nock des Spinnakerbaums wird damit günstiger. Besitzt das Boot nicht zwei relativ eng beieinander stehende Wanten, zwischen denen der Ausleger durchgeführt werden kann, so wird er gewöhnlich mit einem Zeising an eines der Hauptwanten gebunden, damit er nicht nach vorne oder achtern schwingt; eine kleine Bewegung nach oben oder unten kann akzeptiert werden, scheint sogar nötig. Der Ausleger kann auch mit einem Schäkel oder Karabinerhaken, der nahe an seinem äußeren Ende sitzt, am Want befestigt werden. Zuerst wird dann der Haken am Want befestigt, und dann pickt man das innere Ende des Auslegers am Mastring ein. Der Vorteil ist, daß dieser Haken auch als Gelenkpunkt benutzt werden kann, um den Achterholer nach außen zu hebeln, wenn, wie es häufig der Fall sein wird, der Jockeybaum erst geriggt werden kann, nachdem das Boot schon auf Raumschots- oder Halbwindkurs liegt und starker Zug auf dem Achterholer steht.

Der Ausleger (Jockeybaum) kann in Längsrichtung mit einem Bändsel an den Wanten gehalten werden. Hier steht kein Zug auf dem Baum, so daß er auf dem Relingsdurchzug liegt. *Autor*

Ich war oft überrascht, wie wenig Aufmerksamkeit Schiffsführer und Eigner der ordentlichen Einrichtung dieses einfachen Hilfsmittels entgegenbrachten. Es darf nicht zu hoch am Mast befestigt werden, weil es sonst nicht mehr auf gleicher Höhe mit dem Achterholer liegt, sobald Zug auf ihn kommt. Steht der Jockeybaum aber nicht im rechten Winkel zum Achterholer, so wird die Kraft nicht richtig übertragen und der Jockeybaum verzieht sich oder bricht sogar. Die richtige Position kann man sogar vor Anker oder an der Boje ausprobieren, indem man den Achterholer am Spinnakerbaum befestigt und diesen im gleichen Winkel riggt, den er auch bei raum-vorlichen Kursen einnimmt. Steht der Baum in der richtigen Höhe und wird der Achterholer korrekt geführt, so kann man die richtige Position für den Jockeybaum sogleich erkennen.

Das Fall

Das Spinnakerfall unterscheidet sich nicht besonders von Fallen, mit denen die Vielzahl anderer Segel geheißt wird. Verglichen mit seinem nahen Verwandten, dem Fockfall, hat es jedoch etwas andere Bedingungen zu erfüllen.

Das Fockfall steht unter gleichbleibendem Zug aus einer gleichbleibenden Richtung. Das Spinnakerfall aber wird mit unterschiedlicher Kraft in verschiedene Richtungen gezogen. Fällt der Spinnaker zusammen und füllt sich dann wieder mit einem Knall, wird der Ruck auch auf das Fall übertragen, das ihn sowohl in der Kraft wie auch in der Zugrichtung absorbieren muß. Nicht nur das Fall selbst muß dafür geeignet sein, sondern der gesamte Masttopp-Beschlag muß so ausgelegt sein, daß er seitlichem Zug, Torsions- und Scherkräften gewachsen ist.

Der Zug kann von schräg unten, von leicht oberhalb der Horizontalen oder fast von der Vertikalen kommen; ebenso kann er von vorne oder von beiden Seiten des Bugs kommen. Um alle diese Zugrichtungen aufzufangen und auch, damit der Spinnaker um das Vorstag beim Halsen herumgeführt werden kann, muß die Fallscheibe oberhalb des höchsten Vorstagbeschlags sitzen. Die meisten Klassenvorschriften enthalten Aussagen über die Position dieser Scheibe, und gewöhnlich bedeutet dies in der Praxis, daß sie so dicht wie möglich an dem Punkt sitzen muß, an dem das Vorstag den Mast berührt.

Jedes Boot, das erfolgreich in einer Regatta mithalten will, braucht zwei Spinnakerfalle, damit ein schneller Spinnakerwechsel durchgeführt werden kann. Sie laufen gewöhnlich durch Scheiben, die nebeneinander direkt über dem Vorstag sitzen, so daß man aufpassen muß, daß man sie nicht über Kreuz führt (daher die Notwendigkeit, den neuen Spinnaker einmal innerhalb und einmal außerhalb

des alten zu setzen, je nachdem, welcher von beiden mit dem freien Fall gesetzt wird; vgl. Kapitel 8). Das kleine Kielboot und der Tourensegler werden gewöhnlich nur ein Spinnakerfall fahren, das über eine zentral liegende Scheibe läuft. Die Scheibe ist entweder an einem vom Masttopp aus nach vorne weisenden Krahn oder direkt im Masttopp angebracht. Die holende Part des Falls läuft oft außerhalb des Masts, auch wenn die Fallen für Großsegel und Fock innen laufen; der Grund ist, daß bei einem außen liegenden Fall weniger Reibung entsteht, das Segel also schneller gesetzt werden kann – und ein schnelles Heißen ist beim Spinnaker oft besonders wichtig. Läuft das Fall innen, sollte es doch relativ hoch am Mast austreten; man führt es dann über einen Umlenkblock an Deck, um die Schwierigkeiten des Heißens zu erleichtern.
Die Gemüter streiten sich, ob auf großen Yachten das Spinnakerfall aus Fasertauwerk oder Drahttauwerk bestehen soll. Bei einem modernen Regattamast mit drei Fallen, von denen zwei für Spinnaker oder Genua genutzt werden können, müssen sie den schwereren Bedingungen der Genua entsprechen und demnach aus Draht mit einem Tauvorläufer bestehen. Hat man ein oder zwei Fallen nur für den Spinnaker zur Verfügung, bestehen sie am besten ganz aus Fasertauwerk, und zwar aus geflochtenem Tauwerk, da dieses sich unter Zug nicht vertörnt. Der entscheidende Faktor ist die Stoßdämpferwirkung: Ein Fall aus Fasertauwerk dämpft und absorbiert plötzlich auftretende Zugkräfte besser als eins aus Drahttauwerk. Wird der Spinnaker auf Raumschotskursen gesetzt, so zieht das Fall am Masttopp seitlich; der gut beratene Eigner wird also immer ein Auge auf jene Stellen des Falls haben, die seitlich an der Scheibenführung schamfilen können. Eine Rolle mit Wirbelschäkel kann die Leine korrekt aufnehmen, doch im Masttopp eingelassene Scheiben machen solche Lösung unmöglich, so daß hier die Backen nach außen gebogen sein sollten, damit das Schamfilen vermindert wird.
Das stärkste Argument gegen Tauwerksfalle ist demnach, daß sie schamfilen können. Hält dieser Ärger an, so schlage ich einen Drahtvorlauf von 1,80 m bis 3,00 m am oberen Ende des Falls vor. In den 70er Jahren fuhr die bekannte britische Hochseeyacht QUAILO zu einer gewissen Zeit innen liegende Spinnakerfallen, die im Mast schamfilten, so daß der Drahtvorlauf auf 9,00 oder 12,00 m verlängert werden mußte.

Wirbelschäkel

Am Kopf des Spinnakers war schon immer ein Wirbelschäkel vorgesehen; auch heute noch rüsten einige Segelmacher ihre Produkte damit aus, obwohl er normalerweise nur noch auf besondere

Bestellung angebracht wird. Der Grund ist, daß heute üblicherweise der Schnappschäkel am Fall mit einem Wirbel versehen ist, so daß man sich zusätzliches Gewicht im Topp sparen kann – ganz abgesehen davon, daß man kaum noch Spinnakerwirbel erhält und daß sie sehr teuer sind. Als die Segelmacherei Ratsey einen solchen Wirbelschäkel für den Kopf eines Sturmspinnakers der 90-Fuß-Yacht GITANA IV in Auftrag bekam, fand man dort glücklicherweise die Reste eines alten Baumwollspinnakers, den man in den 30er Jahren für die königliche Yacht BRITANNIA angefertigt hatte und der noch immer seinen immens starken Bronze-Wirbelschäkel besaß.
Der Wirbel hat eine zweifache Funktion. Einmal kann sich mit seiner Hilfe das Segel wieder enttörnen, wenn es zum Beispiel falsch gepackt wurde; zweitens besitzt jedes aufgerollte Faser- oder Drahttau eine Tendenz zum Enttörnen, wenn es unter Zug steht, und auch diesen Zweck kann der Wirbel erfüllen.

Achterholer

Ein Achterholer darf sich nicht recken. Tut er es dennoch, so ändert sich der Stand des mühsam geriggten Spinnakerbaums, und das Segel fällt möglicherweise ein. Reckt sich der Achterholer auf raum-vorlichen Kursen, so kann der Baum nach vorne schwingen und seitlich gegen das Vorstag drücken, was für die Decksbeschläge Gefahr bedeutet.
Was können wir tun, daß der Achterholer sich nicht reckt? Zunächst fällt einem Draht als geeignetes Material ein, und tatsächlich findet man es auch häufiger auf größeren Booten – natürlich mit einem Tauvorlauf, damit die Crew es besser handhaben kann. Der Punkt, an dem gespleißt wird und demnach die Länge des Tauvorlaufs müssen so ausgesucht werden, daß die Crew nie Draht in die Hand bekommt, auch nicht wenn der Baum achtern steht und der Achterholer damit sehr kurz ist. Andererseits soll soviel Draht wie möglich vorhanden sein, damit auch dann kein Reck auftritt, wenn der Spinnakerbaum am Vorstag steht. Auf jeden Fall muß der Spleiß gut bekleidet sein, damit keine „Fleischhaken“ entstehen.
Vor Jahren habe ich mich einmal der Mühe unterzogen, die Seele aus einem geflochtenen Tau herauszuziehen und mit Draht zu ersetzen, was zwar vom Ergebnis her ausgezeichnet, doch von der Arbeit her ungeheuer beschwerlich war. Glücklicherweise ist heute ausgezeichnetes nicht-reckendes geflochtenes Tauwerk auf dem Markt. Es wurde in Deutschland entwickelt und besteht aus einer Kevlar-Seele mit einem geflochtenen Mantel; der kann sogar entfernt werden, wenn die Schot beispielsweise nicht über eine

Scheibe laufen will, ohne daß – im Vergleich zu Draht – sich die Stärke verringert. Nur am Tampen sollte man dann etwas von dem Mantel zur besseren Handhabung stehenlassen. Man kann bei diesem Material – Gleistein ist ein gutes Beispiel dafür – am Tampen sogar leicht einen Schnappschäkel anbringen.

Niederholer

Der Niederholer ist so kurz, daß hier Reck keine so große Rolle spielt, daß dadurch der Trimm des Spinnakerbaums beeinflußt werden könnte, solange die Leine nicht gerade aus Nylon (das sich besonders stark reckt) besteht und dick genug ist. Ist Gleistein zu teuer, sollte man vorgerecktes dreikardeeliges geschlagenes Tauwerk aus Polyester verwenden. Es muß von der äußeren Baumnock bis zum Bug und zurück in die Plicht – oder zu dem Punkt, von dem aus es bedient wird – reichen, und das auch, wenn der Baum dwars steht. Dazu kommt etwas Überlänge, die die Hand auf dem Vordeck bei der Segelbedienung benötigt.

Schoten

Spinnakerschoten dürfen sich etwas recken, weil mit ihnen der feine Trimm kontrolliert wird und eine kleine Dehnung der Schot den Trimm des Segels kaum beeinflußt. Tatsächlich kann sogar eine Bö gelegentlich ein leichtes Fieren der Schot nötig machen, das durch ein wenig Reck ebenso leicht erreicht wird. Die Schot muß wiederum lang genug sein, da der Schotmann oft an den Luvwanten steht. Kann man die Länge der Leine nicht auf dem Boot selbst ausprobieren, so nimmt man einfach zweimal die Länge über alles und wird damit richtig liegen.
Segeln unter schwachen Winden erfordert minimales Gewicht am freien Schothorn des Spinnakers, so daß für solche Bedingungen eine leichtere Leine bereit liegen sollte, die anstelle von Schot und Achterholer angeschlagen werden kann.

Toppnant

Mit dem Toppnant wird nicht nur der Spinnakerbaum in der richtigen Höhe gehalten, sondern zugleich das Segel getrimmt. Je höher er zum Mast hinaufgeführt wird, um so besser ist der Angriffswinkel an der Baumnock. Werden zwei Salinge geführt, so sollte er zur oberen Saling laufen; bei nur einer Saling ist dieser Punkt

jedoch zu tief, die Scheibe für den Toppnant sollte dann auf zwei Drittel Masthöhe sitzen. Die Leine sollte so lang sein, daß sie von der Baumnock am Baum zurück zum Mast, von dort zur Scheibe und wieder nach unten laufen kann. Mit diesem Arrangement kann das Boot mit der Genua wenden, während der Spinnakerbaum bereits zum Setzen des Spinnakers bereit ist.
Außer auf kleinen Booten sollte der Toppnant an der äußeren Baumnock angreifen, da sein Zug sonst nicht genau dem des Niederholers, der ebenfalls an der Nock angreift, entspricht. Wird beim Halsen jedoch der Baum Ende für Ende umgedreht, so sollten Toppnant und Niederholer in der Baummitte angreifen. Zu diesem Zweck verwendet man am besten eine Hahnepot, die den Zug auf beide Enden überträgt.
Ist das Boot so groß, daß es einen Toppnant aus Draht benötigt, sollte der Spleiß zum Tauvorläufer bei gesetztem Spinnakerbaum irgendwo oben im Mast sitzen. Wird der Toppnant – wie es gelegentlich geschieht – auch als Stagsegel-Fall eingesetzt, sollte der Draht so lang sein, daß er bei gesetztem Stagsegel bis zur Winsch reicht.
Wo bei zwei Spinnakerbäumen ein doppelter Toppnant in Gebrauch ist, sollte man sie nicht zu eng beieinander am Mast umlenken und schon gar nicht Zweischeibenblöcke einsetzen. Sitzen sie am Mast vertikal etwa 30 cm auseinander und werden die Leinen auch noch farblich markiert, so ist die Arbeit auf dem Vordeck sehr erleichtert.

Verbindungsglieder

Die Schot wird am Spinnaker mit einem Schnapp-Wirbelschäkel angeschlagen, der sich auch unter Zug öffnen lassen muß, während sich der Wirbelschäkel am Fall umgekehrt nur dann öffnen lassen darf, wenn auf der Leine kein Zug steht (der Unterschied entsteht durch den Sitz des Federbolzens). Schnappschäkel sollten mit einer Reißleine ausgerüstet sein, die man auch mit klammen Fingern bedienen kann; doch sollte man am Tampen keinen Knoten anbringen, da sich dieser verfangen und den Schäkel unbeabsichtigt öffnen kann.
Der Achterholer muß unabhängig von der Schot abgeschlagen werden können; also sollte er an einem Ring am Schotende befestigt werden. Auf dem Achterholer sollte eine Art Stopper sitzen, damit der Schnappschäkel oder sein Spleiß nicht in den Nockbeschlag des Spinnakerbaums rutschen kann. Dieser Stopper kann aus einem festen Gummi- oder Plastikball, aus einer Scheibe gleichen Materials oder, wenn man die Geduld dazu hat, aus einem Türkischen Bund bestehen, der in den Achterholer selbst hinein-

gearbeitet ist (was nur geht, wenn man dreikardeeliges geschlagenes Tauwerk benutzt). Ich fand meinen besten Stopper auf einer Werft beim Spazierengehen. Aus einem gerade im Bau befindlichen Bootsrumpf wurden Scheiben zum Anbringen von Seeventilen herausgeschnitten, und diese GFK-Scheiben lagen nun vor mir auf dem Boden. Sie hatten einen Durchmesser von etwa zwei Zoll und waren etwa einen halben Zoll dick; in der Mitte besaßen sie vom Bohrvorgang her schon ein Loch. Auf jeder GFK-Werft werden jährlich hunderte dieser Dinger fortgeworfen – und damit wissen Sie also Bescheid.

Die Tauschot ist mit einem Wirbelschnappschäkel mit Toppöffnung (wie schon auf Seite 61 zu sehen war) versehen, die sich auch unter Zug öffnen läßt. An dem Ring kann auch der Achterholer leicht angeschlagen werden. Der Schnappschäkel auf dem Drahtachterholer hat eine Seitenöffnung. Die Scheibe verhindert, daß das Auge in den Nockbeschlag des Baums hineingezogen wird. Man beachte die Knoten im Reißbändsel des Schotschnappschäkels: Sie geben nicht nur guten Halt, sondern verhindern auch, daß sich das Bändsel um sich selbst vertörnt und dann hinter einem Hindernis verfängt.

Autor

Spinnakersäcke

Möglicherweise gibt es ebenso viele unterschiedliche Spinnakersäcke wie Menschen, die sie benutzen, oder zumindest wie die Segelmacher, die sie herstellen. Die Unterschiede liegen jedoch oft nur im Detail, und so werde ich hier nicht alle Variationen auflisten, sondern nur die grundsätzlichen Anforderungen an solch einen Spinnakersack beschreiben.

Wie immer der Spinnaker gepackt ist, er muß sauber herauskommen und darf sich beim Hochziehen nicht vertörnen. Deshalb muß der Sack zunächst einmal groß genug sein; denn ist er zu eng, kommt der Spinnaker wahrscheinlich in einem dicken Bündel heraus und weht dann vorzeitig aus oder fällt ins Wasser – wahrscheinlich beides nacheinander. Dann muß die Öffnung groß genug sein, damit der Spinnaker nicht zu langsam herauskommt; ein fester Rand aus Metall oder Kunststoff kann dabei behilflich sein.

Der Sack muß leicht zu transportieren sein, damit man ihn schnell aus der Last an die richtige Stelle an Deck bringen kann. Befindet er sich an der richtigen Stelle, müssen Kopf und Schothörner des Spinnakers zum Anschlagen von Fall, Schoten und Achterholern zugänglich sein, während zugleich der Rest des Spinnakers noch im Sack gehalten wird. Außerdem muß eine Möglichkeit vorhanden sein, den Sack am Boot zu befestigen, damit er beim Segelheißen nicht über Bord geht.

Für diese Probleme gibt es zwei grundsätzliche Lösungsmöglichkeiten. Die eine sieht aus wie ein üblicher Segelsack, nur etwas breiter als der größte Genuasack; die Öffnung besteht aus einem festen Ring, und eine Klappe aus Segeltuch hält das Segel im Sack. Die andere ist eher kastenförmig, und die Laschen werden mit Klettenband und Knoten aneinander befestigt. Zwischen den Laschen entstehen drei Öffnungen, durch die Kopf und Schothörner hervorschauen.

Nun ja, ich sah auch schon, wie man Kunststoff-Abfalleimer, Wäschekörbe und sogar Pappkartons erfolgreich benutzte. Wie immer der Sack aussieht, es sollte jedenfalls kein wasserundurchlässiges Material verwendet werden, da sonst der Spinnakersack von innen immer naß sein wird; jedenfalls sollte er am Boden ein Abflußloch besitzen.

Deckslayout

Wo und wie die verschiedenen Ausrüstungsgegenstände am Boot angebracht sind, entscheidet darüber, ob die Segel leicht und schnell bedient werden können. Das Thema ist wichtig genug, um in einem eigenen Buch abgehandelt zu werden. Ich behandle hier nur grundsätzlich das Layout für das Spinnakergerät, ohne mich in Konstruktionsfragen zu vertiefen.
Das Wesentliche an einem gelungenen Deckslayout besteht darin, daß alle Abläufe am Tag und in der Nacht leicht und logisch sind. Befinden sich so einfache Dinge wie Winschen und Klampen an den richtigen Stellen, ist schon fast alles in Ordnung.

Details am Bug. Hier ist folgendes zu sehen: der vertikale Zug des Niederholers, der über zwei Augen an Deck umgelenkt wird, die auch als Umlenkaugen für einen Cunningham-Stropp benutzt werden können; die Haken zum Anschlagen des Genuahalses; das untere Teil des Profilstags für Vorsegel; die zentrale Decksschiene zum Setzen von Stagsegeln und der Schutz gegen Schamfilen auf den Terminals der Relingsdurchzüge.
Autor

Schotwinschen

Schotwinschen sollten sich in bequemer Höhe und richtigem Abstand von Hindernissen befinden, so daß die Handkurbel einen Vollkreis beschreiben kann, ohne daß die eigenen Knöchel oder der Nachbar in Gefahr geraten. Der Winkel zwischen der Achse der Winsch und der betreffenden Schot, wo diese auf die Trommel trifft, soll wenigstens 95 Grad ausmachen, weil sonst das Tau leicht abrutscht und Kinken bildet. Man kann einen solchen Winkel durch Umlenkblöcke oder aber durch einen Keil unter der Winschbasis erreichen.
Winschen sind das Rückgrat jeder sicheren Segelbedienung. Beim Kauf von Winschen sparen zu wollen, ist wenig weise. Mit zwei guten Winschen kommt man besser zurecht als mit vier schwachen, auch wenn man dann Vorsegel und Spinnaker über dieselbe Winsch bedienen muß; Arbeit macht dabei nur das Umlegen und Belegen der Schoten. Bei der Anschaffung zusätzlicher Winschen achte man darauf, daß alle mit den gleichen Handkurbeln bedient werden können.

Fallwinschen

Ganz wichtig beim Deckslayout ist auch die Frage, ob die Falle nach achtern zu mittschiffs oder seitlich zu den direkt vor der Plicht liegenden Winschen umgelenkt oder zu Winschen am Mast oder in der Nähe des Masts geführt werden sollen. Beides hat seine Vorteile, doch ich ziehe die Kontrolle von der Plicht aus vor. Dennoch bleibt die Winsch für das Spinnakerfall meistens besser am Mast, weil sich das Fall schneller durchsetzen und besser kontrollieren läßt, wenn es zu seiner Winsch nicht erst ums halbe Schiff herum geführt werden muß.

Klampen

Eine Klampe muß immer zwei Bedingungen erfüllen: Zum einen muß sie in der Richtung, mit der die Schot oder das Fall zur Winsch kommt, sitzen, aber auf der anderen Seite; nur so kann sie den Zug auf die Winsch richtig ausgleichen. Zum anderen muß sie im richtigen Winkel zum Tauwerk sitzen: Kammklemmen (Clamcleats) müssen in gerade Verlängerung des ankommenden Taus sitzen, jedoch etwas geneigt, so daß sich das Tau nicht von allein nach oben herausziehen kann. Gewöhnliche Klampen sollten in einem Winkel von 15 bis 20 Grad zur Winsch stehen, so daß die Schot oder das Fall sich auf dem ersten Törn noch nicht selbst bekneift.

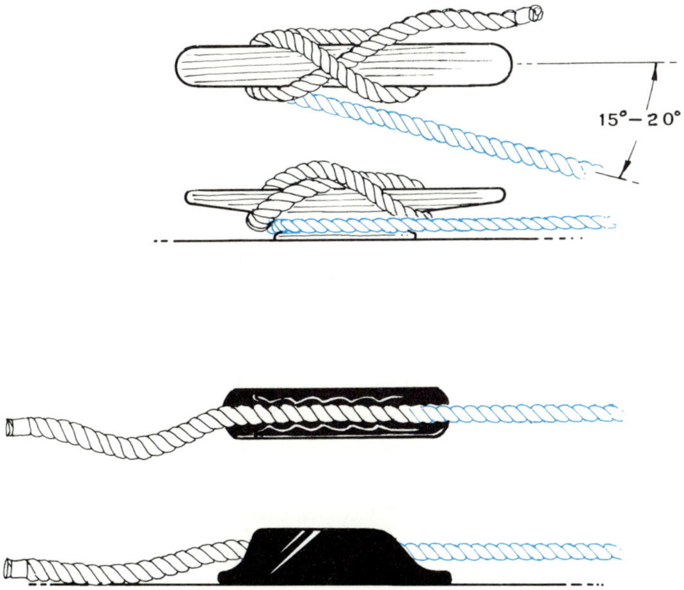

Klampen und Klemmen. Bei einer normalen Klampe muß die Schot oder Leine in einem Winkel von etwa 15 bis 20° ankommen, damit sich die Törns auf der Klampe nicht festzurren. Eine Tauklemme (Clamcleat) erfordert eine gerade Tauführung.

Klemmen In den 70er Jahren schienen die Tauklemmen (von der oben offenen Art, ohne bewegliche Teile) den Markt zu erobern. Sie haben aber heute viel von ihrer Popularität verloren. Sie sind nützlich, wenn man für kurze Zeit eine Schot oder ein Fall festklemmen will, um eine Winsch für andere Zwecke frei zu bekommen, doch schamfilt übliches Tauwerk in ihnen allzu sehr. Angebracht nach einem vernünftigen System, können sie die Ausgaben für eine zusätzliche Winsch sparen helfen. Sie sind aber selbst durchaus nicht billig. So sollte man sorgfältig überlegen, bevor man sich Tauklemmen zulegt.

Schotführung

Wie die Fock braucht auch der Spinnaker einen richtig placierten Holepunkt. Weil jener Teil der Schot zwischen Segel und Holepunkt jedoch lang ist, ist die richtige Placierung des Holepunkts nicht so kritisch wie bei einer Fock, bei der Schothorn und Holepunkt oft nur Zentimeter auseinander liegen.

Auf vielen Booten wird die Spinnakerschot einfach zum Heck geführt, doch eigentlich braucht der Holepunkt nur um die Länge des Spinnakerbaums achterlich vom Mast zu sitzen. Besitzt das Boot eine Leitschiene auf dem Schandeck oder hat die Fußreling Löcher, an denen man Blöcke befestigen kann, so sollte man die eben genannte Position als vorderste Möglichkeit für den Holepunkt markieren. Es sollte jedoch die Möglichkeit bestehen, den Umlenkblock bis zu den Püttings nach vorne zu versetzen. Hier etwa muß der Holepunkt sitzen, wenn man einen Spinnaker fährt, dessen Unterliek unter der maximalen Breite von 180 Prozent von der Länge des Spinnakerbaumes liegt, oder wenn man platt vor dem Wind die Schot vom Großbaum freihalten muß, oder wenn der Spinnaker auf Raumschotskurs oder bei schwerem Wetter eine bessere Form erhalten soll.

Führung des Achterholers

Fährt das Boot doppelte Schoten und Achterholer, so sitzt der Holepunkt für letzteren am besten vor dem für die Schot, und zwar dort, wo das Boot seine größte Breite hat. Bei den meisten Booten liegt dieser Punkt etwas vor der Plicht. Anders als bei der Schot besteht beim Achterholer keine Notwendigkeit, den Holepunkt während des Segelns zu versetzen.
Verwandelt sich die Schot beim Halsen zum Achterholer, so ist es meistens sinnvoll, den Holepunkt nach vorne zu versetzen. Das kann durch einen Snatchblock an der richtigen Stelle geschehen oder durch einen Barberhauler, einen Tampen, über den der Achterholer heruntergezogen wird. Letztere Methode ist besonders auf kleinen Booten sehr populär geworden. Der Barberhauler ist permanent geriggt und endet in einer Kausch aus Metall oder Kunststoff, durch die Schot bzw. Achterholer frei laufen kann. Wird er nicht benötigt, so gibt man ihm genügend Lose, damit die Schot unbehindert zum Holepunkt gelangt. Sobald man den Holepunkt nach vorne verlagern muß, holt man den Tampen dicht.

Führung des Niederholers

Der Niederholer wird am besten so geführt, daß der Zug von der äußeren Spinnakerbaumnock senkrecht nach unten verläuft, wenn der Spinnakerbaum am Vorstag steht. Üblicherweise benutzt man dafür Blöcke, die am Stevenbeschlag neben dem Beschlag für den Genuahals sitzen, doch sehe ich keinen Grund, warum nicht bei Booten bis zu etwa 11,00 m Länge ein einfaches Auge benutzt werden sollte. Dieses Auge könnte dann zugleich auch bei den

Vorsegeln als sichere Verankerung für Cunningham-Stropps dienen. Der Niederholer wird über Umlenkblöcke oder Augen nach achtern geführt, und zwar am besten bis zu jenem Punkt, von dem aus der Achterholer bedient wird. Diese beiden Leinen müssen gewöhnlich gemeinsam bedient werden und sollten deshalb nahe beieinander enden.

Führung des Toppnant

Auch der Toppnant kann nach achtern geführt werden, und zwar wiederum bis auf Höhe des Niederholers, weil beide ja zusammen wirken. Doch die Notwendigkeit, den Toppnant zu verstellen, tritt nicht so häufig auf, daß er unbedingt von der Plicht aus kontrolliert werden müßte. So wird er bei vielen Booten nur bis zum Mast geführt. Eigentlich muß der Toppnant nur auf kleinen Booten unbedingt zur Plicht geführt werden, weil sich bei ihnen Bewegung oder Gewicht auf dem Vordeck am ehesten auf die Segelleistung auswirkt.

Verstauen von freien Fallen

Es ist nichts Besonderes, daß eine Slup bis zu sieben Falle fährt: für Großsegel, zwei Genuas, zwei Spinnaker und zwei Toppnanten. Also muß man darüber nachdenken, wie man die freien Falle verstaut.
Am Liegeplatz können einige Falle zur Reling oder zur Plicht geführt und dort festgebändselt werden, so daß sie nicht gegen den Mast schlagen und den Schlaf auf dem eigenen oder benachbarten Booten stören. Doch unter Segel müssen sie alle schnell einsatzbereit sein, was gewöhnlich heißt, daß ihre holenden und festen Parten irgendwo in der Nähe des Mastfußes befestigt werden – die holenden Parten der Spinnakerfalle können freilich zur Plicht laufen. Wegen des hohen Windwiderstands ist das zwar nicht gut, aber sie lassen sich doch auf diese Weise vor dem Heißen des Segels schnell aufklaren. Dann gehört allerdings zu den Vorbereitungen zum Spinnakersetzen, daß man das Fall vom Mastfuß zur Plicht bringt.
Abgesehen vom Großsegel müssen also sechs separate Befestigungspunkte für die festen Parten der Falle vorgesehen sein. Auf zwei meiner eigenen Boote benutzte ich dafür ein kurzes Stück Fußreling aus Aluminium, in das ich ein halbes Dutzend Löcher gebohrt hatte. Es wurde unmittelbar vor dem Mast quer aufs Deck gebolzt, und die Fallen wurden dann dort festgeschäkelt. Fehlt ein solcher Spezialbeschlag, muß man nach einem passenden Ausweg

Eine bequeme Art, Falle am Mastfuß zu stauen. *Autor*

suchen – bei manchem Deckslayout kann man sogar die Püttings benutzen.

Die holenden Parten verschwinden entweder an der Scheibe im Mast oder werden (wie bei den meisten Spinnakerfallen) außen am Mast nach unten geführt. Werden sie vom Mast aus bedient, so sollte jedes eine eigene Klampe haben, die in einem Winkel zu der ihm zugeordneten Winsch steht. Werden sie über einen Umlenkblock zu einer Winsch auf Deck geführt, die dann direkt hinter dem Mast oder näher an der Plicht steht, so umgehen sie zwar den Engpaß am Mastfuß, sollten aber immer auf einer Klampe hinter der jeweiligen Winsch belegt werden. Führt man sechs Falle, so sollte man sie auf irgendeine Weise markieren. Bestehen die Spinnakerfalle aus Fasertauwerk, so sind sie als solche leicht auszumachen, und man benötigt dann nur noch eine Unterscheidung zwischen Backbord und Steuerbord; hier kann farbiges Klebeband sehr nützlich sein. Manche Eigner haben sich sogar eine Art Code, der der Blindenschrift ähnlich ist, für Segeln in der Nacht entwikkelt. Und da ich gerade beim Identifizieren der Falle bin: Man sollte nicht vergessen, das Fall für den Toppnant so zu markieren, daß man immer gleich die richtige Stelle findet, bis zu der der Spinnakerbaum abgesenkt werden muß, wenn er beim Halsen von der einen zur anderen Seite übergebracht werden soll.

4 Zusatzsegel

Es wäre falsch, den Spinnaker nur isoliert zu betrachten; denn man kann zusätzlich zu ihm noch verschiedene andere Segel setzen, die die Geschwindigkeit auf Vormwindkursen erhöhen. Zwei Gründe sprechen für solche Zusatzsegel: Einmal können sie die Windströmung verbessern, indem sie eine bessere Düse zwischen Spinnaker und Großsegel schaffen; und zum zweiten schaffen sie eine zusätzliche Segelfläche, mit der das Boot besser ausbalanciert werden kann.

Big Boy

Dieses Segel hat verschiedene Namen, in England zum Beispiel Blooper. Manchmal wird als Big Boy auch eine Art Stagsegel bezeichnet, das unter dem Spinnaker gesetzt wird; auch ein Reacher mit hochgeschnittenem Schothorn läuft gelegentlich unter diesem Namen. Die Segelmacherei Hoods nennt ihre Variante Shooter, eine Bezeichnung, die zu Verwechslungen mit dem Shooting Star-Spinnaker der Segelmacherei Ratsey Anlaß gibt. Die deutsche Bezeichnung Leespinnaker kommt der Anwendung vielleicht am nächsten, doch werde ich in diesem Buch bei dem weit verbreiteten Namen Big Boy bleiben.

Dieses Segel kam zuerst während der Southern Cross Regattaserie von 1971/72 in die Schlagzeilen. Der neuseeländische Segelmacher Chris Bouzaid setzte seine leichte Genua in Lee des Spinnakers – genauso wie heute üblicherweise der Big Boy gesetzt wird. Die anderen Regattateilnehmer waren sehr überrascht, und das britische Team protestierte sogar – hauptsächlich, weil es eine offizielle Regelauslegung der Rechtmäßigkeit dieses Segels erreichen wollte. Der Protest ging verloren, und damit war dieses Segel in der Regattaszene etabliert. Wie bei so vielen angeblichen Neuerungen, war auch diese nicht eigentlich eine neue Erfindung. Ich erinnere mich, schon in den 60er Jahren ein Foto gesehen zu haben, auf der die VENDETTA bei Burnham vor der englischen Küste ihre Genua auf eben diese Weise gesetzt hatte, und ich zweifle nicht, daß es bei genaueren Nachforschungen gelingen wird, dieses Datum noch weiter nach vorne zu verlegen. Doch der Einsatz in einer mit soviel Prestige verbundenen Serie wie dem Southern Cross und das Aufsehen durch den Protest, brachte das Segel

Studie in Rot, Weiß und Blau. Für den Rudergänger der holländischen ANNE MAZURKA ist der Blick voraus nicht so erfreulich wie für seinen Gegner auf der deutschen *SVWS.* Es weht eine günstige Backstagsbrise von Backbord, so daß die meisten Boote in dieser Zweitonner-Cup-Flotte den Big Boy gesetzt haben. *Alastair Black*

Studie in Grün. Dieser irische Rudergänger wird nicht viel sehen können. Das recht achteraus auf dem anderen Bug segelnde Boot zeigt, daß man hier vor dem Wind segelt, so daß der Big Boy möglicherweise mehr hindert als hilft. *Alastair Black*

wohl erst richtig jedermann zu Bewußtsein. Der Blooper oder Big Boy hatte sich durchgesetzt.
Zu dieser Zeit waren fast alle Yachten – außer den kleinsten – toppgetakelt. Das Rigg wurde höher und höher, und die Yachten wurden vor dem Wind immer unstabiler, weil auch die Spinnaker immer größer und zugleich die Großsegel immer höher und schmaler wurden. Auf Vormwindkursen konnte demnach die riesige Fläche des Spinnakers, der mit dem Baum nach Luv heraus gehalten wurde, durch das viel schmalere Großsegel in Lee nicht mehr ausbalanciert werden. Der Big Boy löste dieses Problem, indem er für zusätzliche Segelfläche in Lee sorgte.
Um dies an einem Beispiel zu verdeutlichen, betrachten wir einen typischen toppgetakelten Eintonner. Das Großsegel hat dann eine Fläche von etwa 28 m^2, während der auf der anderen Seite des Bootes gesetzte Spinnaker vielleicht 120 m^2 hat. Kein Wunder, daß dieses Boot nicht ausbalanciert und schwer zu steuern ist. Setzt man aber auf der gleichen Seite, auf der das Großsegel steht, zusätzlich einen Big Boy mit etwa 55 m^2, so ist das Rigg schon besser ausbalanciert. Durch die zusätzliche Segelfläche und wegen des leichteren Steuerns wird das Boot zugleich mehr Fahrt machen.
Wegen des größeren Großsegels und des kleineren Spinnakers auf Booten mit Dreiviertel- oder Siebenachtel-Takelung wird hier der Big Boy nicht so sehr als Notwendigkeit empfunden. Nicht nur deckt das größere Großsegel auf solchen Yachten den Big Boy teilweise ab, sondern mit dem niedrigeren Rigg und dem kleineren Spinnaker ist der Segelplan auf Vormwindkursen auch besser ausbalanciert. Außerdem wird der Big Boy bei solcher Takelungsart auch deshalb weniger notwendig, weil der Mast hier weiter vorne steht als auf einem toppgetakelten Boot.
Nach IOR rechnet dieses neue Segel zu den Vorsegeln und muß in seiner Größe den entsprechenden Bestimmungen nachkommen. Doch die Formel läßt genug Möglichkeiten für ein gut ziehendes Segel.
Da wir ja mit ihm den Segeldruckpunkt nach Lee versetzen wollen, darf das Big Boy-Fall nicht zu Blocks geholt werden, damit das Segel frei vom Spinnaker nach Lee wegsacken kann. Man fand schnell heraus, daß das Vorliek des Big Boy sehr rund stehen muß – mehr als 0,90 m bei einer Lieklänge von 13,50 m –, damit das Segel soweit wie möglich nach Lee ausweht und den hinter dem Achterliek des Großsegels herum kommenden Wind fängt. Die dadurch entstehende bauchige Form des Big Boy hat zwei Vorteile: Zunächst kann das Segel über das Achterliek des Großsegels hinaus nach Lee auswehen. Dann kann der Segelmacher, trotz der Formelbeschränkung, die sich nach der Größe der Genua I (150 Prozent von J, gemessen als Abstand zwischen Schothorn und

Vorliek in einer Linie, die im rechten Winkel aufs Vorliek trifft) richtet, das Unterliek sehr rund schneiden und damit noch zusätzliche Segelfläche in Lee gewinnen. Es entstanden sogar Big Boys mit einem ausgesprochenen Knick im Vorliek, weil die Segelmacher unter Ausnutzung der Formel eine möglichst große Segelfläche schaffen wollten.
Das Segel wird besonders im Kopfteil sehr bauchig und breit geschnitten, damit es stabil steht; auch das Unterliek sollte sehr rund geschnitten werden. Die bauchige Form wird fast ausschließlich durch den Zuschnitt der Segelbahnen erreicht, und bei einem festen Tuch gibt es kaum einen Grund, von einem einfachen Horizontalschnitt der Bahnen abzuweichen, obwohl einige Segelmacher einen Radialschnitt an den Ecken bevorzugen. Das Ergebnis ist ein sehr bauchiges Spezialsegel mit einem stark gekrümmten Vorliek, das auch mit zu Blocks geholtem Fall nicht am Wind als Ersatz für ein leichtes Vorsegel gesetzt werden kann.
Da dieses Segel also nur auf Kursen nahezu vorm Wind gesetzt werden kann, wird der Big Boy meistens aus dem gleichen Material wie der normale Vormwind-Spinnaker hergestellt, nämlich aus Nylon von ³/₄ Unzen (25,5 g/m^2). Aber Yachten, die lange Hochseeregatten fahren, führen oft einen zweiten Big Boy aus schwererem Tuch mit, der auch unter den härteren Bedingungen der offenen See eingesetzt werden kann. Obwohl für dieses Segel also eine spezielle Form entwickelt wurde, gibt es eigentlich keinen Grund, warum nicht auch – wie es anfangs geschah – eine Genua auf gleiche Weise gesetzt werden kann, wenn kein Big Boy an Bord ist. Eine leichte Genua oder ein Reacher mit hochgeschnittenem Schothorn können durchaus erfolgreich eingesetzt werden, auch wenn sie etwas mehr Aufmerksamkeit als gewöhnlich erfordern.

Bedienung

Weil sich dieses Segel leicht setzen und bedienen läßt (alles geschieht ja in Lee des Großsegels) und weil es soviel zusätzliche Segelfläche bietet, ist der Big Boy bei den Regattacrews so beliebt. Ein Nachteil ist jedoch, daß er die Sicht nach vorn stark behindert. So sollte sich der Skipper nicht zu leicht von der Begeisterung der Crew mitreißen lassen, weil sonst der Rudergänger ständig ohne Sicht nach vorne bleibt. Außerdem lohnt sich das Segel wirklich nur bei sehr begrenzten Windbedingungen.

Segelsetzen Der Hals wird an der gleichen Stelle angeschlagen wie die Genua; denn der Big Boy gilt ja nach der Formel als Vorsegel. Doch ist ein Halsstropp von etwa 75 cm Länge erlaubt. Das ist auch wünschenswert, damit die Segelfläche soweit wie

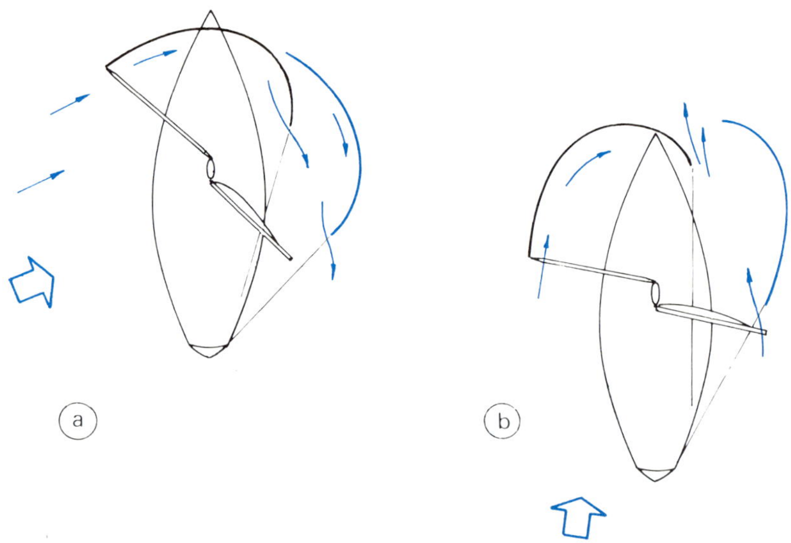

Big Boy-Trimm 1. Bei (a) fällt der Wind zu vorlich ein und strömt von vorne nach achtern über den Big Boy, wodurch sich das Achterliek bläht und das Boot verlangsamt wird. Bei (b) fällt der Wind raum-achterlich ein und strömt dann auf korrekte Weise von achtern nach vorn über den Big Boy.

möglich nach Lee auswehen kann. Das Segel sollte nicht über den oberen Relingsdurchzug geführt werden; einen besseren Stand erreicht man, wenn der Halsstropp unter dem Durchzug hindurch zum Stevenbeschlag läuft. Der Hals sollte am besten mit einem Schnappschäkel befestigt werden; denn bei der Befestigung mit einem der heute üblichen Haken kann der Halsstropp leicht Kinken bilden oder sich selbsttätig lösen.

Das Schothorn wird über eine Schot kontrolliert, die soweit wie möglich nach achtern geführt werden soll. Ich empfehle immer, die Schot am Segel angeschlagen zu lassen und mit ihm zu verstauen. Die Schot sollte etwa die doppelte Bootslänge haben und ziemlich leicht sein. Natürlich muß die Schot außen geführt werden, und da der Big Boy manchmal sehr hart ziehen kann, braucht man für sie auch eine Winsch. Beim Setzen wird das Segel an einem freien Genua- oder Spinnakerfall in Lee geheißt. Dieses Fall muß über und außerhalb der Schot und des freien Achterholers des Spinnakers geführt werden, damit der Big Boy außerhalb von ihnen hochgezogen werden kann. Er wird bis auf etwa 80 Prozent Masthöhe geheißt, und die Schot muß weit gefiert werden. Damit er sich entfalten und füllen kann, kann man das Großsegel kurzzeitig dichtholen.

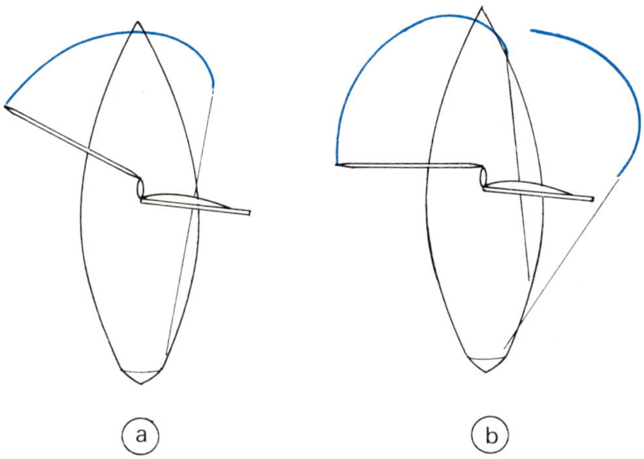

Big Boy-Trimm 2. Bei (a) steht der Spinnakerbaum weiter vorne, um den Spinnaker über der Mittschiffslinie zu halten. Wird auch der Big Boy gesetzt (b), muß der Baum nach achtern getrimmt werden, damit sich der Spalt zwischen beiden Segeln öffnet.

Vertörnen In dem unwahrscheinlichen Fall, daß sich der Big Boy beim Heißen vertörnt, kann man ihn gewöhnlich wieder frei bekommen, indem man an Fall und Schot stark ruckt.

Trimmen Da der Big Boy wie der Spinnaker von keiner Spiere und von keinem Stag gehalten wird, muß also ausreichend Luft in der richtigen Richtung über das Segel strömen, damit es sich füllt und steht. Es steht leewärts von allen anderen Segeln, und im Gegensatz zu dem, was man erwarten mag, strömt die Luft bei ihm vom Achterliek zum Vorliek. Aus diesem Grund muß zwischen Big Boy und Spinnaker ein möglichst großer Spalt bestehen, wenn die Luftströmung am Spinnaker nicht gestört werden soll. Auch dies ist ein Grund mehr dafür, daß das Segel soweit wie möglich in Lee gesetzt werden muß: Der Wind strömt leewärts um das Großsegel in sein Achterliek.

Dies bringt einige Probleme mit sich. Zunächst muß der Wind überhaupt stark genug sein, um das Segel zu füllen und steigen zu lassen – 7 oder 8 Knoten (etwa 3 bis 4 m/s) Windgeschwindigkeit über Deck ist etwa das Minimum, außer unter bestimmten Umständen, auf die wir später noch eingehen werden. Kommt der Wind zu sehr von achtern, so steht der Big Boy eher nach vorne als leicht leewärts, so daß er in den Windschatten des Großsegels gerät; der Wind darf nicht achterlicher als etwa 170 Grad einfallen. Ist drittens der Windeinfall zu stark seitlich, so gelangt die Luftströmung nicht

ums Achterliek des Großsegels zum Achterliek des Big Boy hin, sondern wird zwischen dem Vorliek des Großsegels und dem Big Boy hindurch fließen und damit die erwünschten Strömungsverhältnisse am Big Boy umkehren. Jeder Windeinfall unter 130 Grad wird eine solche Störung verursachen. Setzt sich dieser umgekehrte Windfluß durch, so wird – wie die Zeichnung zeigt – das bauchige Segel das Boot eher nach rückwärts zu ziehen versuchen. Das Segel ist also nur bei einem Windeinfall zwischen 170 und 130 Grad einzusetzen.
Der Trimm wird mit Fall und Schot durchgeführt. Der Fall muß soweit gefiert werden, daß das Segel dicht über der Wasseroberfläche steht. Auf diese Weise schwingt es vom Bug weit genug ab hinter das Großsegel hinaus, und auf diese Weise entsteht auch, was noch wichtiger ist, ein breiter Spalt zwischen Big Boy und Spinnaker. Allerdings muß man darauf achten, daß das Segel nicht das Wasser berührt. Wird es von einer Welle erfaßt, so kann es leicht unter das Boot gezogen werden. In der Praxis merkt man schnell, daß man mehr auf den Trimm des Falls als auf den der Schot achten muß. Wenn möglich sollten zwei Mann den Trimm durchführen, einer an der Schot und der andere am Fall. Sie sollten so dicht beieinander stehen, daß sie miteinander kommunizieren und damit das Segel so gut wie möglich trimmen können.
Gelegentlich wird es schwierig, den Big Boy zum Stehen zu bringen, da er durch das Großsegel abgedeckt wird. Der Big Boy hat jedoch so viel mehr Fläche als das Großsegel, daß man ihn unter den geeigneten Bedingungen auch auf Kosten des letzteren setzen sollte. Das kann durch Reffen oder sogar durch vollständiges Bergen des Großsegels geschehen. Kommt der Wind nur etwas zu direkt von achtern oder ist er nur etwas zu leicht, erreicht man oft schon erstaunlich viel, wenn man nur ein Reff ins Groß bindet oder dreht oder wenn man das Schothorn am Großbaum nur etwas weiter nach innen versetzt. Diesen Trick habe ich selbst öfter auf meinem Dreivierteltonner SIMPLICITY angewandt, der ein relativ großes Großsegel besaß. Das Großsegel aus der Luftströmung herauszunehmen ist noch wichtiger, wenn man statt des für diesen Zweck speziell geschnittenen Big Boy eine Genua oder einen hoch geschoteten Reacher gesetzt hat, weil ein solches Vorsegel fast vollständig in Lee des Großsegels liegt (denn sein Vorliek sackt nicht so stark nach Lee weg wie bei einem richtigen Big Boy).

Schwache Winde Bei sehr schwachen Winden ist der Big Boy die Mühe, ihn dann noch voll zu halten, nicht wert. Doch weil er eben so viel mehr Segelfläche bietet als das Groß, kann es sich auch bei niedrigen Windgeschwindigkeiten von 5 bis 6 Knoten (um 3 m/s) manchmal lohnen, das Großsegel zugunsten des Big Boy zu bergen. Damit kann der noch vorhandene schwache Wind das größere

Segel ungestört erreichen, so daß es sich füllt. Ich erinnere mich, daß ich vor einigen Jahren ähnliches während der Kieler Woche erlebte. Wir hatten den ersten Schlag bei sehr leichten Winden begonnen und befanden uns nun an der Luvtonne. Nach dem Runden der Tonne war der jetzt von achtern kommende scheinbare Wind kaum noch spürbar. Wir holten das Groß nieder, und unter Floater und Big Boy überholte WINDLESSER langsam das voraus liegende Boot, das wegen unseres vielen Tuchs erst, als wir schon auf gleicher Höhe waren, sehen konnte, was wir getan hatten. Sogleich ahmte man unser Verhalten auf dem anderen Boot nach, und gemeinsam gingen wir das nächste vorausliegende Boot an. Das ging so weiter, bis vier Boote in einer Linie nebeneinander segelten. An der Tonne lagen wir glücklicherweise innen, so daß wir unseren Vorteil nutzen konnten.

Schweres Wetter Unter diesen Wetterbedingungen nutzt man den Big Boy, um das Boot, wie bereits erklärt, auszubalancieren. Das Segel kann gesetzt werden, sobald der Spinnaker steht, so daß man das Boot selbst leichter unter Kontrolle hat und den Spinnaker länger stehen lassen kann. Wird der Spinnakerbaum nur ein wenig weiter nach vorne getrimmt, als es eigentlich wünschenswert erscheint, so steht der Spinnaker etwas mehr in Längsschiffsrichtung und balanciert die Besegelung solange aus, bis der Big Boy gesetzt ist. Dann kann der Spinnakerbaum wieder achterlicher getrimmt werden; damit kommt der Spinnaker weiter nach Luv, wird aber jetzt in Lee durch den Big Boy ausgeglichen. Wird an der nächsten Tonne eine Halse nötig und ist der Wind so stark, daß der Spinnaker kaum noch stehen kann oder ist die Crew nicht erfahren genug, um mit Spinnaker zu halsen, so sollte man den Spinnaker vor dem Big Boy bergen. Man legt das Boot so, daß das Halsen vor dem Erreichen der Tonne ausgeführt wird, birgt den Spinnaker und halst dann. Der Big Boy kann ruhig noch in Luv stehen bleiben, so ist das Deck frei zum Setzen des Vorsegels. Auf diese Weise bleibt das Boot beim Halsen gut unter Kontrolle, und auch die Geschwindigkeit vermindert sich kaum.

Bergen Normalerweise läßt sich der Big Boy leicht bergen; man löst den Halsstropp am Bugbeschlag und führt ihn nach achtern dicht zum Mast, dann fällt das Segel schnell zusammen und läßt sich an Vor- und Unterliek leicht niederholen; bei stärkeren Winden weht das Segel schneller aus, wenn man zuvor das Fall etwas durchholt und die Schot etwas fiert. Dann kann man den Spinnakerbaum, wie oben beschrieben, etwas nach vorne trimmen, damit der Spinnaker mehr in der Mittschiffslinie steht und das Boot besser ausbalanciert ist. Ist das Segel unten, so muß das Fall abgeschlagen und über die Spinnakerschot zurückgebracht werden. Halst man von einem Spinnakerkurs auf den anderen, so muß der Big Boy niedergeholt und dann auf dem anderen Bug wieder gesetzt werden; dabei muß man natürlich darauf achten, die Falle nicht durcheinander zu bringen.

Stagsegel

Segelt man mit halbem Wind, so kann es sehr vorteilhaft sein, unter dem Spinnaker ein Stagsegel zu setzen oder auch die Genua stehenzulassen. Man schließt damit den Schlitz zwischen Spinnaker und Großsegel. Der dadurch entstehende Düseneffekt sorgt dafür, daß die Windströmung auf der Leeseite von Groß und Stagsegel nicht abreißt; deshalb müssen diese beiden Segel aber auch relativ dicht parallel zueinander gesetzt werden. Eine richtige große Genua kann jedoch nur bei Winden gesetzt werden, die genau im rechten Winkel auf die Schiffsachse treffen, höchstens noch wenige Grade achterlicher. Bei anderen Windeinfallswinkeln muß das Stagsegel schmaler sein – je schmaler es ist, in um so größeren Bereichen kann es eingesetzt werden. Andererseits bewirkt ein schmaleres Stagsegel weniger Vortrieb, so daß man also einen Mittelwert zwischen diesen beiden Faktoren erzielen muß.

Schnitt Ein Stagsegel für diesen Zweck muß zunächst einmal ein möglichst langes Vorliek haben; denn die Vorlieklänge gibt den Zug. Außerdem wollen wir ja genug Platz lassen, daß der Wind zwischen Stagsegel und Spinnaker frei hindurchströmen kann, und deshalb müssen wir es dichter an das Großsegel heran bringen. Dies können wir auf folgende Weise erreichen: Wir können den Stagsegelhals auf dem Vordeck dichter an den Mast versetzen, und wir können seinen Kopf tiefer zum Mast führen. Je höher am Mast wir das Segel setzen, um so weiter können wir den Hals nach achtern bringen; und je tiefer am Mast umgekehrt das Fall angreift, um so weiter vorne muß der Hals sitzen.
Das Problem läßt sich auch noch anders ausdrücken: Das Stagsegel (oder die Genua) darf nicht so groß sein, daß sie den Schlitz versperrt und damit den Luftstrom verwirbelt, der durch das Vorsegeldreieck hindurch zu gelangen versucht. Zweitens darf das Segel nicht zu dicht am Spinnaker oder am Großsegel gesetzt werden, um den Luftstrom dort nicht zu stören. Die Luftmenge im Verhältnis zur Zeit ist der entscheidende Faktor: Je stärker der Wind weht, um so größer ist das Luftvolumen, das durchs Vorsegeldreieck drängt; erforderlich ist dann ein kleineres Stagsegel, damit der Schlitz den Luftstrom hindurchlassen kann. Bei schwachen Winden ist das Luftvolumen sehr viel geringer, so daß ein größeres Stagsegel näher an Groß und Spinnaker gesetzt werden kann.

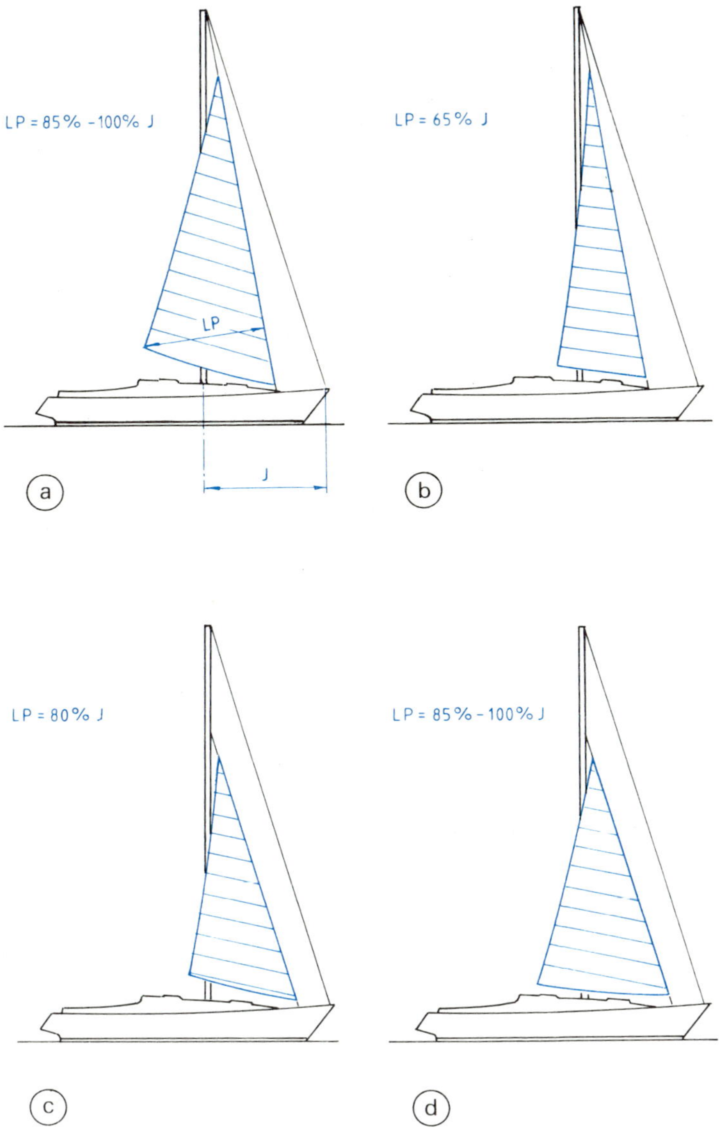

Stagsegel. (a) Übliches Stagsegel, das am Masttop gesetzt wird. (b) Tallboy, der gut unter einem Starcut oder einer Genua gesetzt werden kann und dann die Luftströmung an der Anschnittskante des Großsegels klar ausrichtet. (c) Kleines Stagsegel, das an einem Punkt etwas unterhalb des Masttopps angreift und zusammen mit einer Normalfock oder Sturmfock gesetzt werden kann. (d) Genua-Stagsegel, das gut unter einem Spinnaker oder einem hochgeschnittenen Reacher gesetzt werden kann.

Als allgemeine Regel kann man vielleicht sagen, daß ein Stagsegel mit langem Vorliek, das bis zur Mastspitze reicht, etwa 25 bis 30 Prozent hinter dem Vorstag angeschlagen werden muß, damit es vom Spinnaker klar bleibt; sitzt der Kopf 30 Prozent unter dem Masttopp, so kann der Hals 20 Prozent oder weniger hinter dem Vorstag angeschlagen werden.
Von der Länge des Unterlieks hängt es ab, wie dicht das Achterliek des Stagsegels am Großsegel steht; der Abstand sollte um so größer sein, je höher die Windgeschwindigkeit ist. Der beste Kompromiß wird bei einer Unterlieklänge liegen, die etwa dem J-Maß entspricht, wobei das Schothorn etwas höher als bei der normalen Genua geschnitten sein sollte. Das verhindert, daß das Schothorn zu tief steht, wenn man den Hals weiter nach vorne versetzt. Ein höher geschnittenes Schothorn gibt außerdem den Schlitz unten frei und schließt ihn dafür oben besser. Da im Normalfall auf Raumschotskursen eher das umgekehrte Verhältnis herrscht, ist ein solcher Schnitt also nur günstig.
Will man unter einem Starcut ein Stagsegel oder höher am Wind vielleicht sogar eine Genua fahren, so darf das Unterliek nicht länger als 85 Prozent von J (Basis des Vorsegeldreieck) sein, so muß das Schothorn ziemlich hochgeschnitten sein. Der Grund ist, daß der scheinbare Wind auf diesen Kursen gewöhnlich ziemlich stark ist (dank der höheren Bootsgeschwindigkeit) und daß das Leeliek des Spinnakers dicht am Großsegel steht und damit den Schlitz schon ein wenig schließt; die Düse sollte hier jedenfalls nicht weiter verengt werden. Der richtige Mittelweg ist hier theoretisch kaum anzugeben; Lösungen findet man nur nach einem Studium des jeweiligen Segelplans und bei Kenntnis der jeweiligen Wetterbedingungen.
Die Zeichnungen zeigen die extremen Formen von Stagsegeln; doch kann das den jeweiligen besonderen Bedürfnissen angepaßte Segel hiervon stark abweichen. Die Beschränkung der Zahl der Segel hat viele Eigner – abgesehen von der Kostenfrage – dazu gebracht, jene Segel zu bevorzugen, die für mehrere Aufgaben eingesetzt werden können. Wenn möglich, habe ich darauf hingewiesen. Doch sollte man auch im Auge behalten, daß Windstärke und Windrichtung zwischen zwei Aufgaben so unterschiedlich sein können, daß schon allein der Unterschied in der erforderlichen Tuchstärke den Einsatz eines Segels für beide Aufgaben verhindert.

Genua

Wie schon gesagt, ist es durchaus möglich, die Genua unterm Spinnaker stehenzulassen, doch ist dies nur in einem kleinen Be-

reich des scheinbaren Windes möglich. Es ist ratsam, den Spinnaker hoch zu setzen und weit nach achtern zu schoten, damit sein Luvliek so weit wie möglich von der Genua ab steht. Das erfordert viel Aufmerksamkeit an den Schoten von Spinnaker und Genua. Fällt der Spinnaker ein, so gibt es zum Beispiel diesen Trick: Man fiert die Genuaschot, bis das Segel schlägt. Der Spinnaker ist eingefallen, weil die Düsenwirkung zwischen beiden Segeln einen saugenden Effekt hatte. Fiert man die Genuaschot, so zerstört man diese Saugwirkung, und der Spinnaker kann sich wieder füllen.
Die große Genua erfordert sorgfältigen Trimm, wenn nicht die Luftströmung durch sie mehr gestört werden soll als sie zum Vortrieb beiträgt. Einer ihrer stärksten Befürworter ist Owen Parker; er entwickelte diese Technik in den 60er Jahren auf den SUNMAIDS, und brachte sie später auf den verschiedenen MORNING CLOUDS zur Perfektion. Tatsächlich segelte er öfter mit Genua und einem kleinen Stagsegel unter dem Spinnaker, und man diskutierte dann darüber, ob Owen auf diese Weise Weg gutmachte oder ob seine Gegner ihre Chancen zerstörten, indem sie ihn nachahmten. Zwei Vorsegel können jedoch sicherlich nur unter ganz bestimmten Bedingungen und bei perfektem Trimm gesetzt werden.

Segelsetzen Am günstigsten ist es, wenn man ein kleines Vorsegel dieser Art auf einer Leitschiene in Schiffsmitte auf dem Vordeck setzen kann. Hat man einen solchen verstellbaren Anschlagspunkt, so sollte dieses Segel kein Problem sein. Jedoch sind nicht alle Boote damit ausgerüstet, und wenn es auch nicht möglich ist, zwei oder sogar drei Augbolzen auf dem Vordeck anzubringen, dann besteht die einzige Alternative darin, einen Drahtläufer zwischen festen Punkten an Deck – Poller und Belegklampe zum Beispiel – anzubringen. Hat man auf dem Vordeck eine Leitschiene, sollte man an ihrem Schlitten ständig einen Schnappschäkel befestigt lassen, an dem man dann den Hals jedes neu zu setzenden Segels einfach nur anzuschlagen braucht.
Zu den einfachen Geheimnissen, wie man ein solches Stagsegel erfolgreich setzt, gehört ein strammes Vorliek; also muß das Segel ein Drahtliek besitzen und mit einem Drahtfall gesetzt werden. Bei gesetztem Spinnaker hat man ja ein Fockfall frei, und dieses sollte man benutzen. Setzt man ein Stagsegel mit einem kürzeren Liek, dessen Kopf weiter unten am Mast steht, so kann man den freien Toppnant benutzen; dieser sollte auch aus Draht mit einem Tauvorlauf bestehen, so daß das Vorliek fest durchgesetzt werden kann. Welches Fall man auch benutzt, es muß jedenfalls zu einer Winsch führen, auch wenn man es mit einem Umlenkblock erst zu ihr hinführen muß.

Schot Die Stagsegel-Schot wird entweder zum Genua-Holepunkt oder außen zur Fußreling herunter geführt; der Holepunkt muß jedenfalls je nach Windrichtung zu versetzen sein. Das Segel muß immer so geschotet werden, daß es möglichst parallel zum Großsegel steht; ebenso sollte es möglichst die gleiche Verwindung aufweisen wie das Großsegel, damit der Schlitz auf der gesamten Höhe der Segel immer gleich bleibt.

Trimm Ein Stagsegel sollte idealerweise immer mit Blick auf das Speedometer getrimmt werden, so daß man schon kleine Abweichungen in der Bootsgeschwindigkeit bemerkt. Auch hier kann nur praktische Erfahrung zu bestem Trimm führen; jedenfalls sollte man dem Segel nach jeder Änderung der Stellung genügend Zeit lassen, um sich erst einmal wieder ruhig einzupendeln. Verbessert sich jedoch die Fahrt auch nach mehreren Trimmversuchen an Hals und Schot nicht, so sollte man es besser bergen, weil es vielleicht die Fahrt nur hemmt. Folgende Regeln sollte man beachten: Das Stagsegel soll immer in gutem Abstand vom Spinnaker, aber so dicht wie möglich am Großsegel gesetzt werden. Das Achterliek soll parallel zum Großsegel verlaufen, und zwar mit der gleichen Verwindung in der Höhe, damit eine möglichst saubere Düse geformt wird. Problematisch ist auch eine Änderung des Windeinfallwinkels; also müssen Rudergänger und Segeltrimmer zusammenarbeiten, weil das Segel nicht ziehen wird, wenn das Boot auf seinem Kurs giert. Windrichtungsmarkierungen können für den Trimmer wie für den Mann am Ruder eine große Hilfe sein.

Kompromiß-Segel

Besitzt man kein für diesen Zweck gefertigtes Stagsegel, so kann ohne weiteres auch ein anderes passendes Segel aus der Segellast benutzt werden. Am ehesten sollte man dabei an die Genua III oder an die Normalfock denken, jedenfalls sollte man es mit einem der beiden einmal probieren. Viele Vorsegel werden heute ohne Drahtliek gearbeitet; ist das auch beim eigenen der Fall, so sollte man einen Segelmacher bitten, hinter den Stagreitern einen zusätzlichen Draht anzubringen. Der Draht kann durchaus so angebracht werden, daß er den normalen Stand des Segels nicht behindert; doch wenn es als Stagsegel benutzt wird, holt man das Fall so stark durch, daß sich das normale Vorliek streckt, bis der Draht den Zug übernimmt. Ich habe es selbst auf SIMPLICITY ausprobiert, als wir nur eine sehr beschränkte Zahl von Segeln mitnehmen durften. Es funktionierte prächtig, und wir setzten es auf raumen Kursen häufig zusätzlich zur Genua oder zum Spinnaker.

5 Andere Vormwindsegel

Es gibt Vormwindkurse, auf denen man aus freien Stücken oder wegen der Wetterverhältnisse keinen Spinnaker setzt. Viele Familiensegler können den Spinnaker nicht leiden, vielleicht weil er ihnen zu teuer ist oder weil sie ein Vorurteil gegen ihn haben, ihn nicht kennen oder auf dem Boot eines Freundes schlechte Erfahrungen mit ihm gemacht haben. Ich hoffe, daß dieses Buch einige dieser Probleme beseitigen wird; aber dieses Kapitel ist gerade solchen Seglern gewidmet.
Auch bei gemütlicher Tourensegelei gibt es Gelegenheiten, bei denen man sich wünscht, daß das Boot etwas mehr Fahrt macht. Meistens reichen dazu die Normalsegel aus; gelegentlich sind Spezialsegel erwünscht, und die brauchen dann wiederum spezielles Gerät. Meist sind auch sie relativ einfach zu bedienen, doch das kann mich nicht davon freisprechen, hier ihre richtige Bedienung zu erklären.

Das Großsegel

Bevor wir uns besonderen Vormwindsegeln oder der besonderen Verwendung der normalen Segel zuwenden, sollten wir uns davor hüten, jenes Segel außer acht zu lassen, das immer benutzt wird – am Wind, vor dem Wind, bei gutem und bei schlechtem Wetter. Ich meine natürlich das Großsegel, das wichtigste Segel auf jedem Boot. Wir haben bereits gesehen, welche Auswirkungen es auf den Big Boy hat, und sollten daraus lernen, daß es ähnlich auch andere Segel beeinflussen kann.
Vor dem Wind sollte der Segeltrimmer immer darauf achten, ob der Wind auf übliche Weise vom Vor- zum Achterliek über das Großsegel strömt, so daß ein aerodynamisches System von Unterdruck und Auftrieb entsteht, oder ob das Segel nur als Hindernis in der Luftströmung steht und damit nur die Vortriebskräfte auf der Luvseite des Segels in Fahrt umgesetzt werden. Das aerodynamische System sollte bei allen Windrichtungen beibehalten werden, ausgenommen direkt achterlicher Winde mit einer Schwankung um etwa 20 Grad zu jeder Seite.
Aus diesem Grund soll die Luftströmung immer freien Zugang zum Vorliek haben. Zum Beispiel ein Crewmitglied, das längere Zeit am Mast steht, wird die Luftströmung stören und sollte darum gebeten

werden, sich von dort zu entfernen. Der Liekstrecker am Achterliek kann durchgesetzt, das Schothorn mit dem Ausholer und ebenso das Fall etwas gefiert werden, was alles zu einem bauchigeren Großsegel führt. Die Wölbung im Segel rutscht weiter nach vorne, so daß die Anschnittkante am Vorliek für die Luftströmung besser wird und zugleich das Segel mehr Vortrieb entwickelt.

Verwindung sollte im Großsegel immer vermieden werden, außer bei sehr leichtem Wetter, wenn der Wind im Topp vielleicht etwas achterlicher einfällt als auf Deckshöhe; dies und etwas zusätzliche Wölbung im Segel kann auch durch einen leicht steigenden Großbaum erreicht werden. Boote mit Dreiviertel-Takelung sollten raumschots darauf achten, daß der Kopfteil des Großsegels nicht durch die Genua gestört wird. Die Luftströmung in Lee könnte oben durch die Genua umgelenkt werden und dann steiler einfallen. Auch dann kann wieder etwas Verwindung sinnvoll sein, damit man den oben steiler einfallenden Wind ausnutzen kann. Windfäden am Achterliek – vielleicht einer an jeder Segellatte – können auf Vormwindkursen eine ausgezeichnete Hilfe beim Trimm des Großsegels sein. Es ist überraschend, wieviel Aufmerksamkeit man dem Trimm von Großschot und Baumniederholer widmen muß, bis auf einem Raumschotskurs alle vier Windfäden auswehen. Tun sie es, so ist dies ein gutes Zeichen dafür, daß das Segel richtig getrimmt ist. Auch beim Querschlagen kann eine Verwindung im Großsegel durch die geänderte Einfallsrichtung des Windes im Kopfteil des Segels gute Dienste leisten, um das Drehmoment auszugleichen; doch darauf werde ich an anderer Stelle näher eingehen.

Außer unter solchen ungewöhnlichen Umständen bedeutet Verwindung im Großsegel, daß der Baum dichter geholt werden muß, als eigentlich nötig erscheint, damit der obere Teil des Segels weniger Auftrieb erhält. Dadurch zieht jedoch das Unterliek zu stark seitwärts, was durch Krängen und Verlangsamen des Bootes nicht nur Energievergeudung bedeutet, sondern auch wesentlich zum Rollen beiträgt – wodurch nicht nur wiederum Energie verschleudert, sondern unter bestimmten Bedingungen auch die Gefahr des Querschlagens heraufbeschworen wird. Eine gute Baumgei oder ein Baumniederholer wird den Baum niederhalten, Verwindung vermeiden und dazu beitragen, daß man die Großschot ein gutes Stück fieren kann. Dadurch entsteht ein besseres Verhältnis von Vortrieb und Abdrift, und die Fahrt verbessert sich auch entsprechend. Auf Kursen nahezu vor dem Wind hält eine Baumgei, die senkrecht vom Baum zu einem festen Haltepunkt an der Fußreling geführt wird, nicht nur den Baum nieder, sondern verhindert auch, daß er nach innen schwingt, was die Gefahr einer Patenthalse beträchtlich vermindert. Der wirkt aber auch jede Form von Niederholer oder Bullenstander entgegen, obwohl sie den weit ausgebaumten Großbaum nicht so gut niederhalten. Benutzt man ein Rollreff, so sollte man darauf achten, daß dennoch ein Niederholer oder eine Baumgei angebracht werden kann. Für diesen Zweck ist ein Schotring am besten geeignet, man kann aber auch ein Stück Gurtband mit dem Segel einrollen, an dessen freiem Ende dann eine Talje angeschlagen wird.

Die Genua

Die bekannteste Art des Vormwindsegelns ohne Spinnaker ist das Schmetterlingssegeln, wobei die Genua auf der dem Großsegel gegenüber liegenden Seite ausgebaumt wird. Dies braucht eigentlich nicht weiter erläutert zu werden; nur soviel: hat man eine normale Spinnakerausrüstung, piekt man den Nockenschlag des Spinnakerbaumes einfach in die Genuaschot ein. Auf einem langen Schlag benutzt man allerdings besser auch den Spinnakerachterholer, weil der Holepunkt der Genuaschot oft nicht günstig liegt; eine am Relingsdurchzug scheuernde Schot wird auch rasch schamfilen. Hat man die Wahl, so nimmt man eine Genua mit einem möglichst hochgeschnittenen Schothorn; denn sie steht besser und taucht beim Rollen weniger leicht ins Wasser. Benutzt man Toppnant und Niederholer, so läßt sich der Baum leichter handhaben.

Die Genua als Spinnaker Ist vielleicht der einzige Spinnaker beschädigt, und möchte man dennoch nicht aus einer Regatta ausscheiden, oder ist der Wind zu stark für den kleinsten Spinnaker, so setzt man die Genua anstelle des Spinnakers. Man braucht eigentlich nur die Genua in das normale Spinnakergeschirr zu hängen, den Hals an der Baumnock zu befestigen und das Schothorn an der Schot. Das Segel wird auf übliche Weise mit dem Spinnakerfall gesetzt und kann auch zum Heißen aufgetucht werden, wenn die Schwerwetterbedingungen es erfordern.
Der Spinnakerbaum muß ziemlich tief gesetzt werden, damit das Vorliek straff steht. Weil das Segel flach geschnitten ist und der Segeldruckpunkt tief liegt, wird das Boot viel ruhiger liegen als mit einem normalen Spinnaker. Wenn es richtig hartbläst, geht im Verhältnis zum Spinnaker nur wenig Fahrt verloren, ja, alle Vorteile des Spinnakers werden dann mehr als wettgemacht durch die bessere Kontrolle über Segel und Boot. Auch nach IOR ist diese Methode übrigens erlaubt (Regel 833).

Die Doppelfock

Da wir gerade von IOR sprechen: Die Regel 835 sieht auch die Verwendung von Doppelfocks vor. Ob in der Regatta oder beim

Gegenüber: Diese Ketsch hat ihre Genua ausgebaumt und fährt dazu noch ein kleines Spinnaker-Stagsegel, das wie ein Big Boy gesetzt ist.

Alastair Black

Tourensegeln ist dies eine interessante Art zu segeln. Zwar ist sie für die Regattayacht bei normalem Wetter kaum schnell genug, kann aber unter extremen Wetterbedingungen sehr wirksam sein. Viel ist über diese nun schon jahrzehntealte Methode des Vormwindsegelns geschrieben worden, und ich glaube nicht, daß ich dem viel Neues hinzufügen kann, was Experten wie Hiscock und andere bereits geschrieben haben.

Heute werden Doppelfocks gewöhnlich zusätzlich zum Großsegel gesetzt, während die Idee ursprünglich in den Tagen des Gaffelriggs entstand, als es darauf ankam, das Großsegel wegen des

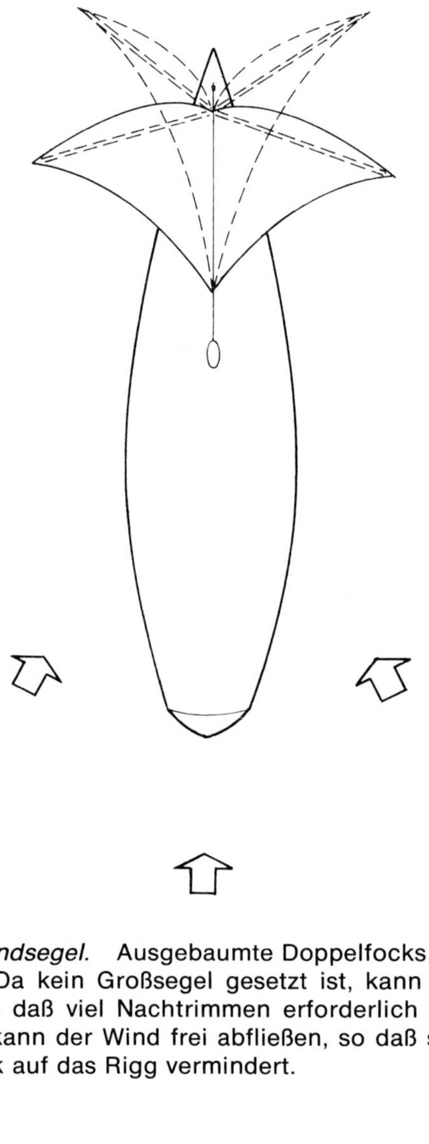

Doppelte Vormwindsegel. Ausgebaumte Doppelfocks an einem oder an zwei Vorstagen. Da kein Großsegel gesetzt ist, kann die Windrichtung schwanken, ohne daß viel Nachtrimmen erforderlich wird. Werden die Schoten gefiert, kann der Wind frei abfließen, so daß sich bei stärkeren Winden der Druck auf das Rigg vermindert.

358

starken Schamfilens vor dem Wind möglichst zu bergen. Das moderne Bermuda-Großsegel wird mit Baumgei oder Niederholer gefahren, so daß es auch im Kopfteil nicht an den Wanten schamfilt. Geht man auf eine lange Reise, so sollte man jedenfalls eine Möglichkeit vorsehen, zwei Focks zugleich zu setzen, wobei die eine nach Luv ausgebaumt wird, während die Schot der anderen in Lee über einen zweiten Baum oder aber zur Großbaumnock geführt wird. Segel mit hochgeschnittenen Schothörnern sind dabei sicherlich von Vorteil. Sie sind nicht nur flexibler in bezug auf den Holepunkt, sondern beim Rollen des Bootes ist auch die Gefahr geringer, daß die Bäume ins Wasser tauchen.

Die vorhandenen Segel

Man kann sich Spezialsegel anschaffen und dazu spezielle Ausrüstung, mit der man sie setzt. Bevor es dazu kommt, sollte man überlegen, ob nicht die vorhandenen Segel die Aufgabe zufriedenstellend übernehmen können. Wir wollen auch bei schwachen Winden keinen Spinnaker setzen und nehmen uns deshalb als Ziel, auf andere Weise eine möglichst große Segelfläche zu setzen. Eines der größten Segel in der Segellast ist die Genua; sie kann bis zu Windstärke 3 gesetzt werden. Ein im Schothorn hochgeschnittener Reacher gibt ebenfalls ein ausgezeichnetes Vormwindsegel ab, gleiches tut jede Form von Yankee, Klüver oder hochgeschnittenem Segel, das man an Bord hat. Ein solches Segel setzt man in Luv mit Hilfe des Spinnakerbaums, der am Schothorn eingepickt wird. Besitzt die Yacht nur einen Vorstag, so wird dieses Segel fliegend gesetzt, das nächstgrößere Segel wird dann leewärts am Stag gesetzt. Hat man eine Doppelfock oder gar einen Booster (der als Genua oder entfaltet in der Art einer Doppelfock gefahren werden kann), so sollte man diese Segel jedenfalls einsetzen.
Wird der Wind zu stark für diese Segelkombination (etwa 10 Knoten scheinbarer Wind), so birgt man das größte Segel und ersetzt es durch eine kleinere Genua. Bei noch stärkeren Winden ersetzt man das nächstgrößere Segel durch ein kleineres und fährt dann vielleicht noch die Genua III und eine Normalfock.
Zum Schoten benutzt man für das in Luv ausgebrachte Segel am besten das Spinnakergerät: Am Schothorn wird der Achterholer angeschlagen, und der Spinnakerbaum wird auf übliche Weise durch Toppnant und Niederholer kontrolliert. Wird eine Fock ausgebaumt, so kann man durchaus auch die Fockschot in den Spinnakerbaum-Nockbeschlag einpicken, wenn diese Schot nicht am Relingsdurchzug schamfilt. Den Baum ohne Toppnant zu benutzen ist nicht ratsam, weil sonst die ganze Last des Baums vom Achterliek des Segels getragen werden muß, das für diesen Zweck nicht gerüstet ist.

Auch die Schot des Leesegels kann über einen zweiten Spinnakerbaum geführt werden; man kann sie aber auch über einen Block führen, der an der Großbaumnock angeschäkelt wird. Auch wenn das Großsegel nicht gesetzt ist, kann der Baum ausgebracht werden, damit über ihn die Vorsegelschot besser geführt wird.

Passatsegel

Spezialsegel können an den vorhandenen, aber auch an zusätzlichen Stagen gesetzt werden. Diese zusätzlichen Stage wollen wir zunächst betrachten. Damit die Segel leicht bedient werden können, müssen sie mit Stagreitern an einem Stag angeschlagen sein. Dafür empfiehlt sich ein besonderes Doppelstag, das weggenommen wird, wenn man es nicht braucht. Es wird im Masttopp in der Nähe des normalen Vorstags befestigt; und sind am Mast dafür Augen vorgesehen, so ist dieses Doppelstag in ein paar Minuten im Bootsmannsstuhl angeschlagen. Die unteren Enden dieses Stags werden am besten etwa 25 Prozent hinter dem Stevenbeschlag auf dem Vordeck befestigt, wobei man beide Stage, je nach Größe des Bootes, um 0,60 bis 1,20 m spreizen sollte. Es kommt weder auf die exakte Position noch auf einen genauen Abstand zwischen beiden Stagen an; es wurden sogar schon erfolgreich Doppelfocks eingesetzt, die beide an einem einzigen Stag angeschlagen waren – obwohl dabei das Anschlagen der Stagreiter und das Segelsetzen etwas schwierig sein dürfte. Die Zwillingsstage werden üblicherweise an Augbolzen befestigt, die auf starken Grundplatten sitzen, doch sehe ich keinen Grund, warum man nicht auf Belegklampen oder sogar die Relingsleiste, wenn sie stark genug ist, dafür in Dienst nehmen soll. Sind die Stage nicht in Gebrauch, so bändselt man sie einfach an den Püttings fest, und damit sind sie aus dem Weg. Hat man nur ein Fall, so muß man für diesen Zweck allerdings ein zweites riggen.
Man kann diese Zwillingsfocks, die als Passatsegel bekannt geworden sind, natürlich mit normalen Spinnakerbäumen ausbaumen; schafft man sich spezielle Bäume an, so können sie etwas dünner und leichter sein. Auf jeden Fall sollten sie mit Toppnant, Niederholer und Achterholer ausgerüstet sein. Der Achterholer kann, wie beim Spinnakerbaum, durch den Nockbeschlag laufen, oder er kann auch am Baum selbst angeschlagen sein, wobei man dann allerdings das Schothorn mit einem speziellen Ausholer zur Baumnock bringen muß, was meines Erachtens eine unnötige Komplikation ist.

Segelschnitt Man streitet sich darüber, wie groß diese Zwillingsfocks sein sollten. Eine Meinung besagt, daß große Segel dieser

Art gerade dann wieder niedergeholt werden müssen, wenn das Boot richtig zu laufen beginnt, während andere betonen, daß diese Segel leicht zu reffen seien, indem man die Schoten stark fiert, so daß die Segel nach vorne auswehen und der Winddruck geringer wird. Zu kleine Segel hingegen können bei leichtem Wetter schon recht frustrierend sein. Für mich kommen nur mäßig große Segel in Frage, deren Vorliek bis zum Masttopp reicht und deren Diagonale ein wenig länger als die Basis des Vorsegeldreiecks ist; das Schothorn muß hochgeschnitten sein. Dadurch stehen die Bäume ziemlich hoch über der Wasserfläche, der Rundergänger hat unter ihnen hindurch gute Sicht nach vorne, und die Bäume können seitlich um den Mast schwingen, bis sie vom Rigg aufgehalten werden. Durch Senken oder Anstellen der Bäume können die Segel leicht flach oder bauchig getrimmt werden.

Ein Segel dieser Art entspricht ungefähr in seiner Größe einem normalen Klüver Nr. 1 auf einem Kutter, und es kann denn auch sehr effektiv als Klüver auf einer Slup eingesetzt werden. Eine der beiden Doppelfocks kann also auch als Ersatz für eine zerrissene Fock oder einen zerrissenen Klüver fungieren.

Diese doppelte Verwendbarkeit wird noch dadurch unterstützt, daß das Tuchgewicht einer Doppelfock etwa dem einer Fock Nr. 1 oder eines Klüvers gleicher Größe entspricht. Sind die Segel allerdings als reine Vormwindsegel gedacht, so können sie auch aus leichterem Tuch gefertigt werden; doch sollte man nicht unter zwei Drittel des Tuchgewichts einer Normalfock ähnlicher Größe gehen. Passatsegel bleiben ja üblicherweise tagelang stehen und müssen deshalb relativ robust sein. Sie sollten auch nicht viel voller als ein normales Arbeitssegel geschnitten sein und auf gleiche Weise verarbeitet werden. Freilich kann sich eine größere Kausch am Schothorn als nützlich erweisen; und auch das Achterliek kann durchaus etwas mehr verstärkt werden, da es sicher von Zeit zu Zeit das Gewicht des Baums aufnehmen muß.

Einige Autoren plädieren dafür, die Bäume an den Zusatzstagen anzuschlagen, damit das ganze System durch Fieren der Schoten leichter „gerefft" werden kann, wie bereits beschrieben wurde. Doch einfacher ist eine Befestigung am Mast, weil die Bäume am Mast auch leichter gestaut werden können, was besonders für den Einhandsegler wichtig ist; außerdem kann man bei dieser Anordnung die Bauchigkeit des Segels auch leichter mit der Schot kontrollieren. Die Bäume werden entweder auf Mastschienen befestigt, so daß man sie zum Stauen am Mast hochzieht und die äußere Nock dann am Mastfuß sichert, oder sie werden an Augen in der richtigen Höhe angeschlagen, so daß man dann die äußere Nock mit dem Toppnant zum Masttopp hochzieht, wenn man sie nicht braucht. Für mich kommt allerdings das zusätzliche Gewicht im Masttopp nicht in Frage; ich staue sie lieber an Deck.

Trimm Die Segel werden wie normale Focks am Fall angeschlagen und geheißt; ein Halstropp von ausreichender Länge sorgt dafür, daß sie über die Relingsdurchzüge klar laufen. Das Schothorn wird zur Baumnock ausgeholt oder der Baumbeschlag in die Schot eingepickt, und dann können sie getrimmt werden. Genauer Trimm ist nicht schwierig, wenn man im Sinn behält, daß es sich um Vormwindsegel handelt, die für andere Kurse zum Wind nicht geeignet sind. Wenn man den Luvbaum etwas fiert und das Leesegel hart schotet, erreicht man gerade noch, daß das Boot bei Windrichtungen von etwa 20 Grad von recht achteraus segelt.
Ist das Großsegel geborgen, so hat man mit dem Halsen keinerlei Probleme: Der Wind kann drehen, wie er will, solange er einen Winkel von etwa 20 Grad zu beiden Seiten von recht achteraus nicht überschreitet; das Boot wird ruhig auf seinem Weg weitersegeln.
Da heute alle Langstreckensegler irgendeine Art von Selbststeueranlage fahren, ist es nicht mehr so wichtig, daß man dieses Rigg auch zum Steuern des Bootes benutzen kann. Ist es jedoch nötig, so lenkt man die Achterholer über Umlenkblöcke zur Pinne um. Das richtige Arrangement muß man jedoch selbst ausprobieren, wie es alle Hochseesegler vor den Zeiten der Windfahnensteuerung tun mußten. Doch unter Umständen kann auch die Selbststeuerung über Zwillingsfocks ihren Sinn haben.

Nächste Seite links: Ein Blick von achtern auf den Tourenspinnaker. Der lange Halsstropp zeigt die Nähe dieses Segels zum Big Boy.
Butler Verner

Nächste Seite rechts: Hier wird der Tourenspinnaker am Wind gefahren; der Halsstropp ist durchgesetzt, so daß sich das Vorliek strafft.
Butler Verner

Der Booster

Es ist möglich, beide Stagsegel an einen gemeinsamen Liekdraht zu nähen. Sie werden aus leichtem Tuch, gewöhnlich Spinnaker-Nylon, hergestellt und sind wie Genuas geschnitten, nur ein wenig flacher. Bei uns ist dieses Segel unter dem Markennamen Booster bekannt geworden. Am Wind bei leichtem Wetter werden beide Segel übereinandergeklappt, wobei die Schot beide Schothörner faßt. Das doppelt liegende Tuch gibt zusätzliche Stärke, so daß man das Segel bis zu Windstärke 3 setzen kann. Vor dem Wind werden die Segel auseinander gefaltet und zu beiden Seiten des Vorstags gesetzt. Man kann Spinnakerbäume benutzen; es ist aber gewöhnlich nicht nötig.

Der Blister

Zwei Dinge zum Preis von einem zu bekommen, ist immer schon erstrebenswert gewesen. Mit dem Blister scheinen wir so etwas erreicht zu haben, obwohl das Ergebnis, wie bei allen Kompromissen, durchaus nicht ideal ist.

SOUTHAMPTON

GULL WING

Hier ist die Rede von einem Kompromiß zwischen Genua und Spinnaker. Das Segel wird ganz unterschiedlich benannt, Gennaker, Coaster, Flasher oder einfach mit Initialen wie MPS oder TP – alles Firmennamen. Bei uns hat sich bereits der Name Blister als Bezeichnung verschiedener internationaler Segelmacher eingebürgert.
Ziel dieses neu entwickelten Segels ist es, vor dem Wind mehr Segelfläche setzen zu können, ohne einen Spinnakerbaum riggen zu müssen, der dann immer noch zusätzliches Zubehör erfordert. Die Segel variieren in Schnitt und Größe je nach Segelmacherei, sehr stark. Da sie noch von keiner Vermessungsformel erfaßt werden, haben die Segelmacher hier die Chance, ein Leichtgewichtssegel mit größerer Fläche als eine Genua zu entwickeln, das jedoch auf Vormwindkursen relativ leicht bedient werden kann.
Es handelt sich also um ein Mittelding zwischen Spinnaker und Genua – tatsächlich wird das Segel meistens als Ersatz für einen Spinnaker gefahren. Es steht ohne Spinnakerbaum, wird mit einer Halstalje gesetzt, die entweder zum Bugbeschlag oder zu einem anderen Punkt auf dem Luvdeck führt; dadurch läuft es von den Relingsdurchzügen frei und behindert nicht die Sicht nach vorne. Das Vorliek ist länger als das Achterliek, so daß das Schothorn relativ hoch steht, was auch noch dadurch unterstützt wird, daß das Unterliek gewöhnlich nicht allzu rund geschnitten ist (zusätzliches Tuch hier würde das Schothorn nach unten ziehen). Da es ein Leichtwettersegel ist, wird es aus Spinnaker-Nylon hergestellt; auch die Verstärkungen sind leicht. Will man es bei schwererem Wetter setzen, so sollte man dies seinem Segelmacher mitteilen; er wird dann Schnitt und Finish des Segels entsprechend verändern. Nach Schnitt und Form kann man den Blister anstelle einer leichten Genua auf raum-vorlichen Kursen oder anstelle eines Spinnakers auf raum-achterlichen oder Vormwindkursen setzen. Er wurde aus dem Big Boy entwickelt, und so muß man, wie bei ihm, auf Vormwindkursen das Fall und die Halstalje etwas fieren, damit das Vorliek gut nach Lee wegsackt und das Unterliek die Relingsdurchzüge nicht berührt. Das Schothorn kann auch gegenüber dem Großsegel ausgebaumt werden; doch da man ja gerade zusätzliches Gerät vermeiden will, fährt man das Segel zumeist ohne Baum. Bei 40 bis 50 Grad zum Wind, wenn die genuaähnlichen Qualitäten dieses Segels gefordert werden, setzt man Halstalje und Fall durch, bis das Vorliek einigermaßen gerade steht. Die Schot muß weit nach achtern geführt werden.

Der Blister besitzt folgende Vorteile:
1. Er wird an dem normalen Spinnakerfall und ohne den teuren und immer schwierig zu handhabenden Spinnakerbaum oder anderes Spinnakergeschirr gesetzt.

2. Seine Größe liegt etwa zwischen Genua und Spinnaker; so bietet er mehr, aber auch nicht zuviel mehr Fläche als die Genua.
3. Das Segel ist im Kopf nicht so breit wie ein Spinnaker, so daß der Segeldruckpunkt nicht so stark steigt und das Boot entsprechend weniger krängt.
4. Das Segel braucht nicht dauernd getrimmt zu werden.
5. Es kann auch von einer kleinen Crew bedient werden, auch beim Halsen.
6. Setzen und Bergen geschieht nicht viel anders als bei einem Spinnaker, allerdings ohne daß man Arbeit mit Baum, Achterholer, Niederholer und Toppnant hat und bei nur etwa zwei Drittel der Segelfläche eines Spinnakers. Demnach ist das Segel bemerkenswert leicht zu beherrschen.

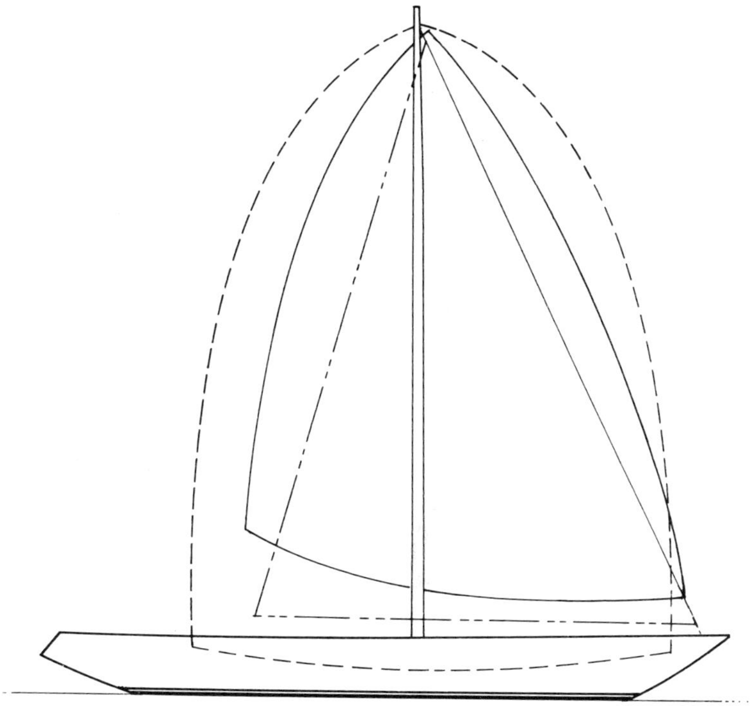

Tourenspinnaker. Die gestrichelten Linien stellen schematisch einen Spinnaker und eine Genua dar. Die durchgezogene Linie zeigt, wie der Tourenspinnaker seiner Fläche nach zwischen beiden liegt.

Nach der Formel ist der Besan-Spinnaker nicht symmetrisch um die Mittelnaht geschnitten, wie das Foto deutlich zeigt.

Die Form wird durch konisch zulaufende Bahnen erzeugt; manche dieser Segel haben auch relativ viel Gillung in den Schultern. Das Ziel ist, ein Segel zu formen, das sich auch ohne Baum selbst trägt. Einige Segelmacher benutzen für den Schnitt Methoden wie beim Spinnaker, doch kommen sie gerade damit in der Form und in der Anwendung dem Spinnaker allzu nahe, wo doch durch dieses Segel gerade die große Fläche des Spinnakers etwas reduziert werden sollte. Ein gutes Allround-Segel entsteht durch einen Diagonalschnitt wie bei der Genua, wobei die senkrechten Bahnen am Fuß das Unterliek besser stehen lassen; da dieser Schnitt relativ einfach ist, sollte das Segel auch nicht zu teuer sein.
Im Kopfteil ist es ein wenig runder geschnitten als eine Genua, aber nicht so rund wie ein Spinnaker; die Tendenz geht eher zu einem flachen Schnitt – Rundung, Völligkeit erhält man durch Fieren von Halsstropp und Fall. Dabei kommt ein Segel heraus, das am Wind höchstens bis zu Windstärke 2 gesetzt werden kann, auf einem scharfen raum-vorlichen Kurs freilich noch um einiges länger. Um das Segel ausnutzen zu können, fällt man also unter solchen Bedingungen lieber ein paar Grad ab; dann füllt sich dieses größere und leichtere Segel, und man braucht nicht die schwerere und flachere Genua zu setzen.
Der Blister ist ein guter Kompromiß für das schwachbemannte Boot, das nicht unter Regattabedingungen segelt – oder für jene Segler, die den Spinnaker nur dann schätzen, wenn sie ihn in seinem Sack lassen können, die aber dennoch für eine schnellere Reise problemlos ein wenig mehr Segelfläche setzen möchten. Darf es etwas risikoreicher sein, dann kann man neben dem Blister auch noch andere Segel setzen – allerdings muß man dann wieder ständig Schoten trimmen, wenn man sich vielleicht gerade über die Bierdosen hermachen möchte.

Die Fahrtensegler-Genua

Wenn jemand behauptet, daß man nur mit einem Spinnaker spinnakern kann, so hat er natürlich recht. Mir ist so einer begegnet, der mir mit diesem Argument jedoch eine Fahrtensegler-Genua verkaufen wollte. Das ist eigentlich ein leichtgewichtiger Ghoster, den man am Vorstag anschlagen oder frei setzen kann und der streckbare Liekbänder im Unter- und im Achterliek besitzt. Am Wind läßt man die Liekbänder lose und hat dann eine Genua, die man bis zu Windstärke 2 segeln kann. Fällt man weiter ab, so holt man die Liekbänder dicht und erhält dann ein bauchiges Segel, das für Vormwindkurse besser geformt ist. Es hat nicht soviel Fläche wie ein Spinnaker oder ein Blister, ist aber vielleicht leichter zu kontrollieren. Wahrscheinlich ist jedoch der zuvor kurz besprochene Booster für einen solchen Einsatzbereich besser.

3820
3820
3820
3820

Besan-Spinnaker

Auf einer Yawl oder einer Ketsch ist es möglich und auch nach IOR erlaubt, am Besanmast eine Art Spinnaker zu setzen. Das Segel wird tatsächlich auch als Besanspinnaker vermessen. Man sieht das Segel in Europa nicht allzu oft, vor allem, weil das Rigg hier nicht so populär ist wie in Nordamerika. Nach der alten CCA-Formel war es in Regatten stark favorisiert und deshalb zu einem hohen Standard entwickelt worden. Auch der Besan durfte ein relativ großes Segel sein. Daraus entwickelte sich zum Beispiel das Besanstagsegel, und auch der Besanspinnaker war von einer Größe, die vor dem Wind merkbar zur Gesamtsegelfläche beitrug.
Gerade die Wirksamkeit dieser beiden Segel wird oft als Argument für das Zweimastrigg benutzt. Kommt jedoch der Wind von recht achteraus, so ist das Besanstagsegel nicht so wirksam wie der Besanspinnaker. Auf den ersten Blick gleicht dieses Segel sehr einem kleinen Spinnaker, der vom Besantopp aus gesetzt wird, doch wird er ohne Spinnakerbaum gefahren – der auch von der Vermessungsformel nicht erlaubt wird und ohnehin unnötig ist, weil das Segel zur Nock des Besanbaums geschotet werden kann (gleich ob ein Besan gesetzt ist oder nicht). Der Hals muß jedoch zwischen den Masten angeschlagen werden, und zwar meist mit Hilfe eines Halsstanders.
Nach der Formel ist der Besan-Spinnaker nicht symmetrisch um die Mittelnaht geschnitten, und er darf es auch nicht sein, wenn er gut stehen soll. Das Vorliek oder Luvliek ist länger als das Achterliek, damit der Hals zum Deck und das Schothorn zum Besanbaum geschotet werden kann. Außer diesen Unterschieden gleicht das Segel einem Spinnaker sehr.

Trimm Der Besan-Spinnaker ist nicht schwer zu setzen; fast die einzige Vorbereitung besteht darin, den Besan niederzuholen, weil er sonst den Besan-Spinnaker völlig abdecken würde; es gibt auch nichts dagegen einzuwenden, daß der Besanbaum weit ausgebaumt wird, damit das Unterliek des Spinnakers breit entfaltet wird. Das Segel ist relativ klein und macht deshalb beim Heißen keine Probleme. Es braucht auch durchaus nicht aufgetucht zu werden, sondern man kann es einfach gleich aus dem Segelsack setzen. Dann kommt es nur darauf an, den Hals über Deck an die richtige Stelle zu führen, bis das Segel gut steht und zu ziehen beginnt – man muß ein wenig herumprobieren. Üblicherweise wird der Halsstander ziemlich weit achtern an der Luvreling angeschlagen.
Weil das Segel nicht groß ist und weil es nur bei fast achterlichen Winden eingesetzt wird, kann es aus Nylon mit einem Tuchgewicht von 3/4 Unzen (25,5 g/m^2) hergestellt werden; es braucht nur mini-

male Verstärkungen. Demnach ist es auch nicht besonders teuer und sollte wenigstens von Regattayachten in Betracht gezogen werden; auch dem Tourensegler, der sonst schon alles hat, kann es einen kleinen zusätzlichen Anreiz bieten.

Das Besanstagsegel

Das traditionelle Besanstagsegel ist tatsächlich ein Segel für Raumschotskurse, gehört also eigentlich nicht in dieses Buch. Wird jedoch der Besan geborgen, so kann es auch bei gut achterlichem Wind gesetzt werden, wenn es mit Hilfe des Besanbaums weit ausgebaumt wird. Da es gewöhnlich wesentlich größer als der Besan ist, kann die zusätzliche Segelfläche bei schwachen Winden durchaus gute Dienste leisten. Doch muß man unbedingt darauf achten, daß man nicht halst, solange dieses Segel noch gesetzt ist; denn der Großbaum würde sich beim Übergehen in ihm verfangen, so daß ein heilloses Durcheinander entstände.

Die Breitfock

Die Breitfock ist ein Rahsegel. Ich habe nicht viel über dieses traditionelle Segel zu sagen. Doch war es nicht nur unter den ersten Segeln, die von Menschen überhaupt benutzt wurden, sondern viele Jahrhunderte lang war es auch die einzige Art von ‚Spinnaker'. Heute sind Rahsegel nur noch selten zu sehen, manchmal auf größeren Tourenyachten, häufiger noch auf den großen Rahseglern, die als Ausbildungsschiffe überlebt haben.
Die Rah, an der das Segel gesetzt wird, ist nicht nur lang, schwer zu kontrollieren und sehr schwer im Topp, sondern erfordert zu ihrer Bedienung auch viel Tauwerk und Leinen. Das englische Wort für Fall (halyard) stammt zum Beispiel von jener Talje, mit der die Rah (engl. yard) am Mast hochgezogen wurde. Schon das Fall einer Rah kann recht kompliziert zu bedienen sein. Auf größeren Booten, auf denen die Rah längere Zeit oben am Mast (an der Stenge) blieb, wurde ihr Gewicht von einem Rack übernommen (das der Rah die nötige Bewegungsfreiheit zum Drehen ließ). Steuerbord- und Backbord-Toppnanten werden benötigt, um die Rah horizontal zu halten; Achterbrassen werden von den Baumnocks aus geriggt, um die Rah zum Wind zu trimmen; und auf Booten von einiger Größe werden auch Vorbrassen nötig sein. Das all-es nur, um die Spiere zu bedienen; Halsleinen, Schoten, Geitaue, Gordings, Ausholer und Reffleinen können zu der ganzen verwirrenden Strickerei noch beitragen.
Das mag vielleicht gut sein als Training für Kadetten, doch wenn

man nicht eine Crew aus kräftigen, jungen Leuten an Bord hat, ist es doch recht mühsam.
Das Segel wird an Deck an die Spiere gebändselt und dann mit der Rah zusammen gesetzt; bleibt die Rah oben, so wird das Segel mit Geitauen zur ihr hochgezogen, aufgetucht und beschlagen. In jüngerer Zeit konnten wir eine andere Methode sehen, bei der der Kopf in einer Schiene an der Unterseite der Rah lief. Beim Bergen wird das Segel wie ein Vorhang zur Mitte hin eingeholt und dort wie ein Spinnaker aufgetucht. Mit Ausholern wird es dann wieder zu den Rahnocks hin entfaltet, wobei die Bändsel aufbrechen.
Diese Beschreibung kann eigentlich nur deutlich machen, warum Rahsegel aus der Mode gekommen sind. Segelschulschiffe nehmen junge und ältere Semester auf ihren Fahrten mit; wer weniger Spartanisches bevorzugt, der kann auf bestimmten Charterbooten in den Fußpferden der Rahen ängstlich werden – eine Art zu segeln, zu der man mich erst gar nicht einzuladen braucht.

6 Segelbedienung

Holt man einen Spinnaker in der Kajüte eines durchschnittlichen Bootes aus seinem Sack heraus, so wird er fast den gesamten verfügbaren Raum mit Massen scheinbar unförmigen Nylons füllen. Der Uneingeweihte wird kaum Kopf und Unterliek, schon gar nicht die beiden Seitenlieken herausfinden und auseinanderhalten können; doch wird alles schon viel klarer aussehen, wenn er genau weiß, wonach er eigentlich sucht. Jeremy Howard-Williams, Autor des bis heute maßgeblichen Buches „Das Segel",* gibt Seglern, die mit dem Gegenstand dieses Buches ihre erste Bekanntschaft machen, gelegentlich diesen Rat:
„Freunde dich mit deinem Spinnaker an."
Das ist ein weiser Ratschlag, und es ist eine gute Idee, diesen Prozeß des miteinander Bekanntwerdens an Land zu beginnen, vielleicht in einer Segelmacherei, in einem anderen großen und leeren Raum oder auch draußen, wenn gerade kein Wind weht.

Die Anatomie des Segels

Ein guter Segelmacher sollte die drei Ecken des Segels auf irgendeine Weise markieren, was sogar mit den Worten „Kopf" und „Schothorn" auf jeder Seite des Segels geschehen kann. Zusätzlich sollte er an den Ecken Streifen in kontrastierender Farbe anbringen und an den Kopf den Segeltyp und das Tuchgewicht schreiben. Fehlt eines dieser Zeichen, so kann der Eigner es selbst leicht mit einem wasserfesten Filzstift nachtragen.
Auch die Seitenlieken sollten farblich bezeichnet werden. Die meisten Segelmacher nehmen dafür rote und grüne Liekbänder. Das soll nicht bedeuten, daß das rote Liek immer an Backbord und das grüne immer an Steuerbord gesetzt werden soll; denn es ist im Grunde egal, welches Liek auf welcher Seite gesetzt wird. Aber das Aufklaren und Packen des Segels vor dem Heißen wird doch sehr vereinfacht, wenn beide Seiten klar zu unterscheiden sind; dabei können die Farben auch gelb und schwarz sein, wenn sie nur miteinander kontrastieren. Auch das Unterliek soll kontrastierend

* Verlag Delius Klasing + Co., Bielefeld

Links: Plastikeimer ohne Boden mit glattgeschmirgeltem Rand. Die Holzleiste unter den Gummis hilft, die Bänder leichter zu greifen.
Roger Marshall

Unten: Ein stern- oder froschschenkelförmig aufgetuchter Spinnaker; er liegt zwischen zwei Spieren. *Roger Marshall*

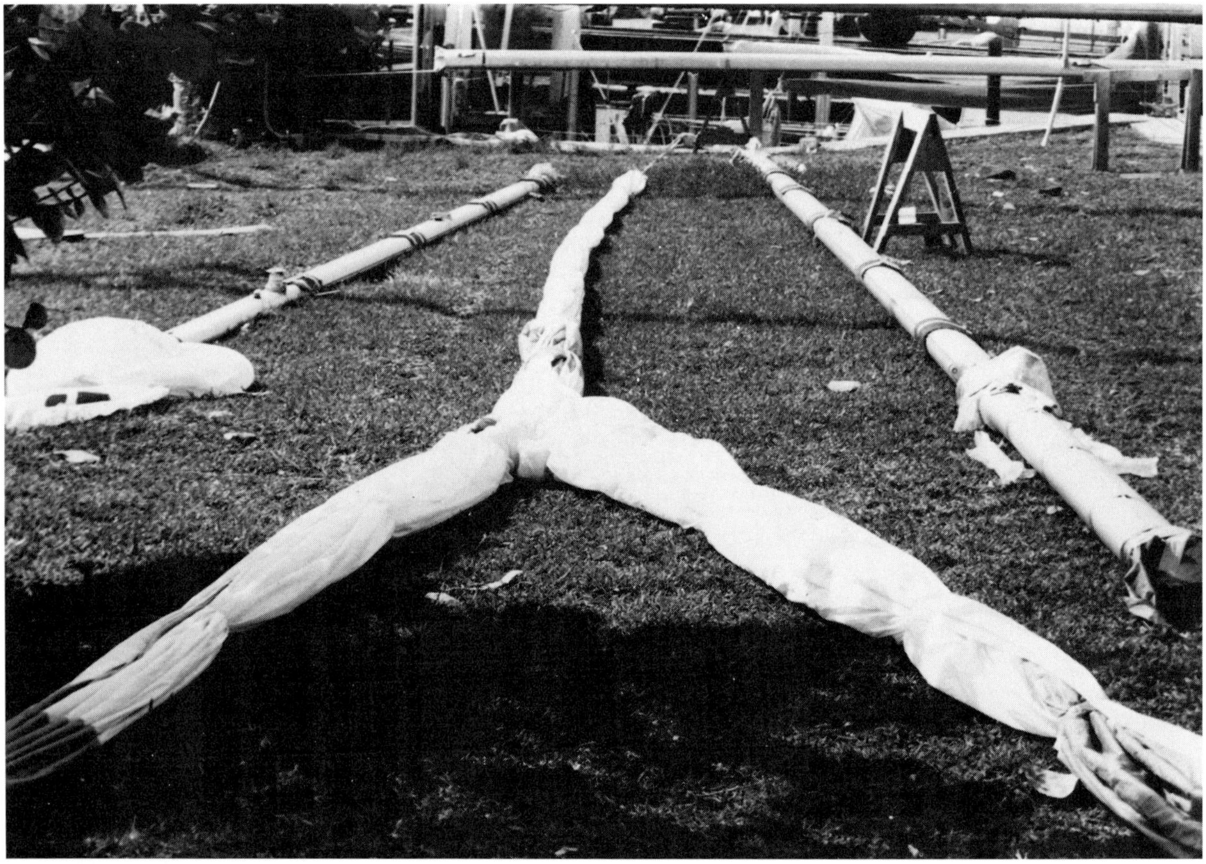

Ein an der Fußreling festgebändselter Spinnakersack (Turtle). Fall, Schoten und Achterholer sind bereits angeschlagen. *Autor*

gefärbt sein – üblicherweise weiß, aber das muß nicht so sein. Ist das Segel nicht auf solche Weise markiert, so nimmt man wieder den Filzstift zur Hand und bringt im Abstand von etwa 30 cm auf beiden Seiten des Segels und über die gesamte Lieklänge entsprechende Farbmarkierungen an; und wenn man schon einmal dabei ist, kann man auch gleich Pfeile anbringen, die anzeigen, in welcher Richtung der Kopf liegt. Muß man selbst markieren, so kann man das Unterliek auslassen. Und dann sollte man sich einen anderen Segelmacher suchen oder zumindest nicht vergessen, ihn beim Kauf des nächsten Spinnakers zum Anbringen der Markierungen aufzufordern.
Der Sinn ist der, daß man sich auch in einer heftig schlingernden Kajüte, manchmal noch bei schlechtem Licht, beim Aufklaren und Packen des Segels immer zurecht findet. Die Kanten und die drei Ecken des Segels müssen sofort zu identifizieren sein, wenn das Packen nicht unendlich mühevoll werden soll.

Das Packen

Wir wissen schon, daß ein Spinnaker ordentlich in einem passenden Behälter gepackt sein muß, wenn das Heißen ohne Ärger vonstatten gehen soll. Doch was bedeutet ‚ordentlich gepackt' und ‚passender Behälter'?
Das Segel muß so gestaut sein, daß die drei Ecken zum Anschlagen der entsprechenden Leinen bereit liegen: Fall, Schot und Achterholer. Es darf auch nicht vertörnt sein, und außerdem muß das Segel aus seiner Packung ohne die Gefahr des Vertörnens während des Heißens hervorkommen. Es gibt verschiedene Methoden, mit denen man dies erreichen kann, doch alle erfordern einen oder zwei Mann der Besatzung, die das Segel zuvor von oben bis unten aufklaren, die Lieken durch die Hände laufen lassen, damit ja kein Törn in ihnen ist, und das Segel dann in seinen Behälter packen, wie es sich gehört.

Spinnaker-Box (Turtle) Wir wollen zunächst jenen Behälter behandeln, der unter dem Namen Turtle (= Schildkröte) oder der deutschen Entsprechung Spinnakerbox bekannt geworden ist. Man glaubt, daß dieser Behälter Anfang der 50er Jahre von Philipp Benson aus Marblehead in den USA erfunden wurde. Es kann ein speziell aus Tuch gefertigter Sack mit Druckknopfverschlüssen oder Bändseln oder auch nur ein Kunststoffbehälter, beispielsweise ein gebrauchter Plastik-Wäschekorb, sein. Sein Sinn ist es, den Spinnaker zusammenzuhalten, wenn er erst einmal auf Törns und Kinken untersucht und zusammengelegt wurde. Je nach Größe ziehen ein oder zwei Mann die Seitenlieken vom Kopf zum Schot-

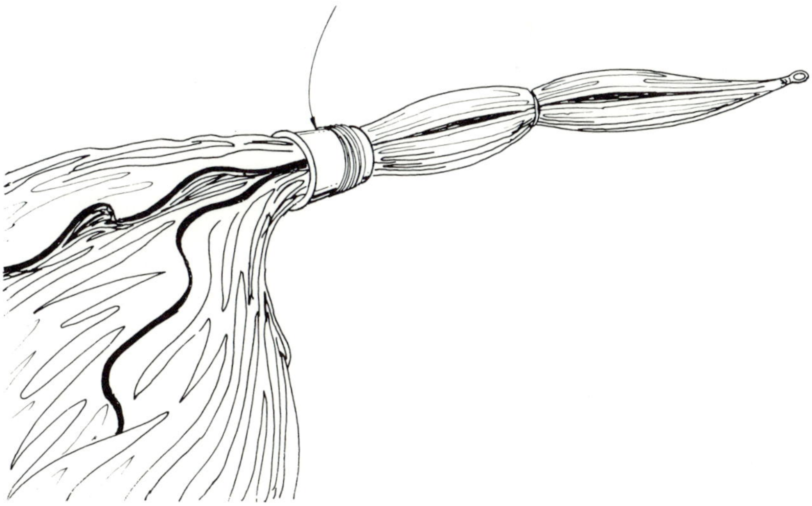

Auftuchen 1. Der Pfeil zeigt, wie man einen Plastikeimer mit herausgeschnittenem Boden zum Auftuchen eines Spinnakers mit Gummibändern benutzt.

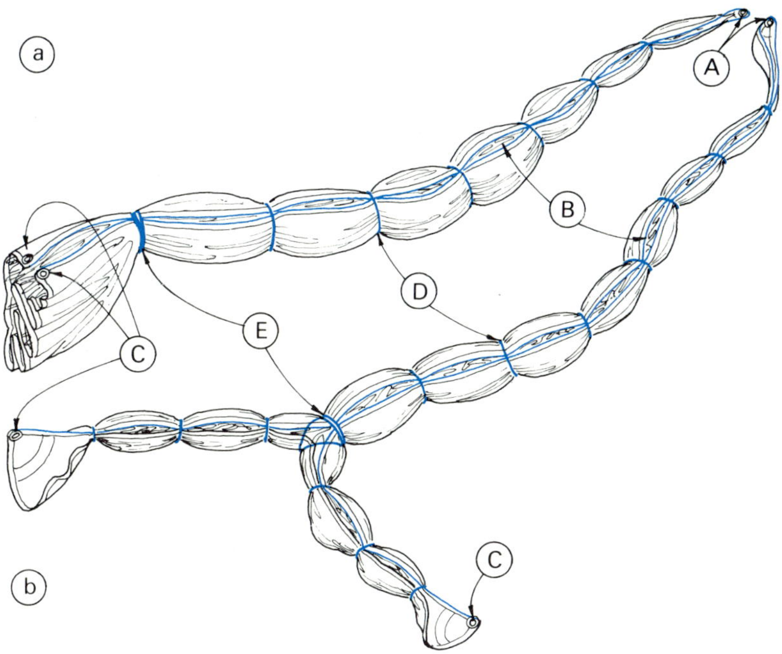

Auftuchen 2. (a) Normales Auftuchen, bei dem das Segel im Abstand von 1,20 bis 1,80 m mit Gummibändern oder Baumwollfäden zusammengehalten wird. (b) Bei sternförmigem Auftuchen können Luv- und Leeschothorn voneinander getrennt werden, bevor man mit dem Ausreißen beginnt.
A = Kopf B = Seitenlieken C = Schothörner D = Bändsel oder Gummis
E = Zusatzbändsel, die vorzeitiges Öffnen des Segels verhindern sollen

horn oder auch umkehrt durch die Hände. Sind die Lieken klar, dann legt man sie schichtweise zusammen und hält sie dabei fest in den Händen. Dann wird das Unterliek zuerst in den Sack gepackt (weil es als letztes herauskommt); danach folgt der ganze Bauch des Segels, und die zusammengelegten Lieken kommen als letztes hinein. Kopf und beide Schothörner müssen übrig bleiben, so daß sie oben herausschauen und die ihnen zugeordneten Leinen ohne Schwierigkeiten angeschlagen werden können. Beim Packen legt man am besten die Lieken jeweils zu einer Seite, so daß sie sich später nicht gegenseitig stören. Diese Art des Packens ohne weitere Verfeinerungen bleibt besser auf Spinnaker von einer Lieklänge bis zu etwa 9,00 m beschränkt, und auch bei diesen nur bei leichteren Winden. Es besteht nämlich dabei die Gefahr, daß das Segel sich beim Heißen zu schnell füllt oder sich zu einer Eieruhr verdreht, wenn sich der Kopfteil zuerst füllt.

Auftuchen Allzu frühzeitige Entfaltung des Segels kann man verhindern, indem man es vom Kopf zum Unterliek in regelmäßigen Abständen mit Reißgarn umwickelt, so daß der Segelbauch und beide Seitenlieken zu einer Wurst zusammengerollt sind. Auch hierbei muß man wieder die Lieken auf Kinken absuchen, doch werden sie jetzt nicht zusammengelegt, sondern der Länge nach nebeneinander ausgelegt und mit alten Baumwollfäden, Wollresten oder Gummibändern zusammengebunden. Diese „Reißgarne" müssen so schwach sein, daß sie reißen, sobald das Unterliek entfaltet wird und sich das Segel zu füllen beginnt.
Wird das Segel mit altem Baumwoll- oder Wollgarn aufgetucht, so befestigt man den Kopf am besten irgendwo vorne in der Kajüte (oder auf Deck, falls bei sehr leichtem Wetter oder vor Anker die Arbeit dort vorgenommen werden soll). Die Lieken werden dann gerade ausgezogen, nebeneinander gelegt, und dann häuft man den Rest des Segels daneben. Alle 0,90 bis 1,80 m wird ein Reißgarn angebracht – je nach Größe des Spinnakers –, wobei die Garne am Kopfteil unbedingt nur aus dünnstem Garn bestehen sollten, weil sonst womöglich bei leichtem Wetter das Segel nicht genug Kraft entfaltet, um sie auszureißen. In der Nähe der Schothörner können die Garne aus vier oder sogar fünf Fäden bestehen, weil sie dort umgekehrt nicht zu früh aufbrechen dürfen, aber gegebenenfalls immer mit Kraft ausgerissen werden können. Heutzutage benutzt man zum Auftuchen meistens Gummibänder, die zunächst einmal über eine Art Tubus gezogen werden; es soll an jede Stelle immer nur ein Gummi kommen. Das Segel wird durch den Tubus gezogen, wobei die Lieken wieder nebeneinander liegen müssen, und dann wird in regelmäßigen Intervallen ein Gummiband vom Tubus aufs Segel gestreift. Der Tubus muß natürlich so groß sein, daß das Segel hindurch paßt. Bei Segeln bis zu 9,00 m

Lieklänge genügt gewöhnlich ein Stück Plastik-Fallrohr mit einem Durchmesser von 7,5 bis 10 cm, wie es zum Beispiel an Regenrinnen angebracht wird. Bei größeren Segeln benutzt man gewöhnlich einen Plastikeimer, dessen Boden herausgeschnitten wurde. Man nimmt Plastik, weil es keine so scharfen Kanten hat, die ins Segel schneiden könnten; jedenfalls ist es nicht schwierig, die Öffnung im Boden des Eimers zu glätten.
Einen Spinnaker zum Auftuchen vorzubereiten, ist nicht schwer; dennoch sollte man es beim erstenmal besser an Land tun, damit man die ganze Prozedur kennenlernt. Es kann nicht sehr schwer sein, weil es viele Crews immer wieder auch bei Dunkelheit und starker Lage in der Kajüte schaffen. Der Spinnaker wird natürlich immer dann geborgen, wenn das Boot die Leetonne erreicht hat und wieder an den Wind geht; also muß er gewöhnlich aufgeklart und aufgetucht werden, während das Boot am Wind kreuzt. Man sollte sich nicht mit dem Gedanken trösten, daß man diese Arbeit ja auch noch später tun kann; vielleicht hat man es bis dahin vergessen oder hat anderes zu tun – und wann man den Spinnaker schnell wieder braucht, weiß man ja nicht. Man sollte also nie vergessen, den Spinnaker gleich wieder aufzutuchen.

Spinnakerschlauch Statt des Auftuchens mit Reißgarnen wird auf manchen Yachten der Spinnaker auch mit einem Spinnakerschlauch aus dünnem Nylon zusammengehalten. Dieser Schlauch wird über die ganze Länge entweder mit Reißverschluß oder mit Klettenband verschlossen; der Reißverschluß muß sich an beiden Seiten öffnen. Die Lieken werden wie beim Auftuchen glattgezogen, dann wird der Schlauch um den Spinnaker gelegt. Am Kopf soll gerade noch die Kausch oder der Wirbelschäkel herausschauen, so daß man das Fall anschlagen kann. Von oben an legt man dann nach und nach die beiden Seiten des Klettenbandes zusammen oder schließt den Reißverschluß. Das Ergebnis sieht wie eine lange Schlange aus. Unten nimmt man dann den Schieber ab und verstaut ihn sorgfältig, damit er beim nächsten Gebrauch zur Hand ist; statt des Schiebers kann man ein Gummiband über das Ende ziehen, damit der Reißverschluß sich nicht zu früh öffnet. Die Schlange, die so lang ist wie das Seitenliek des Spinnakers, wird dann in der Segellast, oft in einem Sack, verstaut. Wesentlich ist vor allem, daß das Segel jetzt auch ohne Spinnakersack gesetzt werden kann und dabei gut unter Kontrolle ist, da noch kein Wind hineinfaßt. Zum Ausreißen braucht man nur ein paar Zentimeter vom Reißverschluß oder Klettenband am Unterliek auseinanderzuziehen, und wenn man dann an Schot und Achterholer ruckt, öffnet sich der ganze Verschluß bis zum Kopf hinauf. Von dort fällt der Schlauch herunter, und damit er nicht fortweht, wird er mit einer Sicherheitsleine befestigt. Man braucht für jedes Segel einen

Oben: Der Spinnaker ist zum Masttopp geheißt und hängt von dort in einer durch die Ringe gehaltenen Wurst herunter.
Oben rechts: Die miteinander verbundenen Ringe werden bis zum Masttopp hochgezogen (auch der Niederholer ist deutlich zu sehen).
Rechts: Das Segel ist voll entfaltet; alle Ringe befinden sich oben.

Spinnaker Sally

eigenen Schlauch, und der ist nicht billig, weil zum einen ein so langer Reißverschluß benötigt wird und weil der Schlauch zum andern von Zeit zu Zeit verloren geht, wenn man ihn festzubändseln vergessen hat.

„Spee Squeezer" Diese Variante des Spinnakerschlauchs – im Deutschen macht man da auch keinen sprachlichen Unterschied – wurde in den 70er Jahren entwickelt. Auch dieser Schlauch wird aus leichtem Tuch gefertigt, ist aber ein richtiger Schlauch ohne Reißverschluß oder Klettenband. Statt dessen befindet sich am unteren Ende eine mündungsartige Öffnung aus Kunststoff, durch die man den Spinnaker leichter ‚einfädeln' kann. Der Kopf des Spinnakers wird innerhalb des Schlauchs angeschlagen und dann in ihn hineingezogen. Das Ergebnis sieht wiederum wie eine Schlange aus, deren Länge sich nach der Lieklänge richtet. Aus der Plastikmündung schauen die Schothörner heraus. Zum Setzen wird diese Schlange einfach hochgezogen, und soll der Spinnaker dann geöffnet werden, so zieht man den Schlauch mit seiner eigenen Holeleine nach oben; das leichte Nylontuch des Schlauchs zieht sich zieharmonikaförmig zusammen, bis das ganze Segel frei ist; solange das Segel gesetzt ist, bleibt der Schlauch oben.
Zum Bergen des Spinnakers fiert man Achterholer und Schot, bis der Wind aus dem Segel ist, und zieht dann den Schlauch mit der Holeleine über das Segel; so entsteht wiederum die Schlange, die man dann einfach niederholen kann. Man kann dieses System auch zum Reffen des Spinnakers benutzen, indem man das Kopfteil in den Schlauch hineinzieht und nur mit dem Rest segelt.
Ist der Spinnaker erst einmal richtig in den Schlauch hineingezogen, so ist die Gefahr des Vertörnens (Eieruhr) fast ausgeschlossen, wie oft man das Segel auch öffnet und schließt; das Segel öffnet sich ja von unten nach oben, das Vertörnen aber entsteht vor allem dann, wenn sich das Kopfteil zuerst füllt. Wird die Holeleine für den Spee Squeezer in die Plicht geführt, wird das Spinnakersetzen zum Ein-Mann-Job. Es gibt für dieses System auch noch andere Namen: Strangler, Spicon usw. Es gibt auch noch andere Systeme wie „Spinnaker Sally", bei dem statt der Kunststoffmündung Ringe benutzt werden, oder daß statt des sich zusammenschiebenden Schlauchs ein sich aufrollender Schlauch benutzt wird. Doch dies sind alles nur spätere Variationen des Spee Squeezer.

Spinnaker-Trompete Dieses System wurde ursprünglich für Jollen und offene Kielboote entwickelt. Der Spinnaker befindet sich in einem röhrenförmigen Behälter unter Deck, der sich am Bug trichterförmig öffnet. Der Spinnaker wird mit einer speziellen Einholerleine, die annähernd im geometrischen Mittelpunkt des Segels

befestigt ist und durch die Röhre bis in die Plicht reicht, in die Trompete hineingezogen. Man fiert die Schot und holt dann den Einholer dicht; so wird das Segel mit seiner Mitte voran in die Trompete gezogen, bis nur noch Kopf und Schothörner herausschauen; Fall, Schot und Achterholer können dann abgeschlagen werden, und das Segel bleibt dort, bis man es wieder braucht. Es ist leicht einzusehen, daß die Trompete halb so lang wie die Spinnaker-Seitenlieken sein muß, damit das Segel gut hineinpaßt; das bedeutet, daß sie einen ziemlich großen Teil des Bootes unter Deck einnimmt.
Spinnaker-Trompeten sind auch schon öfter auf Mini- oder Vierteltonnern zu sehen, kaum jedoch auf größeren Booten. Es ist nämlich schwierig, sie auf See wasserdicht zu halten, so daß sie beim Hochseesegeln einen möglichen Gefahrenpunkt darstellen. Auch ist das Auswechseln von Spinnakern meistens schwierig und oft unmöglich. Kleinere Boote haben jedoch zumeist weniger Spinnaker an Bord, so daß man mit zwei Trompeten vielleicht alle möglichen Spinnaker abgedeckt hat.

Bevor der Spinnaker zum erstenmal gesetzt wird

Was hat nun der zu beachten, der zum erstenmal einen Spinnaker setzt – aus einem Segelsack oder aus einem speziellen Spinnakersack (Turtle), zusammengelegt oder aufgetucht? (Spee Squeezer und Spinnakerschlauch bleiben hier außer Betracht.)
Man sollte es nur unter Idealbedingungen tun: eine hübsche leichte Brise, genug Raum und Zeit, um nichts überhastet tun zu müssen. Als erstes müssen Spinnakerbaum, Schoten, Achterholer, Toppnant und Niederholer geordnet und bereitgelegt werden, und das kann man am besten schon an der Muringboje oder an einem ruhigen Liegeplatz in einer Marina erledigen.

Schoten Zunächst wollen wir die Schoten bereitlegen. Da sie um das gesamte Rigg herumgeführt werden müssen, picken wir sie erst einmal am Bugkorb ein, wo sie dann leicht ans Segel angeschlagen werden können. Beide Schoten werden dann außerhalb der Wanten nach achtern bis zu einem Punkt etwa auf halber Höhe der Plicht geführt, wo sie am besten durch einen Block an der Fußreling laufen; dieser Punkt sollte etwa um die Länge des Spinnakerbaums achtern vom Mast liegen. Von hier aus wird die Schot entweder zu einem Umlenkblock auf dem Achterdeck oder direkt zur Winsch geführt, was davon abhängt, ob sie für die richtige Führung von vorne oder von achtern auf die Winschtrommel treffen muß. Belege die Schot und schieße den Tampen auf. In den Tampen der Schot gehört kein Achtknoten, denn muß man das

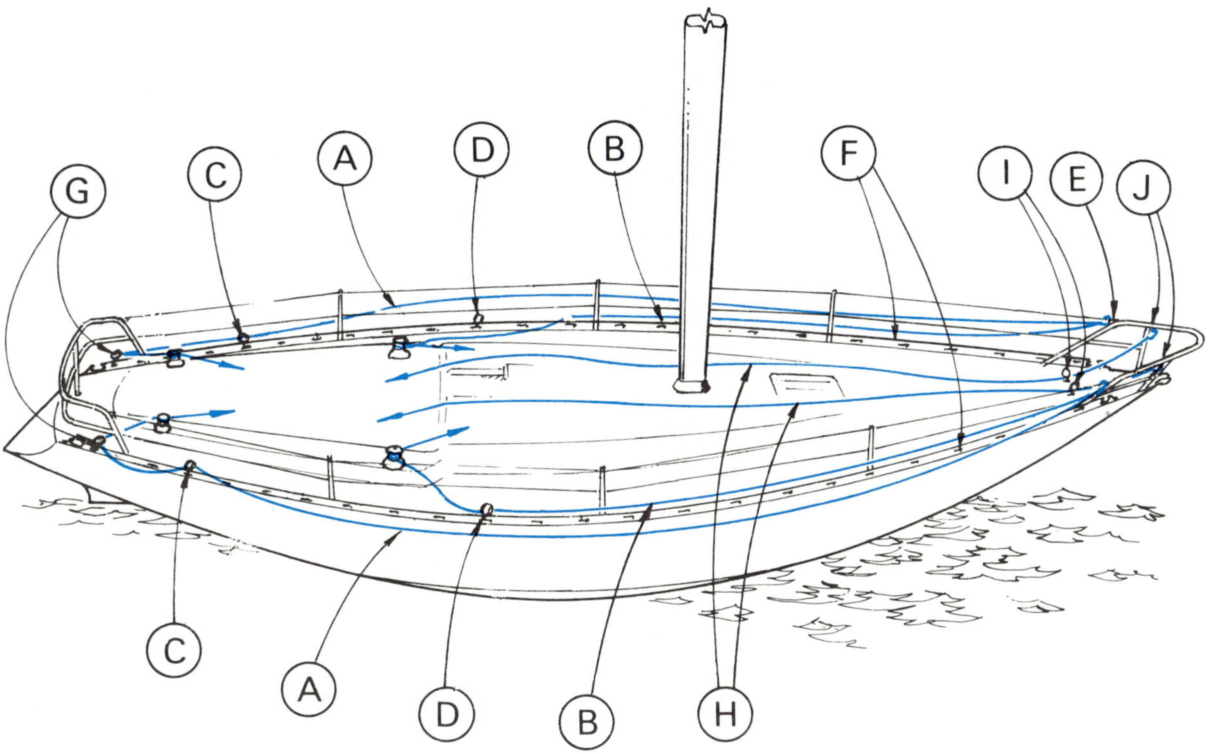

Spinnakersetzen 1. Allgemeine Leinenführung ohne geriggten Baum.
A = Schoten. B = Achterholer. C = Schotleitblöcke auf Fußreling. E = Achterholer an Schotringen angeklippt, die wiederum an den Relingsdurchzügen angeschlagen sind. F = Fußreling. G = Umlenkblöcke. H = Niederholer. I = Blöcke oder Leitaugen für Niederholer. J = Niederholer am Bugkorb befestigt.

Segel jemals schnell niederholen, so hindert der Knoten die Schot am Auslaufen, was dann allerhand Schwierigkeiten mit sich bringen dürfte.

Achterholer Ist das Boot weniger als 9,00 m lang, so können die Steuerbord- und Backbord-Leinen abwechselnd als Schot und Achterholer verwendet werden, je nachdem auf welchem Bug man segelt. Für die Familiencrew auf einem kleineren Boot wird die Arbeit dadurch beträchtlich leichter. Doch Regattaboote jeder Größe fahren gewöhnlich getrennte Schoten und Achterholer an jedem Schothorn, hauptsächlich deshalb, weil man damit schneller halsen kann, wie wir später sehen werden. Gegenüber der Schot wird der Achterholer etwas stärker sein; zur besseren Unterscheidung sollte er auch farblich kodiert sein. Am besten wird er in einen Ring am Schnappschäkel vorne an der Schot eingepickt, so daß am Schothorn selbst nur der Schnappschäkel der Schot eingepickt wird. Im Detail wird dies im 8. Kapitel abgehandelt. Dann kann man nämlich auch den Achterholer leicht abschlagen, während der Spinnaker noch gesetzt ist; das Schothorn wird dann weiterhin über die Schot kontrolliert. Genau wie die Schot wird auch der Achterholer außerhalb der Reling und der Wanten nach achtern bis zu einem Punkt geführt, der etwa mittschiffs oder an der breitesten Stelle des Bootes liegt (jedenfalls vor dem Schot-Holepunkt), von dort läuft er über einen Block zu seiner Winsch. Auch hier soll dem Tampen kein Achtknoten aufgesetzt werden, aus den gleichen Gründen wie bei der Schot, denn diese beiden Leinen sind die einzigen, die man vielleicht schnell durch ihre jeweiligen Blöcke ausrauschen lassen muß.

Niederholer Der Niederholer läuft von der äußeren Spinnakerbaum-Nock über einen Block oder Holepunkt am Bug zur Plicht zurück. Nur größere Yachten benötigen für ihn eine Winsch. Auf kleineren Yachten kann er direkt auf einer Klampe oder in einer Schotklemme belegt werden. Fährt man die Halse mit zwei Spinnakerbäumen, so braucht selbstverständlich jeder einen Niederholer.

Toppnant Der Toppnant führt von der äußeren Baumnock zu einem Block am Mast und dann entweder zu einer Klampe am Mast oder über einen Umlenkblock am Mastfuß zurück in die Plicht. Auf kleineren Yachten, auf denen man beim Halsen die Spinnakerenden austauscht, greifen Niederholer und Toppnant am besten am Mittelpunkt des Baums an; dabei wird über eine Hahnepot eine bessere Balance erreicht und die Kraft besser verteilt (wir werden diesen Punkt ausführlicher diskutieren, wenn wir uns mit den verschiedenen Methoden des Halsens befassen).

Spinnakerbaum Sobald wir die verschiedenen Kontroll-Leinen ausgelegt haben, setzen wir den Baum. Dabei ist darauf zu achten, daß der Nockbeschlag an der äußeren Baumnock mit dem Federbolzen nach oben zeigt. Dann kann die innere Baumnock am Mastbeschlag (fester Ring, Glocke usw.) befestigt werden. Der Befestigungspunkt sollte etwa auf Schulterhöhe oder auf größeren Booten noch höher sitzen. Die äußere Baumnock liegt nun direkt hinter dem Vorstag innerhalb des Bugkorbs auf Deck. Jetzt wird der Toppnant angeschlagen.
Für diesen Übungszweck wollen wir einmal annehmen, daß der Spinnaker mit dem Baum auf Steuerbord gesetzt werden soll. Deshalb werden wir den Steuerbord-Baum und -Toppnant benutzen (falls wir zwei Bäume fahren) und deshalb auch den Steuer-

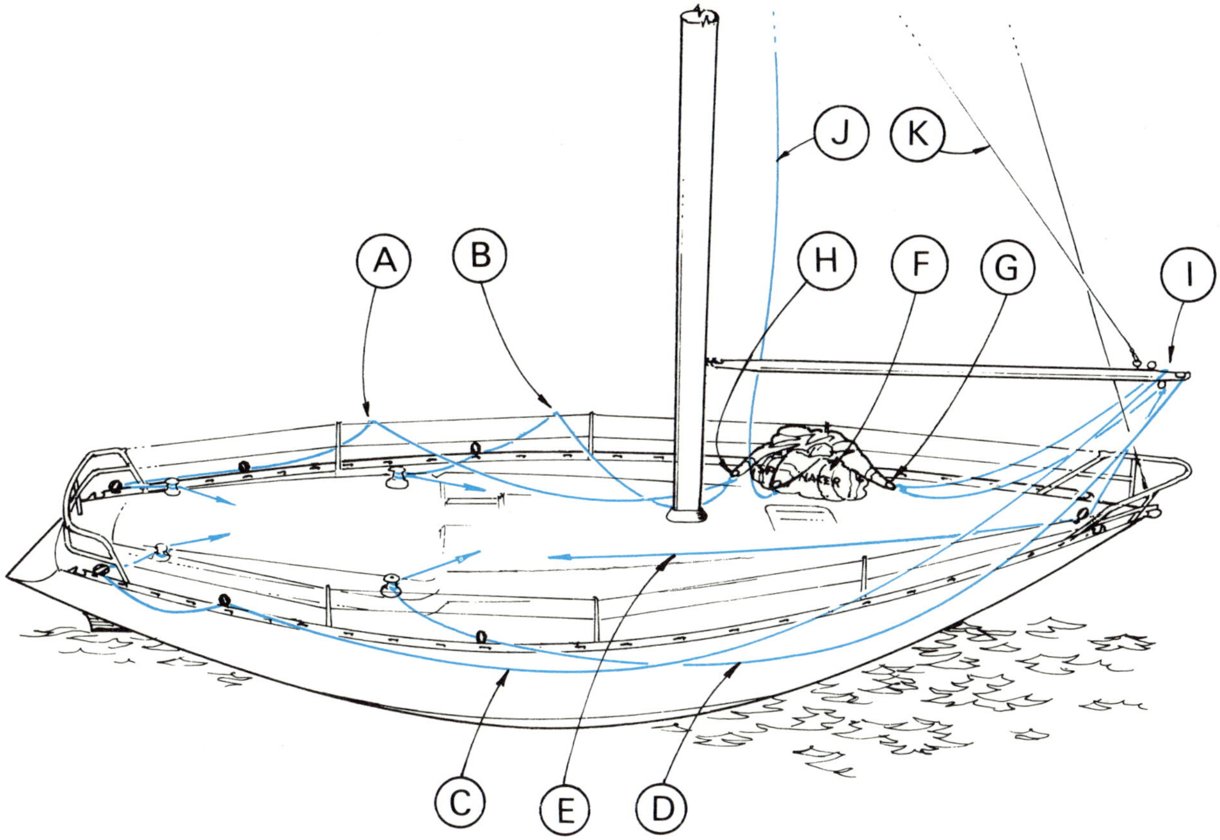

Spinnakersetzen 2. Leinenführung mit Spinnakerbaum und Spinnakersack in Position.

A = Schot. B = Freier Achterholer (der nicht zum Trimmen des Segels benutzt wird). C = Freie Schot (nicht diese, sondern A wird benutzt). D = Achterholer. E = Niederholer. F =Spinnakersack. G = Achterholer und freie Schot am Luvschothorn angeschlagen. H = Schot und freier Achterholer am Leeschothorn angeschlagen. I = Baumnock mit Achterholer, der durch die Backen des Nockbeschlags läuft; die freie Schot läuft oben über den Baum. J = Fall am Kopf angeschlagen. K = Toppnant.

bord-Achterholer an der Baumnock anschlagen. Werden doppelte Schoten und Achterholer gefahren, so sind sie, wie gesagt, bereits aneinander befestigt; also ziehen wir den Federbolzen an der Baumnock zurück und legen den Achterholer ein, und zwar so, daß der Schnappschäkel auf der Backbordseite des am Bug liegenden Baumendes steht – wird der Baum auf der Steuerbordseite ausgebracht, kommt der Schnappschäkel dann automatisch vorne zu stehen. Die Schot liegt jetzt neben dem Baum, und zwar vor dem Toppnant.

Beim Regattasegeln wird der Spinnaker üblicherweise geheißt, bevor die Genua niedergeholt wird, damit er nach dem Runden einer Luvtonne möglichst schnell steht. Dies kann beim Heißen zwar behilflich sein, weil man dann mehr Lee zum Spinnakersetzen

hat; doch füllt sich der Spinnaker dann meistens nicht so leicht, und außerdem kann man kaum erkennen, was sich vor der Genua abspielt. Deshalb werden wir für unsere Anfängerübung das Vorsegel erst einmal bergen und haben damit ein freies Vordeck.
Steuerbord-Schot und -Achterholer sollen in der Plicht nicht belegt sein; denn jetzt muß man den Achterholer durch den Nockbeschlag des Spinnakerbaums nach vorne ziehen, wobei man natürlich die Schot mitnimmt. Beide werden um das Vorstag herum auf die Backbordseite geführt und dort etwa auf halber Höhe des Vordecks in den Relingsdurchzug eingepickt. Jetzt kann der Spinnakerbaum angetoppt werden, bis er direkt steuerbords vom Vorstag rechtwinklig zum Mast steht. Den Niederholer muß man dabei etwas fieren, so daß der Baum steigen kann; dann sollte er aber wieder belegt werden, damit der Baum nicht unkontrolliert nach oben schwingt.
Jetzt löst man die Backbord-Schot mit dem Achterholer vom Bugkorb und befestigt sie achtern wieder auf Höhe jenes Punktes, an dem der Steuerbord-Achterholer mit seiner Schot kurzfristig am Relingsdurchzug eingepickt wurde.

Der Spinnaker-Sack Der Spinnaker-Sack (oder Turtle) kann nun zu jenem Punkt auf dem Vordeck gebracht werden, an dem Schoten und Achterholer auf ihn warten. Er wird so befestigt, daß er nicht über Bord gehen kann, wenn das Segel geheißt wird. Die Schoten werden an den beiden Schothörnern angeschlagen; da die Achterholer an den Schotringen sitzen, sind auch sie jetzt fixiert.

Fall Auf die richtige Führung des Falls muß man achtgeben. Stehen für die Spinnaker zwei Falle mit jeweils einer Scheibe an Backbord und an Steuerbord des Masttopps zur Verfügung, so müssen wir darauf achten, daß es sich nicht beim Segelsetzen um das Vorstag törnt. Wenn wir den Spinnaker in Lee hochziehen (und außerhalb der Fock, wenn eine gesetzt ist), muß das Fall immer auf der richtigen Seite des Vorstags stehen. Befindet sich die Fallscheibe in Luv (in diesem Fall auf der Steuerbordseite), muß es also vorne um das Stag herumgeführt werden. Steht nur ein Fall zur Verfügung, das wahrscheinlich über einen Block an einem kleinen Ausleger läuft, der im Masttopp direkt über dem Vorstag nach vorne weist, dann muß das Fall vorne um das Stag herum geführt werden. Ist das Fall am Kopf des Spinnakers angeschlagen, sollte man auf jeden Fall einen Blick nach oben werfen, um ganz sicher zu gehen, daß es sich nicht etwa beim Heißen des Spinnakers um das Vorstag vertörnt. Ebenso muß man darauf achten, daß das Fall von den Relingsdurchzügen frei läuft.

Segelsetzen

Unter den günstigen Bedingungen, die wir für unseren ersten Versuch angenommen haben, bringt man zunächst das Boot fast platt vor den Wind, doch so, daß der Wind noch etwas von Steuerbord achteraus kommt, damit die Gefahr eines unfreiwilligen Halsens verringert wird. Gleich ob der Spinnaker aufgetucht ist oder nicht, jetzt wird er mit dem Fall schnell geheißt, so daß er aus seinem Sack herauskommt. Bei dem leichten Wind ist Auftuchen gar nicht notwendig, das Segel wird auch so relativ ruhig in Lee des Großsegels stehen.

Setzen aus dem Bugkorb Viele Crews ziehen dem Setzen von der Reling das Setzen aus einem Sack (Turtle), der am Bugkorb befestigt ist, vor. Sicherlich ist dabei die Gefahr geringer, daß sich das Fall ums Vorstag vertörnt, weil man dann nur darauf achten muß, daß es vor dem Vorstag gerade zum Spinnaker-Kopf herunter geführt wird. Außerdem stehen dabei Achterholer, Baumnock und Luvschothorn dicht beieinander, so daß sie leichter miteinander verbunden werden können. Jedoch wird das Segel nicht so gut in Lee liegen, und wenn es nicht aufgetucht ist, besteht die Gefahr, daß es sich beim Setzen zu rasch füllt, so daß es schwerer wird, das Segel ganz vorzuheißen. Bleibt die Genua stehen, ist diese Gefahr geringer. Generell jedoch bin ich gegen das Setzen aus dem Bugkorb, weil man damit mehr Ärger verursachen als verhindern kann, weil man dabei den Spinnaker nicht in Lee irgendeines anderen Segels setzt, so daß sich das Kopfteil mit den bekannten Konsequenzen zuerst füllen kann. Wie beschrieben, ist die Leereling der richtige Platz für den Spinnaker-Turtle, und der Anfänger sollte klugerweise nichts anderes versuchen.
Ist das Segel oben, zieht man mit dem Steuerbord-Achterholer das Luvschothorn zur Baumnock, die immer noch rund 1,50 bis 1,80 m hoch über Deck am Vorstag liegt. Dann wird der Niederholer gefiert, während man zugleich den Steuerbord-Achterholer weiter dichtholt, so daß der Spinnakerbaum vom Vorstag weg nach achtern zu schwingen beginnt. Er muß schließlich im rechten Winkel zum scheinbaren Wind stehen, was in unserem Fall bedeutet, daß er fast an den Hauptwanten stehen muß. Dann wird der Achterholer belegt und der Niederholer durchgesetzt, so daß der Spinnakerbaum in dieser Position fixiert ist.
Während dieser Arbeiten muß man auf die Schot achten. Man holt sie so weit dicht, daß das Segel sich ausbreitet und den Wind faßt; zugleich werden dabei alle Reißgarne oder Gummiringe, mit denen das Segel aufgetucht war, ausgerissen. Sogar bei einem relativ leichten Wind von Stärke 3 kommt sehr viel Zug auf die Schot, deshalb sollte sie mit zwei oder drei Törns um die Winsch genom-

Spinnakersetzen 3. Der Spinnaker steht jetzt und wird getrimmt.

A = Schot (wird zum Trimmen des Segels benutzt).

B = Freier Achterholer (unbenutzt).

C = Freie Schot (ebenfalls unbenutzt, doch man achte darauf, daß sie oben über den Baum läuft).

D = Achterholer läuft durch Nockbeschlag und kontrolliert dadurch den Baum.

E = Niederholer.

F = Spinnaker, der nun schon gut zieht.

G = Luvschothorn, freie Schot ist angeschlagen (man beachte, daß der Achterholer am Ring am Ende der Schot angeschlagen ist).

H = Leeschothorn mit angeschlagener Schot. Der freie Achterholer kann zeitweise vom Ring an der Schot abgeschlagen werden, wenn dies wünschenswert erscheint.

I = Toppnant.

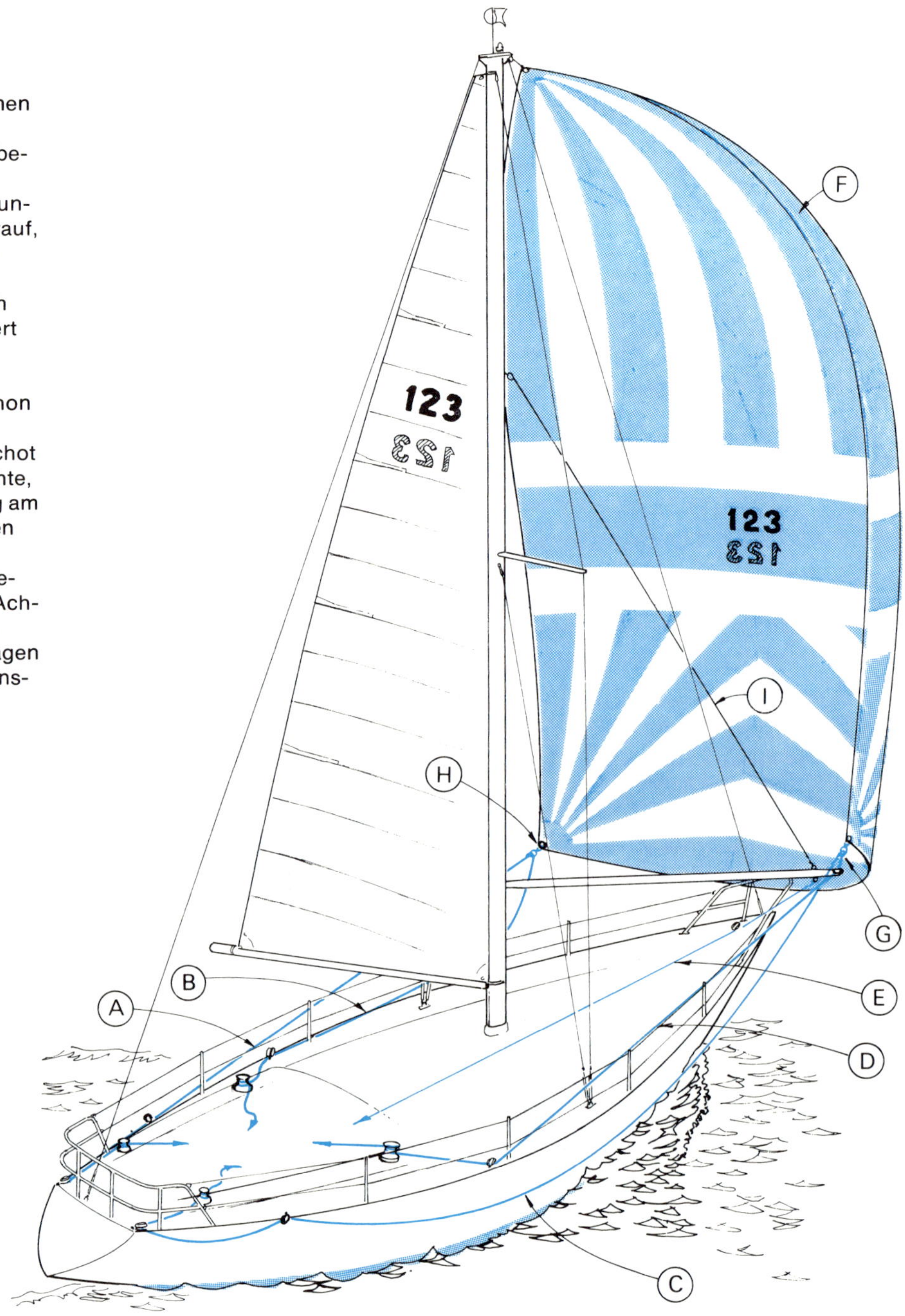

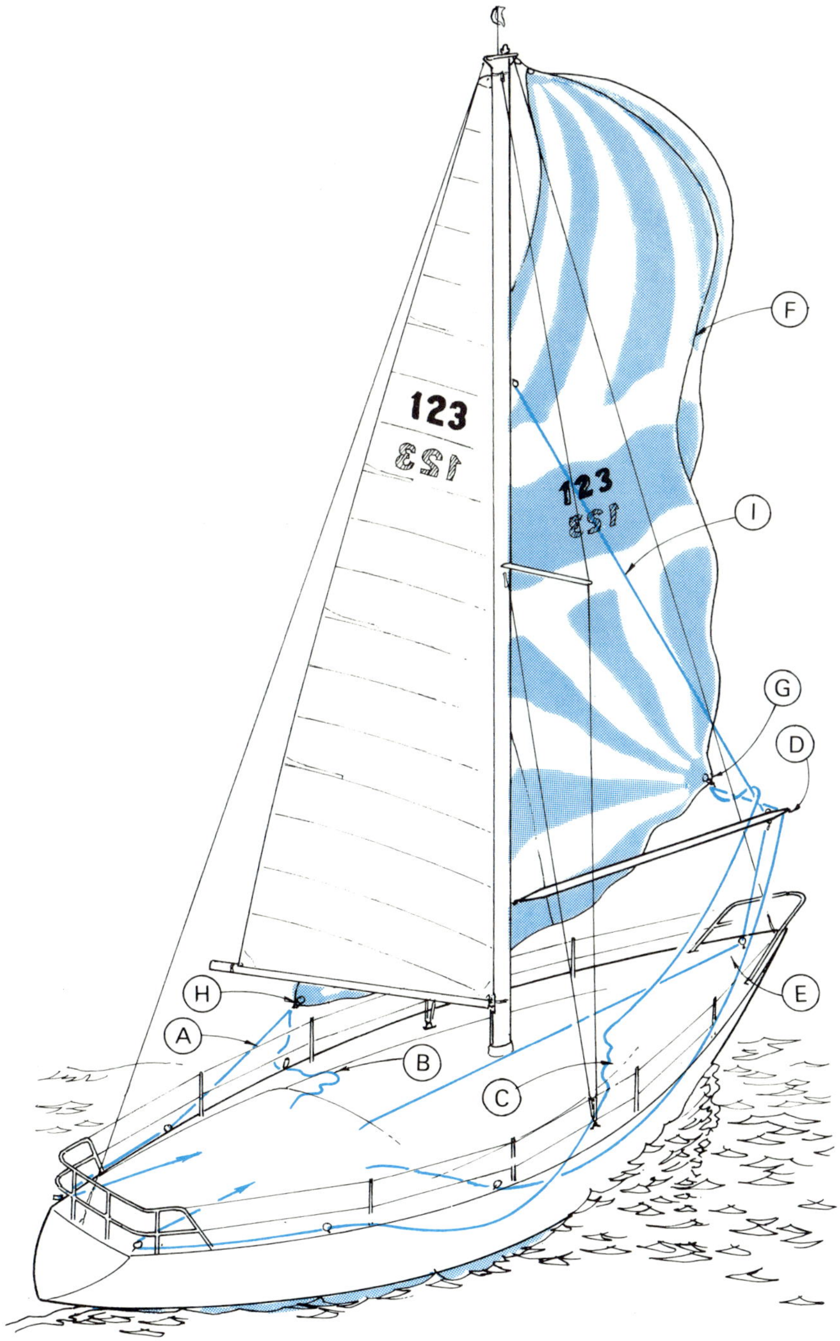

Spinnakerbergen 1. Der Spinnaker ist bereit zum Niederholen, der Baum steht am Vorstag und das Luvschothorn kann abgeschlagen werden.

A = Schot (wird durchgeholt, um den Spinnaker hinter das Großsegel zu ziehen).
B = Freier Achterholer (kann auch anstelle von A benutzt werden).
C = Freie Schot (muß frei auslaufen können).
D = Achterholer (gefiert, damit der Baum nach vorne schwingen und der Spinnaker hinter das Großsegel gelangen kann).
E = Niederholer (wird dichtgeholt, damit der Baum leichter nach vorne schwingt und bis zum Abschlagen unter Kontrolle bleibt).
F = Spinnaker (fällt ohne Winddruck hinter dem Großsegel zusammen).
G = Freie Schot und Achterholer können abgeschlagen werden, damit der Spinnaker frei auswehen kann.
H = Leeschothorn wird eingefangen; damit ist alles bereit zum Bergen des Spinnakers.
I = Toppnant (wird gefiert, bis das Luvschothorn in Reichweite gelangt).

men werden. Eine gute Regel für den Anfänger ist, einen Törn für jede Stärke auf der Beaufortskala um die Winsch zu legen.
Der Spinnaker wird sich dann füllen, und das Boot wird sogleich mehr Fahrt aufnehmen. Jetzt ist die Zeit gekommen, um das Segel zu trimmen, um die Tampen von Fall, Schoten und Achterholern aufzuklaren und sich überhaupt auf den Spaß, unter einem so großen Segel vor dem Wind zu rennen, einzurichten. Dann werden Kursänderungen auf dem gleichen Bug geübt, mit dem zugehörigen neuen Trimmen des Spinnakers. Die Kursänderungen sollten anfangs klein sein und langsam durchgeführt werden, wobei auch die Zusammenarbeit von Rudergänger und Crew geübt werden muß.
Bei diesem ersten Versuch haben wir jedoch wahrscheinlich schon genug erreicht, wenn wir nur das Segel erfolgreich bis zum Masttopp hochgezogen bekommen haben. Wie bei einem ersten Alleinflug im Flugzeug wollen wir deshalb eine Zeitlang nur langsam voranschreiten, das Segel erst einmal wieder auf Deck niederholen und alle komplizierteren Aspekte des Themas einschließlich des genauen Trimms auf später verschieben. Diese fortgeschrittene Arbeit werde ich im Kapitel 7 behandeln.

Segelbergen

Es kommt vor allem darauf an, den Druck aus dem Segel zu nehmen, indem man es zusammenfallen läßt, um es dann in Lee des Großsegels, wo am wenigsten Wind ist, niederzuholen. Platt vorm Wind auf Backbordbug, den Spinnakerbaum also auf Steuerbord, ist der Großbaum weit nach Backbord ausgebaumt und der Spinnakerbaum steht auf Steuerbord fast an den Wanten. Jetzt wird der Achterholer gefiert – (und das heißt langsam und vorsichtig, niemals schnell und ruckartig) –, so daß der Spinnakerbaum bis ans Vorstag schwingt; gleichzeitig holt man den Niederholer, um den Baum ruhig zu halten. Einer aus der Deckscrew löst jetzt den Spinnakerhals (das Luvschothorn). Zu diesem Zweck muß der Baum vielleicht etwas gesenkt werden, so daß er die Nock erreichen kann. Trifft das zu, wird der Toppnant gefiert und im gleichen Maß der Niederholer angeholt; hierbei wird wohl jedem verständlich, warum eigentlich diese Leine „Niederholer" heißt. Über Windstärke 3 wird es nämlich notwendig, die Spinnakerbaum-Nock gegen den Druck des Windes im Segel niederzuhalten. In diesem Stadium muß auch die Schot geholt werden.
Ist das Luvschothorn vom Achterholer (mit Baum und Steuerbordschot) frei, so wird das Segel wie eine Flagge nach Lee auswehen, nur noch vom Fall zum Masttopp und von der Schot zur Plicht gehalten; in einer leichten Brise wird es in Lee des Großsegels

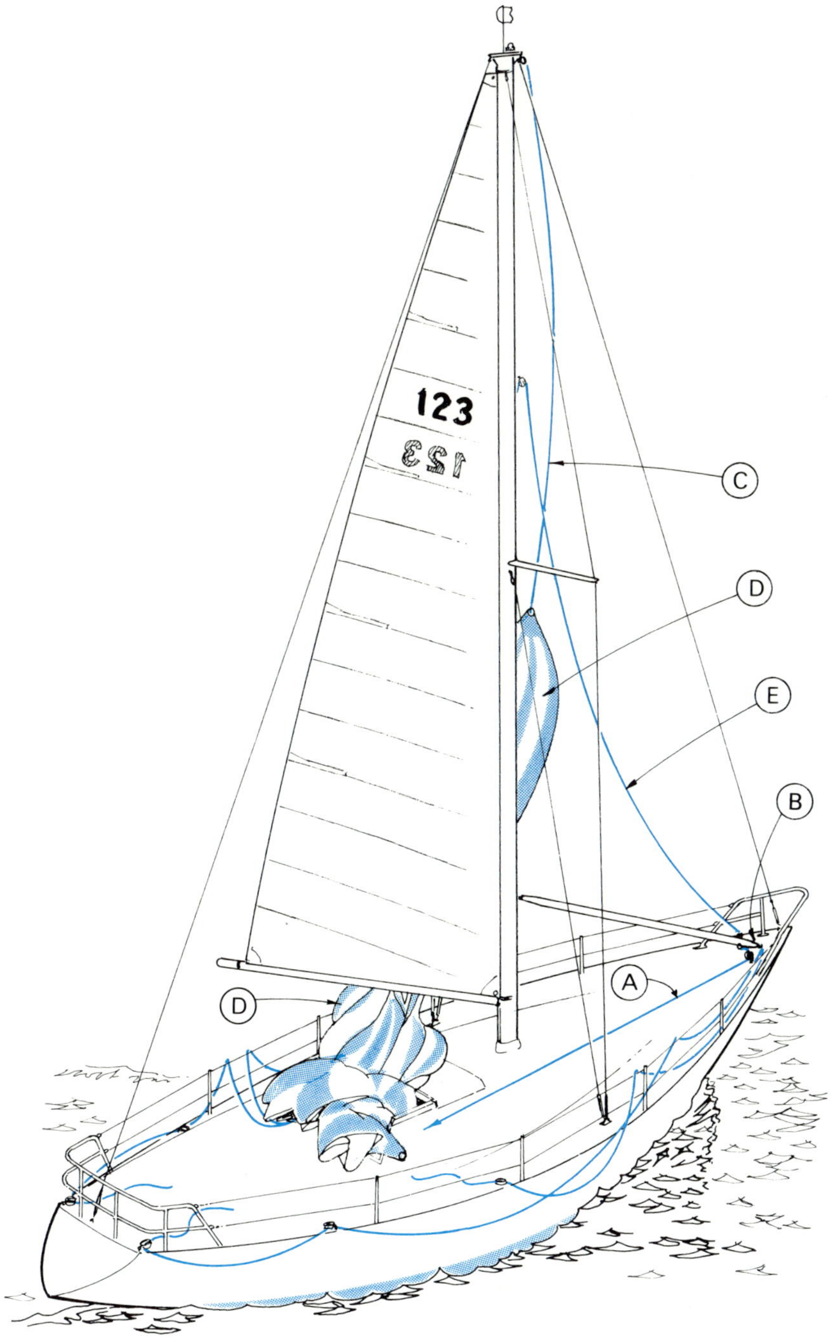

Spinnakerbergen 2. Der Spinnaker wird unter dem Großbaum hindurch in Plicht und Niedergang gezogen; die Baumnock liegt an Deck, und der Baum kann abgeschlagen und verstaut werden. Schoten und Achterholer werden nicht länger benötigt; die Schothörner liegen bereits an Deck und können abgeschlagen werden.

A = Niederholer wird dichtgeholt, um die Baumnock an Deck festzuhalten.
B = Baumnock.
C = Fall wird im gleichen Tempo gefiert, in dem die Crew das Segel zusammenrafft.
D = Der Spinnaker kommt herunter und wird den Niedergang hinunter gezogen.
E = Der Toppnant wird gefiert, um den Baum an Deck herunter zu lassen.

Niederholen am Leeschothorn 1. Auf der deutschen Yacht TINA wird der Spinnaker in die Plicht gezogen, während er ruhig in Lee des Großsegels hängt. *John Driscoll*

zusammenfallen. Jetzt kann man es unter dem Großbaum hindurch an Deck ziehen, indem man die Schot holt und im gleichen Maße das Fall fiert. Sobald man sie zu fassen bekommt, greift man Unterliek und Leeliek und zerrt das ganze Bündel durch den Niedergang in die Kajüte. Der Mann am Fall muß dabei genau auf die anderen Crewmitglieder achten, die das Segel fassen und zusammenrollen; denn er darf nur soviel fieren, wie sie sicher zu fassen bekommen. Fiert er zu rasch, so wird das Segel ins Wasser fallen. Zum Schluß werden Fall und Schot abgeschlagen und in den Relingsdurchzug eingepickt, von wo aus man sie dann, wenn sich alles etwas beruhigt hat, sauber aufgeschossen wieder zum Bugkorb bringen kann – fertig für das nächste Spinnakersetzen.
Diese Methode hat den Nachteil, daß sich alles Gewicht auf das achterliche Leedeck verlagert und das Segel sich dort vielleicht in

Niederholen am Leeschothorn 2. Das Segel ist fast unten, und das Boot geht auf den neuen Kurs. *John Driscoll*

den Winschen verfangen kann. Das Boot kann nicht schnell wenden, weil sich die Arbeit im Bereich der Genua-Winschen abspielt.

Die „Floater"-Methode Dies ist eine andere Art des Spinnakerbergens, die die eben genannten Nachteile vermeidet. Man kann sie anwenden, wenn das Boot platt vor einer leichten Brise segelt (was ja genau die Situation ist, von der wir bisher ausgegangen sind). Ohne zunächst den Stand des Spinnakerbaums zu verändern, greift einer aus der Crew von einem Standpunkt auf der Luvseite des Vordecks das Unterliek des Segels genau in der Mitte. Er geht mit ihm zurück bis zum Mast, während zugleich Schot und Achterholer gefiert werden, um den Wind aus dem Segel zu nehmen. Jetzt wird auch das Fall gefiert, so daß der Spinnaker direkt vor dem Mast aufs Deck fällt.

Der „Big Drop" 1. Kurz vor dem Leefaß im Solent steht auf ARIES aus den USA der Spinnakerbaum immer noch gut, während auf dem Gegner WILLIWAW ein Crewmitglied auf dem Vordeck bereits zum Schäkel hinaufreicht, um den Spinnaker fliegen zu lassen. Das an dritter Stelle liegende schwedische Boot hat den Spinnaker schon niedergeholt. *John Driscoll*

Bergen mit der Einholeleine Gewicht auf dem Vorschiff ist bei einer Regattayacht besonders schlecht, weil es den Bootstrimm verändert. So ist alles sinnvoll, was dazu dient, solches Gewicht zu vermeiden. Zugleich ist es für sie besonders wichtig, daß der Spinnaker beim Anlaufen der Leetonne möglichst lange steht und die Genua schon auf den neuen Amwindkurs getrimmt werden kann. Mit der folgenden Methode erreicht man dies alles. Es ist nicht nötig, den Spinnakerbaum nach vorne zu nehmen und tiefer zu setzen, weil der Achterholer nicht vom Luvschothorn abgeschlagen zu werden braucht. Die Genua kann gesetzt und fast mittschiffs geschotet werden, ohne daß sie den Spinnaker stört, weil dieser noch immer gut in Luv steht. Sobald man die Wendemarke

Der „Big Drop" 2. An der Tonne (deren Toppzeichen man über der Plicht sehen kann) läßt man das Fall fliegen, während zugleich die Einholerleine dichtgeholt wird. *John Driscoll*

erreicht, fiert man den Achterholer durch den Spinnakerbaum-Nockbeschlag, läßt das Fall ausrauschen und zieht das Segel mit Hilfe einer Einholeleine, die am Spinnakerkopf angeschlagen ist und über einen Ring in der Mitte des Segels läuft hart nach unten – dies kann ein Crewmitglied tun, das etwa achtern vom Mast steht. Das Segel fällt dann hinter der Genua auf Deck und wird unter ihrem Unterliek hervor nach innen gezogen und zusammengelegt. Das alles dauert nur ein paar Sekunden. Dies ist eine ähnliche Art des Spinnakerbergens, wie sie unter Einsatz einer Spinnaker-Trompete auf Jollen und offenen Kielbooten verwendet wird – nur daß hier keine Trompete vorhanden ist. Viele Regattaboote praktizieren diese, englisch als big drop bezeichnete Methode.

a

Niederholen auf dem Vordeck. (a) UIN-NA-MARA aus Hongkong folgt VANINA aus Italien an der Clippertonne im Solent dichtauf. Sie liegt jedoch innen, und zudem ist das Großsegel der italienischen Yacht unbeabsichtigt übergegangen.
(b) *Oben:* Beide Boote luven an der Tonne an, und auf UIN-NA-MARA entschließt man sich, den Spinnaker auf dem Vordeck in Lee der Genua niederzuholen, obwohl der Spinnaker eine Einholerleine besitzt, die auf dem vorigen Foto (a) an den dunklen Flecken zu erkennen ist. VANINA hat früher mit dem Bergen begonnen, wie das bereits teilweise im Wasser schleifende Segel beweist. (c) *Darunter:* Bereits auf Amwindkurs ist VANINA mit dem Bergen des Spinnakers noch nicht fertig, doch der Abstand zwischen beiden Booten ist gering. Auch nach dem Amwindschlag und der folgenden Kreuz hatten beide Boote an der Ziellinie nur 20 Sekunden Abstand.
John Driscoll

b

c

Bergen auf dem Vordeck Manche Skipper halten den Spinnaker beim Zusammenlegen lieber der Plicht fern, fahren aber weder eine Einholeleine, noch haben sie genügend Erfahrung, um das Segel auf diese Weise niederholen zu können. Dann nimmt ein Mann die freie Schot vorne ums Vorstag und führt sie bis hinter Vorsegel und Großsegel. Der Achterholer wird dann durch den Spinnakerbaum-Nockbeschlag nach vorne gefiert, während das Luvschothorn zugleich mit der freien Schot eingeholt wird. Gleichzeitig fiert man die aktive (Lee-)Schot, so daß das Leeschothorn ausweht und das Segel zusammenfällt. Jetzt wird das Fall gefiert und der Spinnaker durch das Vorluk nach unten gezogen. Segelt das Boot auf Raumschotskurs oder läßt man den Spinnakerbaum erst nach vorne zum Vorstag schwingen, so kann man eine kurze Leine – als Vordeck-Stripper bezeichnet – oder besser noch die freie Schot (wenn man eine fährt) durch ein Auge am Bugbeschlag (entweder den Genua-Halsbeschlag oder den freien Block für den zweiten Spinnaker-Niederholer) zum Luvschothorn des Spinnakers führen und dort befestigen. Niemand sollte versuchen, das Schothorn mit der Hand zu halten, es wird ihm nicht gelingen. Der Achterholer wird dann vom Luvschothorn abgeschlagen und die Leeschot gefiert, so daß die eben genannte Leine das Luvliek des Spinnakers in Lee der Genua hält, während das Segel einfällt. Dann kann man es unter dem Unterliek der Genua hindurch durch das Vorluk nach unten ziehen. Bei dieser Methode benötigt man wenigstens zwei Mann auf dem Vordeck. Die nachteilige Auswirkung auf den Bootstrimm ist bekannt, doch kann man mit dieser Methode gegebenenfalls schnell wenden.

7 Trimm

Obwohl es nicht sehr schwierig ist, einen Spinnaker so zu trimmen, daß er voll Wind steht, ist das Trimmen doch schon schwieriger, wenn man das beste aus ihm herausholen will. Der Grund für diese Schwierigkeit liegt darin, daß dieses Segel ja nur über seine drei Ecken gehalten und kontrolliert und daß es nur durch den Druck des Windes entfaltet wird. Das bedeutet, daß seine aerodynamische Form durch die Art und Weise, wie Zug auf diese Ecken kommt und wie sie sich demzufolge zur Luftströmung stellen, beträchtlich verändert werden kann. Das Ziel des guten Spinnakertrimms ist, Wind in Zugkraft nach vorne umzuwandeln, nicht in seitlich gerichteten Druck.
Es kann Gründe geben, das Fall etwas zu fieren, so daß der Segelkopf ein wenig aus dem störenden Einfluß des Masttopps herauskommt, aber für diese Diskussion wollen wir annehmen, daß der Kopf am Masttopp fixiert und der Trimm des Segels nur über die beiden Schothörner erfolgt. Der saubere Trimm erfordert eine Koordination aller Arbeiten, und dafür sollte ein einziger verantwortlich sein. Das muß nicht unbedingt ein Crewmitglied sein, das selbst daran mitarbeitet. Doch gewöhnlich ist es am besten, wenn derjenige, der die Schot bedient, diese Aufgabe übernimmt, da der Trimm der Schot beim Spinnaker besonders wichtig und empfindlich ist. Wenn die Verantwortung bei einer Person liegt, bedeutet das natürlich nicht, daß er oder sie den Rat der anderen von sich weist, aber die Entscheidungen dürfen nur von einem getroffen werden.

Der Basis-Trimm

Der Spinnaker wird zunächst in eine Form gebracht, die wir vielleicht als Basis-Trimm beschreiben können. Damit bekommen wir das Segel gut vom Mast und allen Vorsegeln, die vielleicht gesetzt sind, frei und breiten es zugleich so breit vor dem Wind aus, wie es nur möglich ist. Dies wird vor allem durch den Trimm des Spinnakerbaums erreicht. Wir dürfen hier jedoch nicht die vom Segelmacher entworfene Form vergessen: Sie ist symmetrisch mit einer vertikalen Mittellinie oder -naht, und so sollten wir auch diese Symmetrie zu erreichen versuchen, besonders wenn der Wind ziemlich von recht achteraus kommt.

Spinnakertrimm 2. In (a) steht der Baum zu weit vorne, so daß der Spinnaker vom Großsegel abgedeckt wird und überschotet werden muß, damit er sich füllt, wodurch er wiederum Abwinde ins Großsegel wirft. In (b) steht der Baum zu weit achterlich, so daß der Wind hinter das Luvliek des Spinnakers greift und das Segel einfällt. In (c) ist der Baum korrekt im rechten Winkel zur Windrichtung getrimmt, doch die Schot ist zu weit gefiert, wodurch das Luvliek einfällt. In (d) ist der Baum ebenfalls korrekt getrimmt, doch steht hier die Schot zu dicht, wodurch der Spinnaker Abwinde ins Großsegel wirft. Den korrekten Trimm von Baum und Schot zeigt (e): Man beachte, daß Spinnaker- und Großbaum etwa in Linie verlaufen und im rechten Winkel zum Wind stehen.

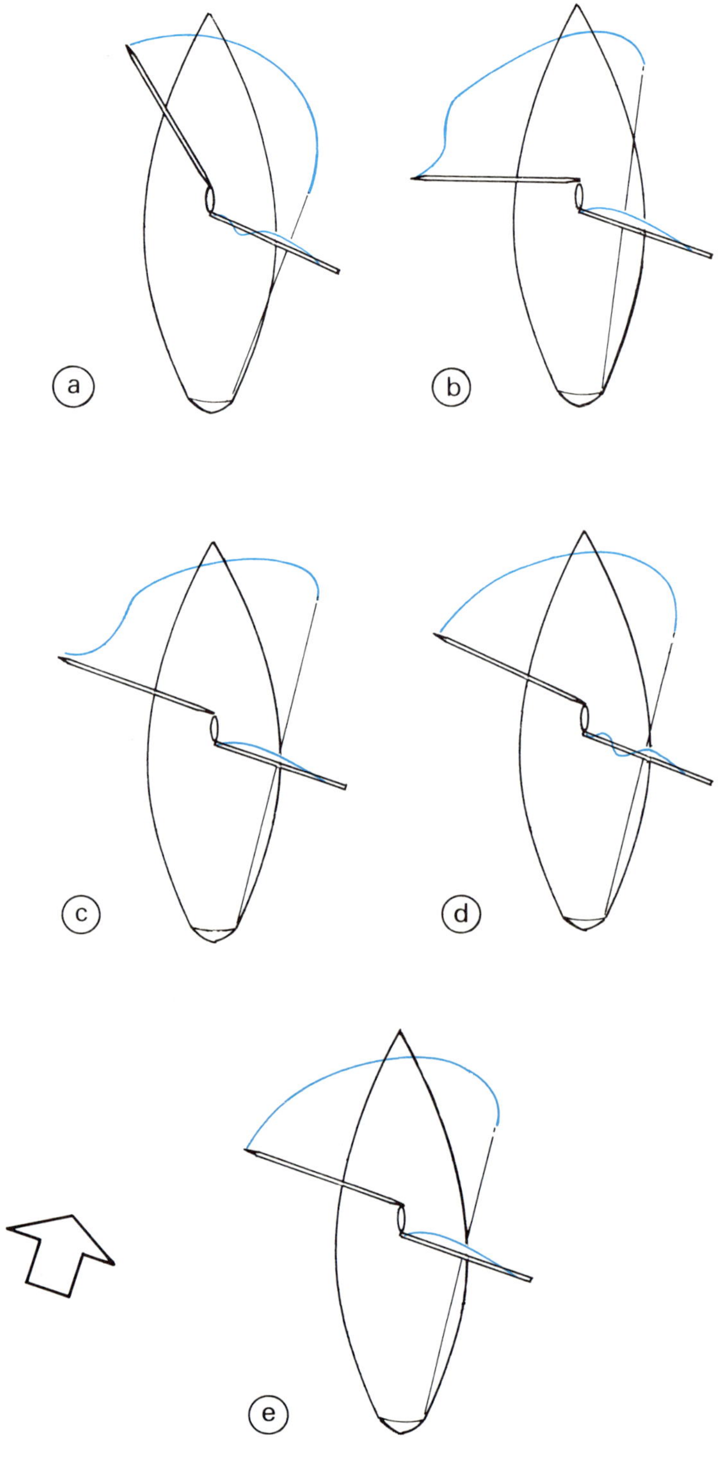

Trimm in Schiffsrichtung Man kann etwa sagen, daß der Baum immer im rechten Winkel zur Richtung des scheinbaren Winds stehen muß. Damit wird das Segel am breitesten gegen die Luftströmung gehalten, so daß das höchstmögliche Luftvolumen in den Spinnaker gelangt. Der Achterholer kontrolliert die Bewegung des Baums in Schiffsrichtung, und der Niederholer muß immer ihm entsprechend eingestellt werden, so daß diese beiden Leinen die Spiere festhalten, damit das Luvschothorn in seiner einmal eingerichteten Position bleibt. Es gibt Ausnahmen für diese Forderung, daß der Baum im rechten Winkel zum Wind stehen muß. Bei leichtem Wetter mag er zum Beispiel etwas achterlicher als normal stehen: ist der Luftdruck nämlich gering, so wird es wichtiger, darauf zu achten, daß das Segel überhaupt steht, als daß alles Gerät theoretisch richtig getrimmt wird, aber das Segel einfällt. Bei Starkwind mag der Baum umgekehrt etwas weiter vorne stehen, was sowohl gegen die Gefahr des Querschlagens hilft als auch das Segel besser voll hält, so daß es nicht ständig einfällt und sich dann mit einem Knall wieder füllt.

Vertikaler Trimm Der Baum sollte so weit angetoppt werden, bis beide Schothörner auf einer Höhe stehen. Die Mittelnaht muß dann parallel zum Mast verlaufen und das Unterliek im rechten Winkel dazu. Dieser Trimm wird mit Toppnant und Niederholer kontrolliert. Ist der Fuß des Spinnakerbaums (die innere Baumnock) über Schlitten und Mastschiene justierbar, so muß der Baum in der Vertikalen im rechten Winkel zum Mast stehen; dadurch kommt das Luvschothorn (der Segelhals) soweit wie möglich ab vom Mast, was wiederum nur dazu dient, möglichst viel Wind im Segel zu fangen. Es gibt Gelegenheiten, in denen sich ein etwas anderer Bautrimm auszahlt, zum Beispiel, wenn man raumschots mit einer Genua unter dem Spinnaker segelt. Beide Segel werden etwas auseinandergezogen, wenn man den Baum etwas höher stellt und soweit antoppt, daß er im rechten Winkel zum Vorstag steht, wodurch der Spinnakerhals vom Luvliek der Genua freigehalten wird. Umgekehrt kann man ihn bei leichten Winden senken, um das Spinnaker-Luvliek zu straffen und etwas Gewicht aus dem Unterliek zu nehmen, damit das Segel besser steigen und sich füllen kann.

Der feine Trimm

Ist der Baum erst einmal gesetzt, so befindet sich der Spinnaker im Basis-Trimm, und der Feintrimm wird dann durch die Schot erreicht. Das Ziel ist wiederum, soviel Zug nach vorne wie möglich zu

erhalten, und deshalb müssen wir gewöhnlich die Schot so weit fieren, wie es geht, bis das Luvliek gerade noch nicht einfällt. Dieser Punkt ist überschritten, sobald der Kopf des Segels hin und her zu schlagen beginnt. Das Luvliek fällt dann ein, wenn der Wind auch nur ein wenig hinter das Leeliek gelangen kann. Die Schot muß dann sehr vorsichtig dichtgeholt und dann wieder leicht gefiert werden, da diese Position auf des Messers Schneide den optimalen Trimm bedeutet. Der Wind ändert sich dauernd, wie jeder, der einmal ein Boot nach Luv gesteuert hat, weiß. Was jedoch manche Segler zu vergessen scheinen, ist die Tatsache, daß diese minimalen Änderungen der Windrichtung nicht aufhören, wenn man nicht mehr hoch am Wind segelt. Also muß man unentwegt leicht und vorsichtig an der Schot arbeiten, wenn man raumere Windstöße ausnutzen oder das Zusammenfallen des Segels bei schralendem Wind vermeiden will.
Deshalb ist der Segeltrimmer zugleich jenes Crewmitglied, das für die Schot verantwortlich ist. Er sollte dort stehen, wo er zugleich das Luvliek des Spinnakers gut überschauen kann, und das wird zumeist an der Luvreling sein, besonders wenn auf Raumschotskurs der Spinnakerbaum ziemlich weit vorne steht. Außer bei leichter Brise braucht er immer einen zweiten Mann an der Winschkurbel, der ihm die Schot dichtholen hilft. In kabbeliger See oder bei veränderlichen Winden muß auch ständig jemand am Achterholer stehen, damit der Baum getrimmt werden kann, wenn die Schot allein mit der Situation nicht mehr fertig wird. Auf kleineren Booten kann zwar dieses Crewmitglied zugleich den Niederholer bedienen, doch kann es auch dort notwendig werden, dafür einen zweiten Mann einzuteilen. Auch der Toppnant braucht von Zeit zu Zeit Aufmerksamkeit. Mit Ausnahme der Schot muß man bei der Justierung jeder anderen Kontroll-Leine (Achterholer, Niederholer, Toppnant) immer auch deren Entsprechung bedienen. Eine sorgfältige Planung der Decksausrüstung kann unter diesen Umständen das Arbeiten sehr erleichtern.
Anfänger fragen oft, woran sie erkennen können, wann der Baum justiert werden muß und nicht die Schot. Wenn der Wind mehr und mehr schralt (also vorlicher einfällt), so daß die Schot immer weiter dichtgeholt werden muß, kommt schließlich der Punkt, an dem das Unterliek des Spinnakers am Vorstag anliegt, so daß die Schot nicht dichter getrimmt werden kann, ohne daß sich das Segel völlig verzieht. Wird der Spinnakerbaum dann vorlicher geholt, bewegt sich auch das Segel nach vorne und kann wieder richtig getrimmt werden. Das Umgekehrte ist nicht so leicht zu erkennen. Raumt der Wind (fällt er achterlicher ein), so wird der Spinnaker gewöhnlich zwar weiter stehen, aber er wird nicht so weit vorne stehen wie er sollte. Dann muß man den Baum nach achtern ziehen, bis er wieder im rechten Winkel zum scheinbaren Wind steht.

Antigua-Woche 1979. Das zurückliegende Boot hat den Baum seitlicher stehen und die Schot stärker gefiert, um mehr Vortrieb zu erhalten. Vielleicht hat man auf dem führenden Boot die Genua gesetzt, als man merkte, daß man bald überholt würde. Ich vermute jedenfalls, daß die Yachten bald die Plätze tauschen werden, wenn der Spinnaker auf dem führenden Boot nicht neu getrimmt wird.

Alastair Black

In diesem Fall hat das führende Boot, die französische Yacht Jubilé, den Spinnaker optimal getrimmt. Auf der holländischen Anne Mazurka steht der Spinnakerbaum zu weit vorne. Das Foto entstand während der Admiral's-Cup-Regatten 1979.
Alastair Black

Vormwind- und raum-achterliche Kurse

Auf Vormwind- und raum-achterlichen Kursen muß man soviel Segelfläche wie möglich gegen den Wind halten; denn nur damit erzielt man bei Winden von fast recht achteraus Vortrieb. Der Spinnaker wird um so flacher und breiter, je höher er steigt und sich öffnet, so daß schließlich das optimale Verhältnis von 4:1 (Sehne zu Wölbungstiefe) erreicht wird und das Segel in Höhe der Schultern seine maximale Fläche ausbreitet. Je stärker man umgekehrt das Segel nach unten zieht, um so bauchiger oder voller wird es, bis schließlich ein Verhältnis von 3:1 oder gelegentlich sogar 2:1 erreicht wird. Der Spinnaker sollte also so hoch gesetzt werden, wie die Windstärke es eben erlaubt.

Der Spinnakerbaum Der Baum muß so hoch gestellt oder angetoppt werden, bis die Schothörner auf gleicher Höhe stehen und das Segel symmetrisch ist. In dieser Position kann die Schot möglicherweise vom Großbaum gestört werden. Dann kann man den Holepunkt ohne weiteres weiter nach vorne versetzen, bis sie unter

dem Großbaum klar läuft. Dadurch wird jedoch vielleicht das Unterliek des Spinnakers enger stehen als sein Mittelteil. Verhält es sich so, beläßt man den Holepunkt am alten Platz und läßt die Schot über die Nock des Großbaums, außerhalb des Großsegel-Achterlieks, laufen.
Mit der Baumstellung sollte man jedenfalls experimentieren; denn steht der Baum zu weit achterlich oder wird er zu stark angetoppt, dann steht das Luvschothorn zu hoch, das Luvliek sackt nach Lee, und die Schot muß zu stark dichtgeholt werden. Damit zieht man das Leeliek des Spinnakers zu eng ans Boot heran und schließt den Schlitz zwischen Spinnaker und Großsegel, so daß dieses durch Abwind gestört wird. Und das wiederum bedeutet, daß die Großschot zu stark dichtgeholt werden muß, so daß auch das Groß nicht mehr richtig steht. Die Folge ist, daß Spinnaker und Großsegel zu stark seitwärts ziehen und das Boot zurückhalten statt nach vorne zu ziehen. Läßt man andererseits den Spinnakerbaum zu weit vorne stehen, so wird der Spinnaker in Lee des Großsegels einzufallen beginnen. Das ist nicht so leicht zu entdecken, so daß man ständig darauf achten muß, ob der Baum nicht achterlicher getrimmt werden muß. In gewissen Graden hängt dies vom Trimm der Schot ab: Steht die Schot zu dicht, so wird, wie ich oben schon sagte, das Unterliek des Spinnakers am Vorstag anliegen. Dann muß entweder Achterholer oder Schot gefiert werden, damit das Segel vom Stag freikommt, weil es sonst schamfilt und nach kurzer Zeit von unten bis oben reißen wird.
Ein gut geschnittenes Segel wird sich folgendermaßen verhalten: Steht der Baum zu weit achtern, so wird sich auf der Leeseite des Segels (also auf der Vorderseite) eine Störung etwa im unteren Bereich des Luvlieks, direkt über dem Hals (dem Luvschothorn), zeigen. Muß andererseits die Schot dichtgeholt werden, so zeigt sich die Störung im mittleren oder oberen Bereich des Luvlieks, das dann einzufallen beginnt.

Die Schot Den Schottrimm haben wir schon ziemlich ausführlich behandelt. Man beachte vor allem den Grundsatz, daß die Schot bei der Stellung des Spinnakerbaums im rechten Winkel zum Wind so weit wie möglich gefiert werden muß, so daß das Luvliek gerade noch nicht einfällt. Der beste Trimm ist allerdings dann erreicht, wenn das Luvliek gerade einzufallen oder zu „brechen" beginnt. Dieser Trimm erfordert starke Konzentration; bei einem sich heftig bewegenden Boot kann er sehr schwierig werden.

Leichtes Wetter Weht nur eine leichte Brise, so ist die Standardschot wahrscheinlich zu schwer und zieht das Schothorn des Spinnakers nach unten, so daß ein darauf hingetrimmter Spinnakerbaum den falschen Eindruck eines richtigen Trimms ergibt. In

Mit dem Schnappschäkel ist dieser Spinnakerschot-Leitblock auf der perforierten Fußreling leicht verstellbar. Eine Leitschiene könnte gleiche Dienste leisten. *Autor*

einer solchen Situation sollte man die Standardschot durch eine Leichtwetter-Schot ersetzen, die etwa so leicht wie eine Flaggenleine sein sollte. Weil ein Schnappschäkel unnötig schwer ist, sollte die Leine mit einem Palstek angeschlagen werden. Sie braucht nicht über den gleichen Holepunkt zu laufen wie die Standardschot, sondern kann beispielsweise auch um den Fuß einer Relingsstütze oder jeden anderen verfügbaren Punkt geführt werden und sollte von dort aus direkt zur Hand des Trimmers laufen. Der Baum kann etwas tiefer als gewöhnlich stehen, damit beide Schothörner in einer Ebene liegen und damit das Gewicht des Unterlieks ein wenig aufgefangen wird. Außerdem kann der Baum etwas achterlicher getrimmt werden. Unter diesen Bedingungen kommt es mehr darauf an, daß das Segel sich überhaupt füllt, als daß alles der Theorie gemäß stimmt. Diesem Ziel entsprechend, sollte sich auch die Crew auf Deck so langsam und ruhig bewegen wie möglich, weil der Spinnaker schon einfallen kann, wenn man nur durch Gewichtsverlagerung auf dem Boot den Wind rausschüttelt.

Starcut-Story 1. Rechts: Auf KAHILI II steht der Starcut perfekt. Man beachte die gleichmäßige Rundung des Segels vom Kopf bis zum Unterliek. *Hood Sailmakers*

KAHILI II
PORTSMOUTH

Starcut-Story 2. Etwas näher betrachtet, erkennt man, daß die Schot weit vorne geführt wird. An den schmalen Bahnen und der Verstärkung am Schothorn kann man das Stagsegel als Normalfock identifizieren.
Hood Sailmakers

Raum-seitliche Kurse

Fällt der Wind von querab oder etwas vorlicher als querab ein, so erhöht sich seine scheinbare Stärke mit der Bootsgeschwindigkeit (weil das Boot eher zu ihm hin als von ihm weg segelt). Bei schwächeren Winden ist dies sogar eine Hilfe, weil sich das Segel dann leichter füllt. Von Windstärke 4 an aufwärts kann der Winddruck im Segel jedoch zum Problem werden.

Die wichtigste Überlegung ist nun, das Segel mehr in Form eines Flügelprofils zu trimmen, und dabei stört ein einsackendes Luvliek besonders stark. Der Baum muß tiefer stehen, um das Luvliek zu straffen.

Der andere Faktor ist, daß jetzt das Unterliek des Segels weiter gestreckt werden kann, weil jetzt der Schotholepunkt weiter nach achtern verlagert werden kann, wodurch beide Schothörner weiter auseinandergezogen werden. Das Unterliek muß jedoch sorgfältig beobachtet werden, damit es nicht zu flach gezogen wird. Außerdem müssen wir daran denken, daß auch die untere Partie des Spinnakers Teil eines Zylinders ist und daß sie deshalb eine konstante Rundung behalten muß. Steht die Schot zu weit achtern, wird sich das Unterliek zu straffen beginnen. Dies darf nicht geschehen, und so muß der Holepunkt etwas nach vorne versetzt

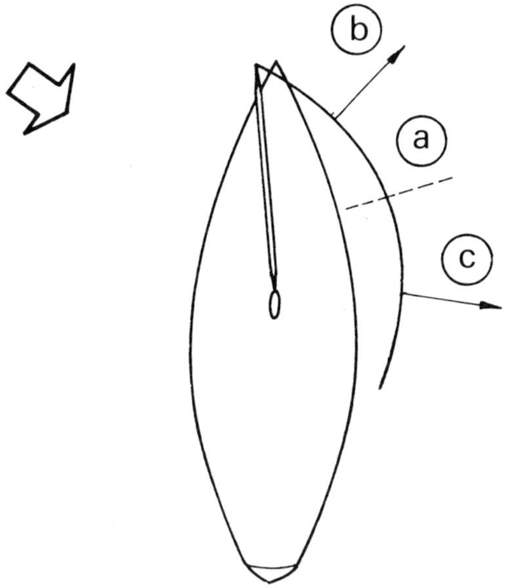

Spinnaker-Trimm 3. Dicht am Wind sollte man den Spinnaker im Geiste um die Mittellinie (a) in zwei Hälften teilen. Der Vortrieb (b) aus der vorderen Hälfte kann fast oder ganz von der hemmenden Kraft (c) der achteren Hälfte aufgehoben werden.

werden, damit der Schnitt durch das Unterliek die gleiche Wölbung aufweist wie weiter oben – wobei möglichst ein Verhältnis von 7:1 (Sehne zu Wölbungstiefe) angestrebt wird. Zunächst muß die Baumhöhe justiert werden, so daß die Mittelnaht (oder die gedachte Mittelnaht) parallel zum Mast und das Unterliek im rechten Winkel dazu stehen. Auf diesem Kurs zum Wind setzt man den Baum besser etwas zu tief als zu hoch, weil letzteres bedeutet, daß man die Schot zu dicht holen muß, damit das Luvliek nicht einfällt. Man zieht damit auch das Leeliek zum Großsegel, schließt den Schlitz zwischen beiden Segeln und verliert Fahrt. Falscher Trimm ist nicht so schädlich, wenn der Baum zu tief steht, denn das Leeliek wird sich öffnen, so daß die Luft, ohne zuviel Abwind ins Großsegel zu werfen, frei durch den Schlitz strömen kann.
Ein spezieller Raumspinnaker ist weniger voll und rund als ein Vormwindspinnaker, und deshalb ist es bei ihm nicht so wichtig, ihn steigen und sich öffnen zu lassen. Der Baum kann also tiefer gehalten und die Schot weiter gefiert werden, damit das Fußteil des Segels seine ihm eigene Form einnimmt. Je flacher das Segel geschnitten ist, um so stärker kann man es nach unten statt nach achtern ziehen, ohne daß es im Querschnitt zu rund wird.
Auf raum-seitlichen Kursen braucht der Achterholer nicht dauernd getrimmt zu werden, der Baum kann ein wenig vom Vorstag entfernt gesetzt werden. Die Schot sollte so getrimmt werden, daß das Luvliek gerade einzufallen droht, es kann sogar ein wenig kippen. Manche Skipper fieren das Fall um 30 bis 60 Zentimeter, damit der

Starcut-Story 3. Auf Amwindkurs wird auf KAHILI II der Baum nach unten getrimmt, damit sich das Luvliek strafft. Die Schot zieht ziemlich genau in Verlängerung der Linie Sternmitte – Schothorn.

Hood Sailmakers

Spinnakerkopf vom Großsegel frei kommt. Ich selbst halte nicht besonders viel von dieser Theorie, doch da weder das eine noch das andere wirklich entscheidend ist, möchte ich niemanden davon abhalten.

Raum-vorliche Kurse

Außer in sehr leichter Brise sollte auf raum-vorlichen Kursen ein spezieller Amwindspinnaker gefahren werden. Ein leichter Wind kann auch um die Kante eines tief gebauchten Flügelprofils strömen und durch einen relativ engen Schlitz wieder entweichen, ohne zuviel Turbulenzen zu verursachen und Abwinde ins Großsegel zu werfen. Doch je stärker der Wind ist, um so flacher muß der Spinnaker sein, und dies ist dann die richtige Situation für den Star-Cut oder einen kleineren Triradial.

Mit einem solchen Segel muß der Baum sehr tief, bis auf den Bugkorb herunter getrimmt werden, damit das Luvliek straff steht, und die Schot muß ziemlich weit vorne geführt werden, damit das

sehr flach geschnittene Unterliek seine Form einnimmt. Der Schotholepunkt sollte am besten in Verlängerung jener Bahn liegen, die aus der Mitte des Segels, wo sich alle Bahnen treffen, zum Schothorn verläuft.
Ist der Trimmer mit seiner Einstellung der Schot und dem dadurch bedingten Stand des Segels zufrieden (und dabei sollte er im Geiste das Segel um die vertikale Mittellinie in zwei Hälften teilen und dann entscheiden, ob die vordere Hälfte das Boot mehr nach vorne zieht als es die hintere Hälfte zurückhält oder ob er mit einer Genua ein besseres Ergebnis erzielen würde), so kann der Rudergänger das Boot ebenso nach dem Luvliek steuern, wie er es auf einem Amwindkurs durch ständiges Beobachten des Genua-Luvlieks tun würde. Das Segel sollte ständig killen und das Luvliek leicht flattern.
Probiert man dies zum erstenmal, so gerät man leicht in Versuchung, die Schot jedesmal zu trimmen, wenn das Segel im Kopf zu killen beginnt. Doch das Segel darf nicht übertrimmt werden, oder es wird schließlich längsseits stehen, das Boot nur noch krängen und zurückziehen. Steht das Segel erst einmal richtig, dann ist das leichte Flattern des Luvlieks ein guter Indikator dafür, daß es nicht übertrimmt ist. Wie stark das Liek flattern darf, hängt vom genauen Schnitt des Segels und von der Windstärke ab, doch werden es wenigstens 60 Zentimeter und vielleicht noch mehr sein. Bei einigen Segeln wird das Liek leicht eingeknickt bleiben, während es bei andern die ganze Zeit über relativ glatt steht. Diese Technik muß man allerdings unablässig üben, bis man schließlich genügend Geschicklichkeit (und Nerven) dafür entwickelt hat.

Schweres Wetter

Die wichtigste Person, wenn es hart bläst, ist der Rudergänger. Jedoch darf sich hierbei wirklich niemand gehenlassen. Der nächste wichtige Punkt ist, das Boot nicht platt vor dem Wind laufen zu lassen. Man nimmt den Wind etwa 10 bis 15 Grad von recht achteraus, dann wird das Boot weniger zum Rollen oder der Spinnaker zum Geigen geneigt sein. Die Schot kann etwas mehr dichtgeholt werden als üblich. Die meisten modernen Boote benehmen sich außerdem besser in einer guten Brise, wenn das Gewicht möglichst weit nach achtern verlagert ist, doch dies hängt natürlich von der Rumpfform ab.
Damit die Segelfläche ausbalanciert ist, sollte das Großsegel am besten nicht gerefft und wenn möglich zusätzlich ein Big Boy oder ein Stagsegel gesetzt werden. Der Spinnakerbaum sollte normalerweise tiefer und um etwa 10 Grad vorlicher stehen als bei leichteren Winden. Der Schotholepunkt wird dann ebenfalls nach vorne

versetzt, damit der Spinnaker mehr in der Bootsmitte steht und der Segelplan ausgeglichener ist. In wirklich schwerem Wetter kann der Schotholepunkt sogar bis zu den Püttings vorverlegt werden. Steht der Spinnaker nämlich zu hoch, wird er unstabil und entwikkelt eine Tendenz, quer vor dem Boot zu schwingen, wodurch er eine rollende Bewegung verursacht, die sich als „geigen" auf den Rumpf überträgt.

Trimm des Großsegels

Viel Zeit auf den Trimm des Spinnakers zu verwenden, ist sinnlos, wenn das Großsegel nicht ebenso korrekt getrimmt ist. Vor dem Wind sollte das Großsegel so bauchig wie möglich gefahren werden, indem man das Fall und den Ausholer des Schothorns ein wenig fiert; zusätzlich kann man auch das Liekband im Achterliek etwas dichtholen. Fällt der Wind raum bis dwars ein, sollte das Großsegel kontinuierlich flacher getrimmt werden. Bei leichten Winden sollte es allerdings nie zu flach gefahren werden, und dann kann auch ein wenig Verwindung günstig sein. Um dies zu erreichen dürfen Baumniederholer oder Gei nicht zu stark durchgesetzt werden. Frischt der Wind weiter auf oder kommt er mehr von vorne, muß das Segel flacher gefahren und die Verwindung vermindert werden.
In frischer Brise sollte das Großsegel sehr flach getrimmt werden, das kann jedoch leicht zu starker Krängung oder zu zuviel Fahrt führen. Also muß man in solcher Situation reffen, damit die kleinere Segelfläche besser getrimmt werden kann und das Boot dennoch nicht überfordert oder gar zum Querschlagen gebracht wird. Jedenfalls ist ein kleineres Großsegel mit etwas Bauch und Verwindung besser als ein zu großes, das zu flach ist und dem Boot entweder zuviel Fahrt gibt oder es zu stark krängt.
Auch wenn das Großsegel nach Meinung des Skippers optimal gesetzt ist, muß die Schot ständig beachtet werden. Das dafür abgestellte Crewmitglied sollte in engem Kontakt mit dem Rudergänger an der Großschot arbeiten, indem es zum Beispiel den Winddruck aus dem Segel nimmt, wenn es sieht, daß extremer Ruderdruck nötig wird, um das Boot auf Kurs zu halten. Wie wir sehen werden, muß auch ständig jemand bereit stehen, um Baumgei oder Niederholer schnell zu lösen, wenn das Boot querzuschlagen droht.

Querschlagen

Querschlagen wird durch mangelndes Gleichgewicht der aerodynamischen und hydrodynamischen Kräfte am Boot verursacht. Am

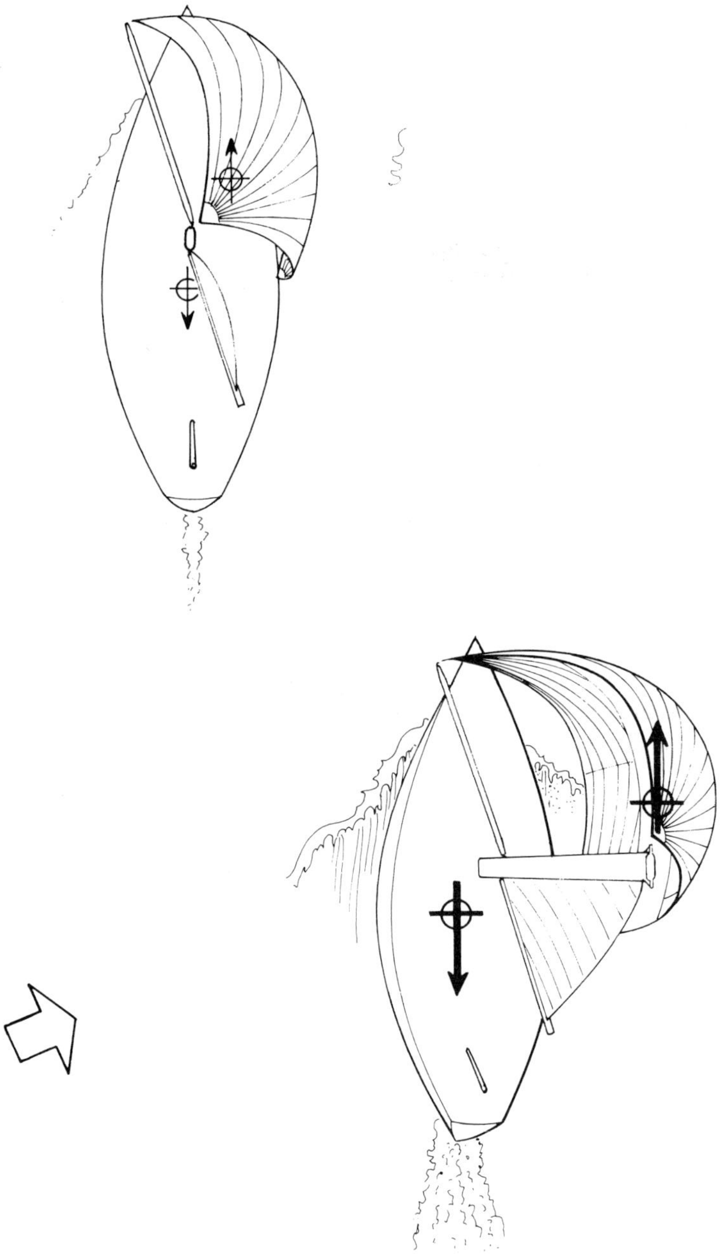

Voraussetzungen des Querschlagens. Frischt der Wind auf, krängt das Boot und der Spinnaker baucht sich stärker. Der Segeldruckpunkt bewegt sich nach Lee und entfernt sich damit weiter vom Gesamtwiderstand. Das Ruder kann die Hebelkraft zwischen beiden Punkten nicht mehr ausgleichen, besonders wenn es wegen der Krängung schon halb aus dem Wasser kommt, so daß das Boot nach Luv dreht.

Querschlagen 1. Beide Yachten segeln im Admiral's Cup 1979 vor dem Wind. Das ist daran zu erkennen, daß beide auf verschiedenem Bug fast den gleichen Kurs segeln. Ich vermute, daß die holländische FORMIDABLE tatsächlich den Wind schon etwas von Lee hat. Jedenfalls rollt sie so stark, daß der Spinnakerbaum ins Wasser taucht, und ein unbeabsichtigtes Halsen erscheint durchaus möglich.

Alastair Black

häufigsten tritt es auf raum-vorlichen Spinnakerkursen auf; also werden wir untersuchen, welche Kräfte unter solchen Bedingungen auf ein Boot einwirken, um die genauen Ursachen und die besten Präventivmaßnahmen gegen das Querschlagen herauszufinden.

Die Abbildung auf Seite 149 zeigt eine Draufsicht auf ein Boot. Pfeile deuten die ungefähre Richtung und Stärke des Winddrucks (Windkräfte) und des Wasserdrucks (Widerstandkräfte) an. Es ist deutlich zu erkennen, daß – da das Boot fast aufrecht segelt – der Abstand zwischen dem Gesamtsegeldruckpunkt, in dem die Windkräfte angreifen, und dem Lateraldruckpunkt, in dem die Widerstandskräfte angreifen, klein ist. Der Hebelarm zwischen beiden Kräften ist also so kurz, daß er durch die Ruderwirkung leicht ausgeglichen werden kann.

Die Abbildung darunter zeigt eine typische Situation, wie sie bei stärkerem Wind und entsprechend stärkerer Krängung des Boots eintritt. Der Wasserwiderstand ist stärker wegen der schlechten hydrodynamischen Form des Unterwasserschiffes, aber die Wider-

Querschlagen 2. Oben: Farther Bruin verschafft Charlsian an einem windigen Tag auf dem Solent einige ängstliche Minuten. Beim Querschlagen ließ sich gerade noch ein schwerer Zusammenstoß vermeiden (unten).

Alastair Black

standskraft greift nicht weit von dem Punkt an, auf den sie auch bei aufrecht segelndem Boot einwirkt. Der Winddruck ist andererseits nicht nur stärker geworden, sondern sein Angriffspunkt, der Gesamtsegeldruckpunkt, hat sich wegen der Krängung des Boots auch weiter nach außen verlagert. Der Hebelarm zwischen beiden Druckpunkten ist jetzt so lang, daß Ruderlegen allein nicht mehr ausreicht, um das Boot auf Kurs zu halten. Taucht zusätzlich der Bug tiefer ein, bewegt sich der Lateralschwerpunkt nach vorne, so daß das Boot unter Einwirkung des zweiten Kräftepaares – Krängungs- und Auftriebskraft – eine Tendenz entwickelt, in den Wind zu drehen. Schließlich kommt sogar das Ruder teilweise aus dem Wasser, so daß seine Wirkung reduziert wird. Es muß so stark gelegt werden, daß es die Fahrt drosselt – und dann schlägt das Boot quer. Schon im Anfangsstadium kann diese Situation noch beschleunigt werden, wenn das Boot unglücklicherweise im falschen Augenblick von einer Welle angehoben wird, wodurch es zusätzlich gekrängt wird und das Ruder im kritischen Moment noch weiter aus dem Wasser kommt.
Demnach ist klar, daß die angesprochenen Präventiv- oder Korrekturmaßnahmen den Hebelarm zwischen beiden Kräften, der ein Drehmoment in sich birgt, reduzieren müssen. Dies kann am besten durch verkürzen des Hebelarms geschehen, helfen kann aber auch eine Verminderung der auf das Boot einwirkenden Kräfte.

Gewichtstrimm Zuallererst müssen wir deshalb verhindern, daß das Boot so stark krängt, daß sich der Gesamtsegeldruckpunkt, in dem die Windkräfte angreifen, zu weit aus der Bootsmitte nach Lee verlagert. Und ebenso müssen wir verhindern, daß der Bug zu tief eintaucht. Das einfachste Hilfsmittel ist, das Crewgewicht achtern und in Luv zu versammeln. Aber trotzdem kann der Wind das Boot schließlich so stark krängen, daß ein Querschlagen unausweichlich erscheint. Dann muß sofort der Winddruck vermindert werden, jedoch nicht seine Vortriebskomponente, sondern nur die Querkraft.

Großsegel Weil seine Fläche achtern vom Gesamtsegelschwerpunkt liegt, hat das Großsegel eine starke Wirkung auf das Gleichgewicht (oder besser: auf das mangelnde Gleichgewicht) der Kräfte. Nimmt man das Großsegel weg, so verlagert sich der Gesamtsegelschwerpunkt im Verhältnis zum Lateralschwerpunkt nach vorne, und damit wird das Drehmoment verkleinert; zugleich wird die Krängungskraft reduziert. Dieser doppelte Effekt wird gewöhnlich ausreichen, ein Querschlagen zu verhindern – wenn man diese Maßnahme ergreift, bevor das Boot durch hartes Ruderlegen abgestoppt wird. Fiert man die Großschot, so kann es geschehen, daß der Großbaum nicht weit genug nach außen schwingt, weil das

Großsegel durch Abwinde vom Spinnaker, durch die Spinnakerschot oder auch dadurch, daß die Baumnock bei starker Krängung im Wasser schleift, festgehalten wird. Deshalb muß der Baum schnell steigen können, so daß sich das Segel verwindet, im Kopfteil zu killen beginnt und der seitwärts gerichtete Winddruck oben aus dem Segel abfließt. Die Wirkung ist vor allem eine merkliche Reduzierung der Krängungskraft im Topp. Das Boot segelt aufrechter, das Drehmoment, das aus Winddruck und Wasserwiderstand entstanden ist, wird reduziert, und das Ruder kann den Rest kompensieren.

Was tun? Man muß sofort Baumgei oder Baumniederholer ausrauschen lassen oder lösen, damit der Großbaum steigen kann. Der Spinnaker krängt das Boot natürlich auch und zieht es zugleich nach vorne. Steht das Segel zu dicht, ist die Krängungskraft möglicherweise größer als der Vortrieb, so daß eine Präventivmaßnahme, die sich nur aufs Großsegel bezieht, das Drehmoment nicht oder nicht genügend reduziert, um ein Querschlagen zu verhindern, besonders wenn sich das Fieren von Baumgei oder Baumniederholer so lange verzögert, daß die Ruderlage das Boot schon abstoppt. Also muß man den Spinnaker ständig scharf im Auge behalten, um den kritischen Augenblick auszumachen, in dem er mehr schadet als nützt. Ist dieser Augenblick erreicht, wird er besser gegen ein oder zwei Vorsegel (je nach Takelungsart) ausgewechselt, mit denen man das Boot wieder unter Kontrolle hat. Bei einer Genua liegt der Segeldruckpunkt tief (weniger Krängung), und ihr Achterliek ist flacher als das eines Spinnakers (mehr Vortrieb als Krängung oder gar Widerstand auf einem raum-vorlichen Kurs). Besteht also trotz rechtzeitiger Verminderung des Winddrucks im Großsegel weiterhin die Gefahr des Querschlagens, muß man auch sofort den Spinnaker zum Einfallen bringen, damit das Gleichgewicht der Kräfte wiederhergestellt wird. Abgesehen von seiner Gefährlichkeit, stoppt auch das andauernde „Geigen" – ein Rollen um 90 Grad und gelegentlich mehr – das Boot zu oft ab, so daß die Durchschnittsgeschwindigkeit geringer ist als die mit normalen Vorsegeln zu erreichende.

Querschlagen nach Lee Bevor wir uns einem neuen Thema zuwenden, sollten wir noch einen Blick auf die schlimmste Art des Querschlagens werfen, die dann eintritt, wenn das Boot nach Lee dreht. Höchstwahrscheinlich ist der Großbaum mit einer Gei zur Leereling gezurrt, so daß er beim Querschlagen nach Lee nicht einfach zur anderen Seite schwingen (schiften) kann. Fällt also der Wind erst einmal von der falschen Seite ins Großsegel, wird das Boot festgenagelt; der Spinnaker versucht es zur einen und das Großsegel versucht es zur anderen Seite zu drehen, es verliert alle

Fahrt, so daß auch das Ruder keine Wirkung mehr hat. Der einzige Weg aus dem Dilemma ist, die Großbaumgei zu lösen, so daß das Großsegel auf die andere Seite saust und das Boot wieder Fahrt aufnimmt. Um diese Aktion zu erleichtern, wird auf einigen Booten das Geitau zu einer Klampe in der Plicht geführt. Alles geschieht sehr schnell, so daß die Crew sich sofort vor dem überkommenden Großbaum in Sicherheit bringen muß, während der Rudergänger schon darauf gefaßt ist, daß das Boot wieder Fahrt aufnimmt und er es unter Kontrolle zu bringen versucht. Dabei muß er sehr schnell und sehr vorsichtig vorgehen, weil sonst die Gefahr besteht, daß er das Boot von einem Querschlagen zum nächsten steuert. Unter solchen Umständen hält ein kleines Stagsegel wie der Tallboy oder eine Sturmfock den Gesamtsegelschwerpunkt vorne, bietet mehr Segelfläche dort, wo sie auf solchem Kurs zum Wind nützlich ist, und kompensiert zugleich den durch ein gerefftes Großsegel verminderten Vortrieb. Vorsicht ist besser als noch so gekonnte Rettungsmaßnahmen – also sollte man in schwerem Wetter nicht platt vor dem Wind laufen, wo die Gefahr besteht, daß der Wind hinter das Großsegel faßt.

Trimm ist auch in leichten Winden schwierig, wie man wohl auf der britischen Yacht MARIONETTE im Solent, mit BATTLECRY und MORNING CLOUD in Luv, erkennen muß.

Alastair Black

8 Mannschafts-Drill

Das Halsen

Das Halsen unter Spinnaker ist vielleicht das gefürchteste Manöver überhaupt. Wird es nicht korrekt ausgeführt, endet es mit einiger Sicherheit ziemlich unangenehm. Wird es jedoch richtig ausgeführt, wobei nur einige einfache Regeln zu beachten sind, gibt es keinen Grund, warum es nicht erfolgreich zu Ende gebracht werden kann. Wie fast überall macht auch hier Übung den Meister.

Grundregeln

Die wichtigste dieser Regeln besagt, daß das Boot während des Segelschiftens keinesfalls seinen Kurs ändern darf, sondern exakt vorm Wind gesegelt werden muß. Dazu braucht man einen fähigen Rudergänger – nicht jenes Crewmitglied, auf das man am leichtesten verzichten zu können glaubt, damit die Erfahreneren für die Segelbedienung eingesetzt werden. Ein Crewmitglied muß das Kommando haben – gewöhnlich, aber nicht notwendigerweise ist es der Rudergänger –, damit die Kommandos koordiniert kommen und nicht als Potpourri voneinander unabhängiger und sich gelegentlich widersprechender Befehle.
An diesem Punkt sind die Instrumente zur Windanzeige zu erwähnen. Sie sind wertvoll, doch sollte die Spreizung der Windlupe nicht nur am Wind (wie üblich), sondern auch auf Vormwindkursen arbeiten, weil – besonders nachts – ein genaues Wissen um die Richtung, aus der der Wind weht, sehr wichtig ist. Sogar ein einfacher Windrichtungsanzeiger im Masttopp kann hier schon viel helfen. Der Rudergänger sollte solche Anzeigehilfen benutzen, um während des Schiftens platt vorm Wind zu bleiben.
Die nächste Regel besagt, daß man sich unbedingt versichern muß, daß alles klar läuft, daß Schoten und Achterholer frei laufen und daß die freie Schot nicht unter der Spinnakerbaumnock liegt.
Schließlich muß jedes Crewmitglied genau wissen, was von ihm gefordert wird. Für jede anfallende Arbeit muß ein Crewmitglied eingeteilt sein. Oft tauchen nur deshalb Probleme beim Halsen auf, weil ein wichtiger Arbeitsgang bei der Einteilung übersehen wurde, so daß der Spinnakerbaum außer Kontrolle gerät oder das Segel nicht im richtigen Augenblick getrimmt wird.

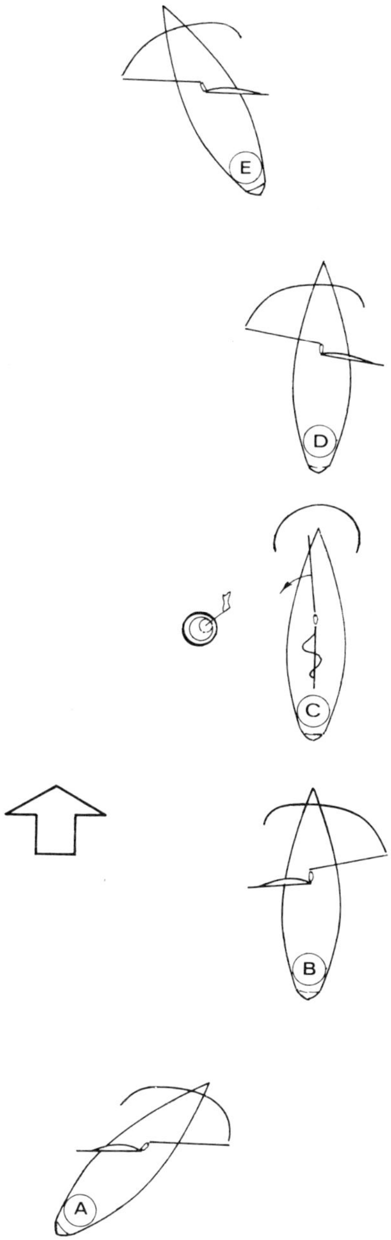

Um das Raumfaß. Für die Dauer des Halsens sollte das Boot platt vor dem Wind gehalten werden. Mit wachsender Praxis und Routine wird diese Zeitspanne, in der alles vorbereitet und der Spinnaker danach neu getrimmt werden muß, immer kürzer werden, so daß das Manöver schließlich als ein sanfter Übergang vom einen auf den anderen Kurs zum Wind erscheint, bei dem nur die Segel gleichmäßig überzugehen scheinen.

A = Kurs vor der Entscheidung zum Halsen.
B = Dicht vor dem Halsen; das Boot liegt vor dem Wind.
C = Die Segel gehen über.
D = Das Halsen ist beendet; der Spinnakerbaum ist wieder angeschlagen.
E = Das Boot liegt auf dem neuen Kurs.

Halsen mit einem Baum

Wir nur ein Spinnakerbaum gefahren, muß der Mastschlitten beim Halsen so hoch stehen, daß der Baum unter dem Vorstag hindurchtauchen und zur anderen Seite schwingen kann. Dabei muß er nicht nur vom Vorstag klar laufen, sondern auch von der Genua, wenn diese auf Deck festgezurrt ist. Im Prinzip läuft das Manöver so ab, daß die äußere Spinnakerbaum-Nock am Luvschothorn vom Achterholer abgeschlagen wird, dann unter dem Vorstag hindurch zur anderen Seite genommen, dort am anderen Schothorn in den neuen Achterholer eingepickt und dann wieder hochgezogen wird. Fährt das Boot ein Trimm- oder Babystag, muß dieses natürlich gelöst und zum Mast zurückgeführt werden, damit der Spinnakerbaum ungestört innerhalb des Vorsegeldreiecks übergenommen werden kann. Soll das Stag auf dem neuen Bug wieder gesetzt werden, muß es auch über den Baum geführt werden.

Einfache Schot und Achterholer Kleine Boote werden für jedes Schothorn des Spinnakers nur eine Leine fahren, die dann je nachdem, auf welchem Bug das Boot segelt, als Schot oder als Achterholer dient. Wir nehmen wieder an, daß wir auf Backbordbug segeln, so daß das Großsegel auf der Backbordseite und der Spinnakerbaum auf der Steuerbordseite stehen.
Ein Crewmitglied geht aufs Vordeck, eines zum Toppnant, eines zum Niederholer (sind beide korrekt geführt, so können sie auch von demselben Crewmitglied bedient werden), und jeweils eines bedient Schot und Achterholer. Der Rudergänger bedient zugleich die Großschot. (Man benötigt also auch auf kleineren Booten zum Halsen mit Spinnaker wenigstens drei Leute.)
Sind alle Vorbereitungen abgeschlossen, vergewissert sich der Rudergänger noch einmal, daß er platt vor dem Wind segelt, und gibt dann das Kommando zum Schiften. Dies ist wichtig; denn wenn die Crew schon mit dem Schiften beginnt, bevor das Boot platt vor dem Wind liegt, kann vieles falsch laufen. Als erstes muß der Vordecksmann die Baumnock vom Achterholer lösen und ihn nach innen ziehen, während zugleich der Toppnant gefiert wird. Er sollte zunächst nur soweit gefiert werden, daß die Baumnock knapp über den Bugkorb innenbords schwingt. Während der Baum nach unten wegsackt und von dem Mann im Bug ergriffen wird, sollte das Großsegel überkommen.
In diesem Moment muß der Rudergänger wirklich sehr konzentriert arbeiten und das Boot unbedingt platt vorm Wind halten. Wahrscheinlich muß er mit dem Ruder sogar ein wenig ausgleichen, weil das Großsegel das Boot herumzuziehen sucht, sobald es sich auf dem neuen Bug füllt. In leichtem Wetter kann der Großbaum von Hand, ohne Hilfe durch die Großschot übergewor-

fen werden, aber in schwerem Wetter ist es besser, die Großschot erst einmal dichtzuholen, so daß die Kraft des überkommenden Baumes ein wenig durch den kurzen Weg, den er jetzt nur noch nehmen kann, aufgefangen wird. Man holt die Großschot soweit dicht, bis der Baum von allein übergeht, und fiert sie dann wieder in dem Maße, in dem der Baum nach außen zieht. Kommt das Großsegel im richtigen Augenblick über und hält das Boot während des Schiftens Kurs, wird der Spinnaker weiterhin voll stehen. Schwingt der Spinnakerbaum nicht von allein zum Vordecksmann, der jetzt im Bugkorb auf ihn warten sollte, so wird er mit dem Niederholer herangezogen. Der Mann im Bugkorb führt den Baum am Vorstag vorbei. Steht die innere Baumnock nicht hoch genug, wird der Baum nicht unter dem Vorstag hindurchgehen. Das gleiche kann geschehen, wenn der Toppnant nicht genug gefiert ist. Ist er zu weit gefiert, bleibt die Baumnock am Bugkorb hängen. Am besten markiert man die korrekte Höhe der inneren Baumnock am Mast und ebenso den Toppnant in der Plicht, so daß man sofort weiß, ob die Baumhöhe richtig eingestellt ist. Ist die Leine zu stark gefiert, muß der Baum über den Bugkorb gehoben werden; ist sie nicht stark genug gefiert, kommt der Baum nicht unter dem Vorstag hindurch.
Ist die Baumnock erst einmal unter dem Vorstag hindurch, drückt sie der Vordecksmann nach Backbord hinaus (was zugleich bedeutet, daß der Mann am Niederholer entsprechend fieren muß) und pickt sie in die alte Spinnakerschot ein. Dann wird der Baum auf seine richtige Höhe angehoben. Der Niederholer wird belegt, und der neue Achterholer wird dichtgeholt, bis das Schothorn bis zur Baumnock durchgeholt ist. Ein Crewmitglied trimmt inzwischen schon die neue Schot (auf der Steuerbordseite) auf die richtige Position zum Wind.

Doppelte Schoten und Achterholer Eines der Probleme, die dann auftreten, wenn eine einzige Leine als Schot und als Achterholer benutzt wird, ist, daß die Spinnakerbaumnock in die alte Schot eingepickt werden muß, während diese noch arbeitet. Die Leine, die bis zum Schiften als Schot gedient hat, nimmt noch immer den Zug des Segels auf, während der Spinnakerbaum geschiftet wird; und doch muß der Vordecksmann sie irgendwie in den Nockbeschlag zwingen, damit sie ihre neue Rolle als Achterholer übernehmen kann. Er kann natürlich den Nockbeschlag irgendwo in der alten Schot einpicken, aber bei einem großen Segel wird dies bei geringem Winddruck schon schwierig, wenn nicht gar unmöglich; Schothorn und Schot stehen zu weit außenbords. Fährt man an jedem Schothorn des Spinnakers Schot und Achterholer, entfällt dieses Problem – wenn auch neue auftreten.
Der freie Achterholer (in unserem Fall auf der Backbordseite) wird

Methoden des Schiftens. Ein Baum, der umgedreht wird (1). Der Baum taucht unter dem Vorstag durch, jeweils nur eine Schot und ein Achterholer (2). Der Baum taucht unter dem Vorstag durch, doppelte Schoten und Achterholer (3). Schiften mit zwei Spinnakerbäumen (4).

A = Schot.
A_1 = Freie Schot.
B = Achterholer.
B_1 = Freier Achterholer.
C = Toppnant.
D = Baumniederholer.

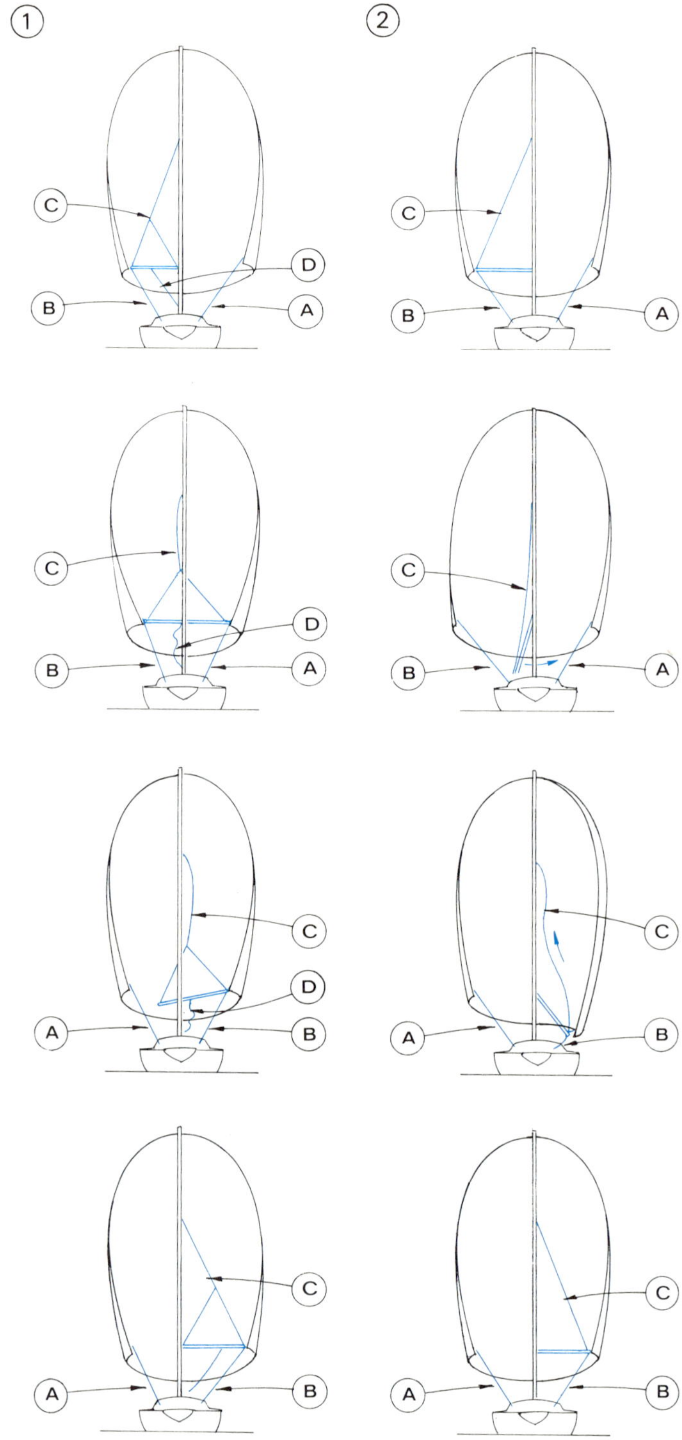

③

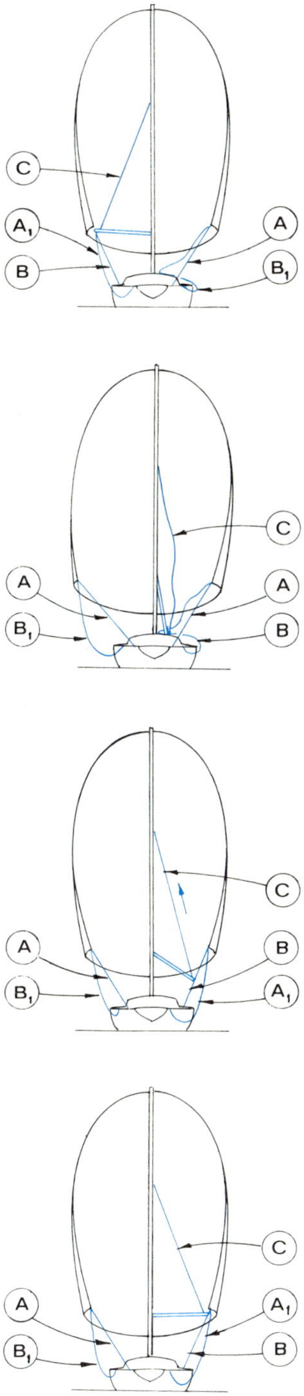
C
A_1
A
B
B_1
C
A
A
B_1
B
C
A
B
B_1
A_1
C
A
A_1
B_1
B

④

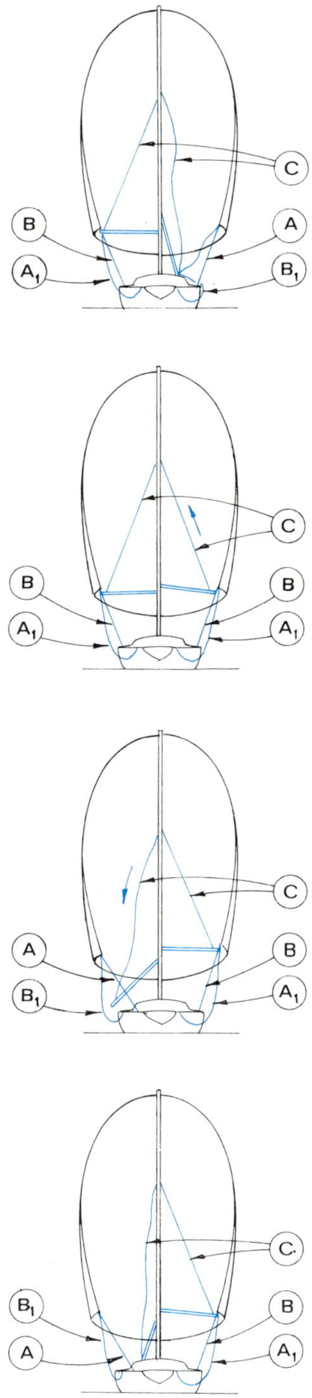
C
B
A
A_1
B_1
C
B
B
A_1
A_1
C
A
B
B_1
A_1
C
B_1
B
A
A_1

Gegenüber: Spinnakerwechsel mit dem zweiten Spinnaker innen. Das Crewmitglied ist bereits dabei, das Luvschothorn des äußeren Spinnakers abzuschlagen.

Hood Sailmakers

von der Plicht aus gefiert, so daß man ihn in einer Bucht nach vorne zum Bugkorb in bequeme Reichweite des dort aufgestellten Crewmitglieds bringen kann. Sobald der Baum zu ihm hereingeschwungen ist, legt er den freien Achterholer in den Nockbeschlag und achtet dabei darauf, daß die Leine den richtigen Weg durch den Beschlag läuft. Das geht ganz einfach: Man hält die Bucht des Achterholers so in der Hand, daß jener Teil der Leine, der zwischen der Hand und dem Holepunkt liegt, in den Nockbeschlag gelegt wird. Das hört sich ein wenig kompliziert an, doch es wird verständlich, wenn man es einmal ausprobiert hat. Liegt die Genua fertig zum Setzen an Deck, muß die Vordeckshand darauf achten, daß ihre Schot oben über den Spinnakerbaum läuft, damit sie nicht unter den Baum kommt, wenn dieser rasch abgesenkt und die Genua auf einem Amwindkurs schnell wieder gesetzt werden soll.
Sobald der Achterholer im Nockbeschlag des Spinnakerbaums liegt, wird der Niederholer bis zur korrekten Länge gefiert und der Baum angetoppt. Der Backbord-Achterholer wird dann dichtgeholt, bis das Schothorn an der Baumnock sitzt – genauso wie wenn man nur eine Leine an jedem Schothorn fährt. Hat der Achterholer den Zug des Segels übernommen, kann die Schot leicht gefiert werden, bis sie wieder gebraucht wird. Sorgfältig sollte man darauf achten, daß diese freie Schot oben über die Baumnock läuft. Ist dies nicht der Fall, kommt der Baum später nicht nach unten, wenn er vom Achterholer abgeschlagen wird.
Inzwischen wurde auch der alte Achterholer auf der Steuerbordseite von seiner Pflicht befreit, weil hier die Schot den Zug übernommen hat. Mit der Schot wird jetzt das Segel getrimmt.

Halsen mit zwei Spinnakerbäumen

Halsen mit zwei Bäumen erfordert auf jeden Fall doppelte Schoten und Achterholer. Die Vorarbeiten gleichen ziemlich den eben beschriebenen, außer daß der zweite Baum schon geriggt und in seine korrekte Position gebracht wird, bevor der erste abgeschlagen ist. Der Vorteil ist eine bessere Kontrolle des Spinnakers, weil immer wenigstens ein Schothorn von einem Baum gehalten wird. Das Manöver dauert zwar ein wenig länger, als wenn man nur einen Baum unter dem Vorstag hindurch zur anderen Seite bringt, doch zumindest auf großen Booten, die ein inneres Vorstag fahren, sind zwei Spinnakerbäume notwendig.
Die Vordeckshand schlägt die innere Baumnock am Mastbeschlag an, während die äußere Nock auf dem Bugkorb ruht – in unserem Fall natürlich Backbord vom Vorstag. Die Genuaschot muß oben über den Baum laufen, damit kein Durcheinander entsteht, falls man den Spinnaker schnell bergen muß. Der Toppnant wird ange-

4785

schlagen, und die Bucht des freien Achterholers, die auf der Backbordseite nach vorne genommen wurde, wird in den Nockbeschlag eingelegt, so daß sie korrekt läuft, wenn der Baum in seine Position gebracht wird. Sobald alle Leinen geriggt sind, wird der neue Baum angetoppt und auf die richtige Höhe und die richtige seitliche Position zum Wind getrimmt. Der Achterholer wird dichtgeholt, so daß er auf der Backbordseite zugleich mit der alten Schot den Zug des Segels übernimmt. Jetzt muß der Baum mit der Nock am Schothorn in seiner Stellung fixiert werden, indem neben dem Achterholer auch Toppnant und Niederholer durchgesetzt und belegt werden.
Die neue Schot auf der Steuerbordseite wird nun ebenfalls dichtgeholt, so daß der Spinnaker nun für kurze Zeit an jedem Schothorn einen Baum hat, wobei an jeder Seite Schot und Achterholer zugleich sein Gewicht aufnehmen. Jetzt erst schiftet man das Großsegel und schlägt den alten Spinnakerbaum (auf der Steuerbordseite) vom alten Achterholer ab, der dann leicht gefiert werden kann, bis er wieder gebraucht wird; ebenso wird die alte Schot auf der Backbordseite gefiert.
Das hört sich vielleicht ein wenig kompliziert an; doch ich habe es oft genug erlebt, daß dieses ganze Manöver sogar von der Plicht aus, also ohne ein Crewmitglied auf dem Vordeck, gefahren wurde, wenn erst einmal der neue Achterholer im Nockbeschlag des innerhalb des Bugkorbs liegenden neuen Spinnakerbaums eingelegt worden war.

Schiften durch Umdrehen des Baums

Auf Booten mit einem festen inneren Vorstag – oder, in seltenen Fällen, wenn der Baum länger ist als die Regeln erlauben – kann der Spinnakerbaum nicht unter dem Vorstag hindurchtauchen. In diesem Fall muß der Baum vom Mast und vom Achterholer abgeschlagen, quer übers Vorschiff genommen und auf der anderen Seite wieder an beiden Enden eingepickt werden. Meistens ist es jedoch bequemer, erst das innere Baumende vom Mast zu lösen und in die Leine am Leeschothorn einzupicken, um dann die äußere Nock vom Luvschothorn abzuschlagen und am Mast zu befestigen.
Der Spinnaker fliegt natürlich frei, während der Baum auf diese Weise umgedreht wird. So ist dieses System nur auf kleinen Booten praktikabel, weil ein größeres Segel, das entsprechenden Winddruck aufnimmt, dabei allzu leicht außer Kontrolle gerät. Sogar auf kleinen Booten wie dem Drachen kann ein solches Halsemanöver bei Windstärke 4 zu einem spannenden Kampf mit Spinnaker und Spinnakerbaum ausarten. Das System kann nur funktio-

nieren, wenn Toppnant und Niederholer in der Baummitte angreifen, entweder direkt am Baum oder über einen Läufer oder eine Hahnepot. Ist eine der Leinen oder sind gar beide an der Baumnock befestigt, müssen sie jedesmal ab- und am anderen Baumende wieder angeschlagen werden, was das gesamte Manöver unnötig erschwert.

Schlußfolgerungen

Man kann ohne weiteres von einem Raumschotskurs auf den anderen halsen; doch liegt auch dabei das Geheimnis darin, daß das Boot platt vor dem Wind gesegelt wird und der Spinnaker vollständig außenbords getrimmt ist, wenn auch nur für den kurzen Moment des Schiftens selbst. Nur platt vor dem Wind dürfen der Baum oder die Bäume gesetzt und das Schiften durchgeführt werden, und erst danach kann man auf den neuen Kurs abfallen. Eine sehr geübte Crew kann dieses zentrale Manöver auf Sekunden reduzieren, so daß das Boot vom einen auf den anderen Bug zu drehen scheint; doch in Wahrheit wird das Manöver in drei Stadien ausgeführt: Zuerst dreht das Boot platt vor dem Wind, dann werden die Segel geschiftet und dann fällt das Boot auf den neuen Raumschotskurs ab.
Halsen ist ein Manöver, das gute Teamarbeit erfordert. Es muß deshalb geübt werden, und wenn nötig, kann dieses Üben schon trocken, also ohne Spinnaker, vor Anker oder am Steg beginnen. Das Schwenken des Spinnakerbaums durch das Vorsegeldreieck oder der Wechsel vom einen zum anderen Spinnakerbaum kann auf diese Weise so lange wiederholt werden, bis jedermann seine Aufgabe im Schlaf kennt und kein Arbeitsgang ausgelassen oder in falscher Reihenfolge ausgeführt wird. Auch dann sollte man es draußen noch nicht gleich bei stärkerem Wind und vielleicht auch noch bei einem Seegang, der das Boot hin und her wirft, probieren, sondern zunächst einmal bei leichtem Wetter und ruhiger See. Dann kann man so lange von einem auf den anderen Bug halsen, bis die gesamte Crew und jeder, der als Rudergänger vorgesehen ist, das Manöver perfekt beherrscht. Jetzt kann man den Schwierigkeitsgrad allmählich vergrößern: Man sucht sich eine Wendemarke und überprüft dabei das Timing, man halst von Raumschotskurs auf Raumschotskurs, um zu prüfen, wie lange man dabei platt vorm Wind steuern muß. Man übt bei immer größeren Windstärken; schließlich übt man das Manöver auch nachts.

Spinnakerwechsel

Ein Spinnakerwechsel, bei dem der neue Spinnaker gesetzt wird, bevor man den alten herunternimmt, kommt hauptsächlich auf

Regattayachten vor, wenn es nötig erscheint, einen Normalspinnaker gegen einen Floater oder einen Starcut auszuwechseln. Das neue Segel wird an einem zweiten Fall geheißt, und zwar entweder innerhalb oder außerhalb des alten Spinnakers; die Schot wird bereits dichtgeholt, bevor man den alten Spinnaker niederholt.
Man braucht dafür nicht nur zwei Spinnaker, sondern natürlich auch zwei Spinnakerfalle. Ein Stropp am Bugbeschlag, wie er für den Big Boy benötigt wird, ist auch hier nützlich.
Bei dem Manöver verdrehen sich die Falle im Masttopp. Ob der zweite innerhalb oder außerhalb des alten Spinnakers gesetzt wird, hängt deshalb davon ab, wie die beiden Falle in diesem Augenblick zueinander stehen: Die halbe Drehung wird sich entweder enttörnen oder zu einer ganzen vertörnen, so daß man das Manöver notwendigerweise nach dem Stand der Falle ausrichten muß.

Setzen innerhalb

Es gilt zunächst den Fall zu betrachten, daß der zweite Spinnaker innerhalb des ersten, schon gesetzten, geheißt werden soll, so daß danach der alte Spinnaker außerhalb des neuen niedergeholt werden muß. Der neue Spinnaker wird an Deck gebracht und sein Sack in der üblichen Position an der Leereling etwa auf halber Länge des Vordecks gut befestigt. Der freie Achterholer wird vom Leeschothorn des bereits gesetzten Spinnakers abgeschlagen und nun kurzzeitig als Schot für das neue Segel benutzt, bis nach dem Manöver alles aufgeklart und die richtige Schot am neuen Schothorn angeschlagen werden kann.
Als nächstes befestigt man das Luvschothorn des neuen Segels an dem Halsstropp, bis das alte Segel geborgen und dessen Achterholer für den neuen Spinnaker parat ist. Am besten führt man den Halsstropp mit einem halben Schlag um das Vorstag, etwa 60 bis 90 Zentimeter über Deck, wobei das eine Ende mit dem Schnappschäkel etwa 30 Zentimeter frei bleibt und das untere Ende an Deck befestigt wird, damit der halbe Schlag nicht am Stag hinaufläuft, sobald Zug auf die Leine kommt. Sind Lufschothorn am Halsstropp und Leeschothorn am Achterholer befestigt, kann das Segel innerhalb des alten Spinnakers gesetzt werden und sich füllen.
Jetzt muß das andere Segel geborgen werden. Dazu schlägt man das Luvschothorn des alten Spinnakers vom Achterholer und von der Spinnakerbaumnock ab. Möglicherweise muß man dazu den Baum erst bis ans Vorstag fieren und die Nock auch etwas senken, so daß man sie von Deck aus erreichen kann. Ist das Luvschothorn frei, weht das Segel nach Lee vom neuen Spinnaker aus und kann dann auf übliche Weise unter dem Großbaum in die Plicht gezogen werden.

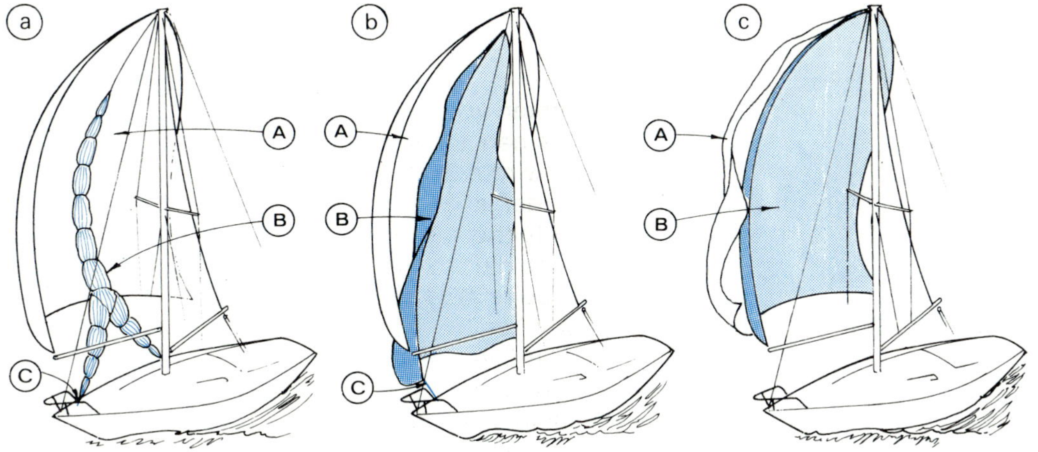

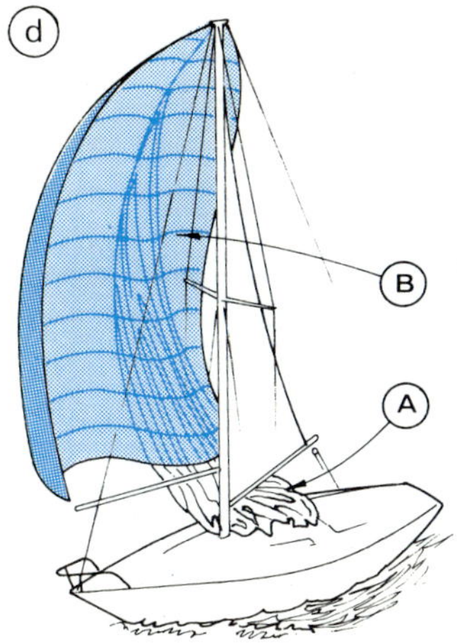

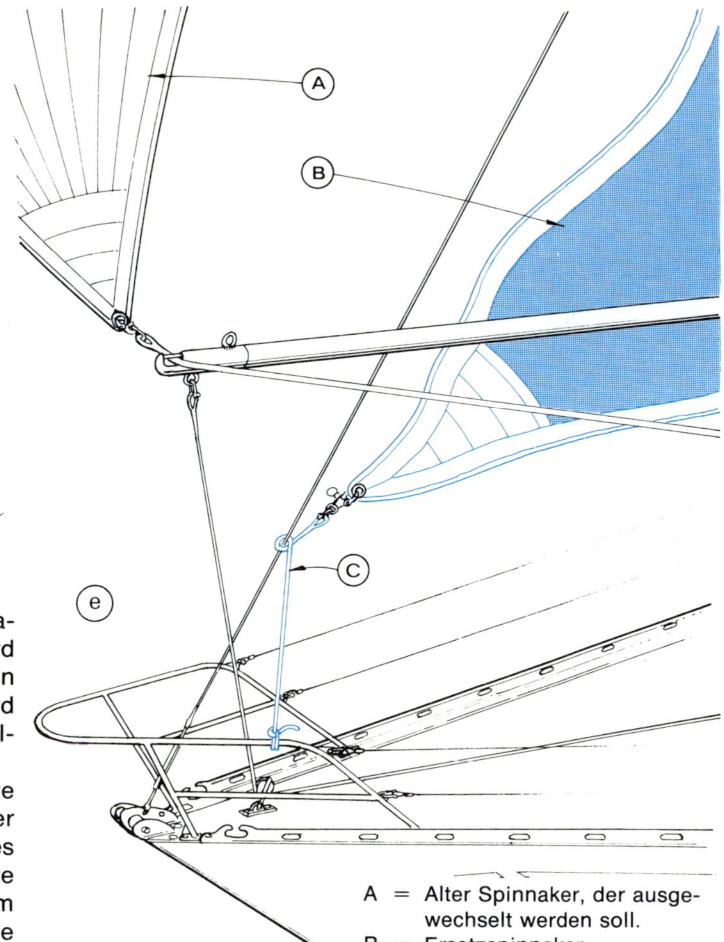

Spinnakerwechsel mit dem zweiten Spinnaker innen: (a) Der zweite Spinnaker wird aufgetucht innerhalb des bereits stehenden Spinnakers geheißt. (b) Das neue Segel wird am Luvschothorn von einem Stropp gehalten und kann sich jetzt füllen.
(c) Steht das neue Segel voll, wird das alte am Spinnakerbaum abgeschlagen, und der Achterholer wird am Luvschothorn des neuen Spinnakers eingepickt. (d) Das alte Segel wird niedergeholt und unter dem neuen und dem Großbaum hindurch in die Plicht gezogen. (e) Detail von Baumnock und Stropp. Man beachte, daß der Stropp mit einem halben Schlag ums Vorstag gelegt und der untere Tampen belegt wird.

A = Alter Spinnaker, der ausgewechselt werden soll.
B = Ersatzspinnaker.
C = Der Stropp.
(Um der Deutlichkeit willen wurden nicht alle Kontrolleinen gezeichnet.)

Während dieses Arbeitsgangs hat die Vordeckshand den Achterholer, der dazu von der Plicht aus gefiert werden muß, ergriffen und am Hals des neuen Segels eingepickt, das immer noch vom Halsstropp gehalten wird. Sobald dies erledigt ist, wird der Achterholer soweit dichtgeholt, daß er jetzt den Zug des Segels aufnimmt und man den Halsstropp abschlagen kann. Dann braucht nur noch der Baum wieder auf seine Position nach achtern gezogen zu werden, und der neue Spinnaker kann getrimmt werden.
Sobald der alte Spinnaker verstaut ist, kann die Schot, die an seinem Leeschothorn saß, abgeschlagen und am Schothorn des neuen Spinnakers befestigt werden, das bis jetzt vom freien Achterholer gehalten wurde.

Setzen außerhalb

Wenn der zweite Spinnaker außerhalb des schon gesetzten Segels geheißt werden soll, muß der alte Spinnaker dann natürlich innerhalb des neuen heruntergenommen werden, sobald dieser steht.
Das Manöver gleicht dem eben erklärten. Das Fall wird so geführt, daß es das neue Segel unter dem Unterliek des alten Spinnakers hochzieht, so daß es sich außen vor dem stehenden Segel füllt. Der Hauptunterschied besteht in der Bedienung des Luvschothorns des neuen Segels. Während zuvor der Hals des neuen Spinnakers mit einem Halsstropp gesichert war, muß jetzt das Luvschothorn des alten Segels, das geborgen werden soll, vom Achterholer an der Spinnakerbaumnock zum Halsstropp am Vorstag umgeschäkelt werden. Damit bekommt man den Achterholer frei für das Luvschothorn des neuen Segels. Es ist wichtig, diesen Unterschied klar zu begreifen und zu behalten, da sonst an der Baumnock eine heillose Wuling entsteht.
Beide Arten des Spinnakerwechsels sind schnell und ohne Schwierigkeiten auszuführen. Alle Regattacrews auf Booten, die dafür ausgerüstet sind, sollten sie üben. Führt man die Manöver mehrmals nacheinander aus, so kann sich möglicherweise das eine Fall um das andere vertörnen, wenn man nicht die richtige Reihenfolge von innerer und äußerer „Pelle" beachtet. Dann gibt es nur zwei Möglichkeiten, die Falle wieder zu enttörnen, wenn man nicht warten will, bis alle Spinnaker geborgen werden. Entweder führt man noch weitere Spinnakerwechsel in der richtigen Reihenfolge durch, bis die Falle enttörnt sind, oder man schickt einen Mann in den Masttopp, um das freie Fall von Hand zu lösen und zu enttörnen.

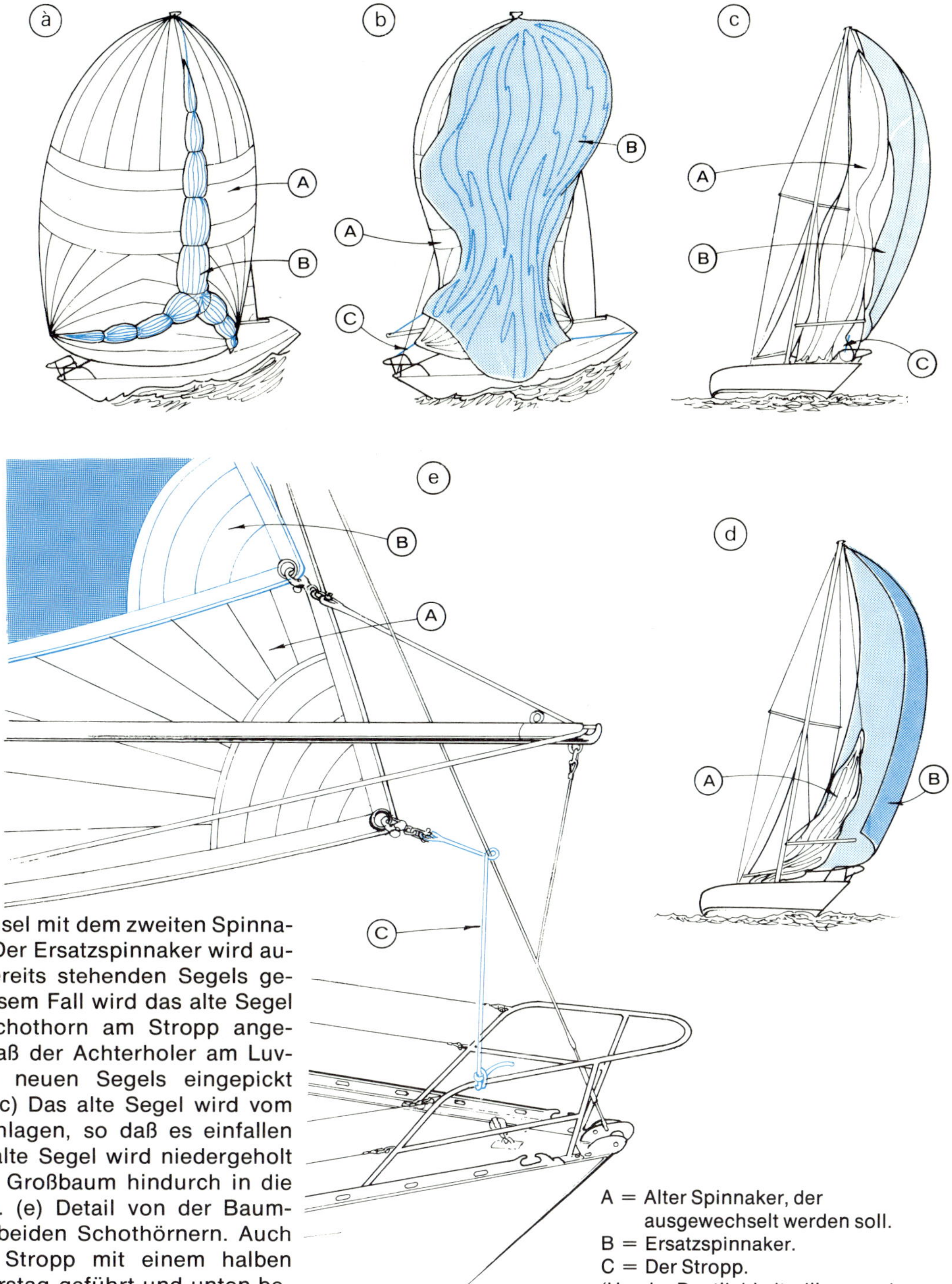

Spinnakerwechsel mit dem zweiten Spinnaker außen: (a) Der Ersatzspinnaker wird außerhalb des bereits stehenden Segels gesetzt. (b) In diesem Fall wird das alte Segel mit dem Luvschothorn am Stropp angeschlagen, so daß der Achterholer am Luvschothorn des neuen Segels eingepickt werden kann. (c) Das alte Segel wird vom Stropp abgeschlagen, so daß es einfallen kann. (d) Das alte Segel wird niedergeholt und unter dem Großbaum hindurch in die Plicht gezogen. (e) Detail von der Baumnock und den beiden Schothörnern. Auch hier muß der Stropp mit einem halben Schlag ums Vorstag geführt und unten belegt werden.

A = Alter Spinnaker, der ausgewechselt werden soll.
B = Ersatzspinnaker.
C = Der Stropp.
(Um der Deutlichkeit willen wurden nicht alle Kontrolleinen gezeichnet.)

9 Praktische Tips

Spinnakersegeln, besonders unter Regattabedingungen, erfordert tatsächlich einen Drill der Crew: Üben, bis jeder seine Rolle im Schlaf kennt, ruhiges und logisches Ausarbeiten jedes Handgriffs, damit die Manöver ohne Komplikationen erfolgreich verlaufen. Doch in der Praxis ist es nicht immer möglich, eine Crew, mit der man segeln will, erst auf diese Weise einzuüben. So widme ich dieses Kapitel Tips und Hinweisen, die aus der Praxis kommen und unterschiedliche Manöver und Voraussetzungen betreffen. Unausweichlich wird sich einiges wiederholen, doch hoffe ich, daß es nützlich und nicht langweilig wird.

Spinnakersetzen

Die erste Frage ist oft nicht: „Welchen Spinnaker sollen wir setzen?“, sondern: „Soll überhaupt einer gesetzt werden?“ Um diese Frage zu beantworten, beschreibt man am besten alle jene Gelegenheiten, in denen sich ein Spinnaker nicht auszahlt.

Scheinbarer Wind Zunächst einmal muß der scheinbare Wind aus solcher Richtung wehen, daß die ‚Blase‘ überhaupt gesetzt werden kann. Halber Wind oder ein Wind achterlicher als querab ist natürlich brauchbar, doch wenn der scheinbare Wind vorlicher als 50 Grad vom Bug einfällt, braucht man schon einen speziellen Reacher. Auch der Winddruck ist entscheidend; der Winddruck vervierfacht sich bei einer Verdopplung der Windgeschwindigkeit! Im allgemeinen kann man sagen, daß bei Windgeschwindigkeiten über 10 Knoten der Einfallswinkel des scheinbaren Winds um 10 Grad größer sein muß. Stand und zog zum Beispiel ein Starcut bei einem Windeinfallswinkel von 50 Grad zufriedenstellend, so muß man jetzt auf 60 Grad zum Wind abfallen. Frischt der Wind um weitere 10 Knoten auf, muß man auf 70 Grad zum Wind abfallen, damit das Segel noch richtig steht und zieht. Frischt er um weitere 10 Knoten auf, muß man das Segel herunternehmen.
Auf raum-vorlichen Spinnakerkursen achte man auf die Lee-Hälfte des Segels. Rollt sich das Leeliek scharf ein, so daß der Zug aus diesem Teil des Segels achterlicher als querab gerichtet ist, wirft es höchstwahrscheinlich auch Abwinde ins Großsegel. Kann man

den Spinnakerbaum nicht tiefer setzen, um das Luvliek zu straffen und das Leeliek abzuflachen oder kann man aus irgendeinem Grund die Schot nicht fieren, um den Druck im Segel mehr nach vorne zu bringen, fährt man sicherlich mit einem normalen Vorsegel besser.

Windstärke Segel und Bedienungsleinen stehen straffer und besser, wenn der Wind bis auf Windstärke 4 auffrischt, und damit gibt es auch weniger Fehlerquellen. Man muß dabei jedoch seine eigenen Grenzen kennen – wenn nicht, werden sie einem die Elemente schon bald zeigen –, und vieles hängt auch davon ab, ob man einen Schwertwetterspinnaker an Bord hat. Während ein Starcut für einige der Erfordernisse bei Windstärken über 4 gut geeignet ist, weil er flach geschnitten ist und nicht die breiten Schultern eines Normalspinnakers besitzt, verbessert ein echter Sturmspinnaker noch diese beiden günstigen Eigenschaften: Er ist oben extrem flach geschnitten, und seine Schultern sind fast gerade geschnitten. Außerdem ist er wahrscheinlich aus Tuchstärken von 2 oder sogar 3 Unzen (ca. 70 bis 110 g/m^2) hergestellt, und sein Unterliek ist hohl geschnitten, um einerseits die Segelfläche zu verkleinern und andererseits bessere Sicht nach vorne zu geben. Der nächste Schritt zur Verkleinerung der Segelfläche ist eine am Spinnakerbaum gegenüber dem Großsegel ausgebaumte Genua – und diese kann man wenigstens so lange fahren, bis der Wind auch dafür zu stark wird und eine Verkleinerung der Vorsegelfläche erforderlich macht.

Auftuchen

Hier ist die Frage, ob der Spinnaker aufgetucht gesetzt werden soll. Auftuchen verhindert, daß das Segel sich während des Heißens zu früh füllt. Dieses System wird bei großen Spinnakern (über 12 m in den Seitenlieken) schon fast überall angewendet, besonders auf raum-seitlichen und raum-vorlichen Kursen oder in schwerem Wetter. Die Arbeit und das Leben an Bord wird damit erheblich erleichtert, besonders für eine erfahrene Crew. Benutzt man keinen Spinnakerschlauch, setzen gute Crews wenigstens Sturm-, Schwerwetter- und Raum-Spinnaker aufgetucht, während Floater und normale Vormwind-Spinnaker direkt aus dem Sack gesetzt werden. Es kommt hier darauf an, was man selbst für das leichteste und wirksamste hält.
Ein guter Tip ist es, das untere Drittel des Spinnakers aufzutuchen, und zwar jede Seite für sich, so daß das Segel von der Mitte zu den Schothörnern in zwei Beinen auseinanderläuft und wie ein riesiger dreibeiniger Seestern aussieht. Damit bleibt das Segel auch unter

stärkerem Winddruck länger aufgetucht, und man kann Schot und Achterholer separat holen, ohne es auszubrechen. Freilich muß man darauf achten, daß die drei Ecken des Segels am Segelsack festgebändselt sind oder dort durch Gummiringe gehalten werden, damit sie sich nicht lösen, wenn der Sack auf dem Boot herumgeworfen wird.

Als wir anfangs über das Packen des Spinnakers sprachen, habe ich bereits darauf hingewiesen, daß man nur dann sichergehen kann, daß der Spinnaker sich beim Heißen nicht zu einer Eieruhr vertörnt, wenn er sich von unten nach oben füllt. Dabei drückt nämlich der Wind alle Vertörnung nach oben, bis sie schließlich vom Wirbelschäkel am Kopf und am Fall aufgenommen werden. Füllt der Wind zuerst das Kopfteil des Segels, besteht eine gute Chance, daß er es gelegentlich zuerst von der falschen Seite packt, und – peng! – hat man dann den Beginn einer Eieruhr. Auftuchen, die Verwendung von Spinnakerschlauch oder „Spee-Squeezer" sorgen dafür, daß sich der Spinnaker vom Unterliek an aufwärts mit Wind füllt.

Aus meiner Zeit bei der Segelmacherei Hood in England erinnere ich mich an einige Experimente. Wir benutzten einen Spinnakerschlauch mit Reißverschluß und packten den Spinnaker mit verdrehten Seitenlieken und teilweise vertörntem Tuch. Doch jedesmal, wenn der Schlauch geöffnet wurde (von unten nach oben natürlich), entfaltete der Wind zunächst das Unterliek und rückte dann nach oben, wobei er die Kinken fortlaufend enttörnte. Ich schlage ein solches Vorgehen nicht zur Nachahmung vor, doch sollte es uns ein wenig mehr Sicherheit geben.

Spinnakersetzen vor dem Wind

Auf einem echten Vormwindkurs bietet das Großsegel ein schönes Lee, in dessen Schutz man den Spinnaker in aller Ruhe heißen kann. Gerade aus diesem Grund plädiere ich immer dafür, den Spinnakersack ziemlich weit achtern auf dem Vordeck zu placieren. Sogar bei relativ viel Wind kann das Segel ruhig gehalten werden, wenn man die Schoten im Boot hält und sie nicht auswehen läßt, so daß sie das Segel zu früh vor den Wind bringen. Sobald der Baum nach achtern gezogen und die Schot dichtgeholt wird, entfaltet sich das Unterliek – gleichgültig ob man das Segel aufgetucht hat oder nicht –, und dann füllt sich das ganze Segel. Also sollte man Schot und Achterholer erst dichtholen, wenn das Fall ganz durchgesetzt und belegt ist.

Das Segel sollte immer so schnell wie möglich gesetzt werden, und dabei muß man ein Auge nach oben werfen, damit es sich nicht an der Saling oder anderswo verfängt. Es ist vernünftig, einen oder mehr Törns um die Winschtrommel zu legen (abhängig von der Windstärke), für den Fall, daß sich das Segel doch vorzeitig füllt; der Zug auf das Fall kann so stark sein, daß es ganz schön in der Hand brennt, wenn man ihn nicht schnell auf ein Hilfsmittel überträgt.

Spinnakersetzen auf Raumschotskursen

Ein aufgetuchtes Segel oder ein Segel im Spinnakerschlauch kann ohne Vorsegel im Vorsegeldreieck gesetzt werden, außer bei leichter Brise – wenn der scheinbare Wind geringer als Windstärke 3 ist –, aber ein nicht aufgetuchter Spinnaker wird auf Raumschotskursen am besten in Lee einer Genua gesetzt. Tut man dies nicht, wird sich das Segel öffnen und füllen, lange bevor es den Masttopp erreicht hat, und dann gibt es Schwierigkeiten, weil entweder der Zug zu stark ist, um es noch richtig hochzuziehen, oder weil es sich vertörnt.
Setzt man den Spinnaker raumschots aus einem Sack, kann man mit einiger Sicherheit Ärger voraussehen, wenn der Sack im Bugkorb sitzt, und zwar ganz unabhängig davon, ob man zusätzlich eine Genua fährt oder nicht. Besser befestigt man den Sack an der Leereling etwa auf halber Länge des Vordecks. Das Fall muß dann außen um die Genua herum geführt werden, und der Spinnaker wird unter dem Unterliek der Genua hindurch, aber über den obersten Relingsdurchzug hochgezogen. Das Segel geht ohne Schwierigkeiten an der Leeseite der Genua hoch und wird dort nicht nur durch das Fall, sondern auch durch die Turbulenzen im Unterdruckbereich des Luftstroms gehalten. Ein Crewmitglied, das beide Schothörner greift, kann hier den Spinnaker ohne weiteres festhalten. Soll er länger hier gehalten werden, kann man eine kurze Leine mit Stopperknoten um beide Schothörner legen und diese dann an jedem in der Nähe liegenden Beschlag befestigen.

Tips zum Segelsetzen

Bei der Vorbereitung zum Spinnakersetzen sind natürlich viele Punkte zu beachten, doch die folgenden werden erfahrungsgemäß von Zeit zu Zeit übersehen:

- Binde den Spinnakersack fest.
- Achte darauf, daß Schoten und Achterholer über die Relingsdurchzüge laufen und nicht zwischen ihnen hindurch.
- Achte darauf, daß die Genuaschot vorlich vom Toppnant über den Spinnakerbaum läuft. Wird die Genua niedergeholt, schlage ihre Schoten ab und verknote sie miteinander.

- Nimm einen Törn um die Spinnakerfall-Winsch.
- Belege den Niederholer (in einer Kammklemme).
- Halte soviel Zug auf der Schot, daß der Spinnaker sich nicht ums Vorstag wickeln kann, aber nicht zuviel, damit er nicht zu früh ausbricht.
- Breche in leichtem Wetter und bei aufgetuchtem Spinnaker das oberste Bändsel von Hand aus.

Ausbrechen

Ist das Segel vollständig geheißt, kann man die Bändsel (oder Gummiringe) ausbrechen, damit es sich füllt. Zu diesem Zweck zieht man zugleich an Achterholer und Schot, doch darf der Mann an der Schot nicht so heftig reißen, daß das Luvschothorn aus dem Nockbeschlag des Spinnakerbaums herausgezogen wird. Kommt der Wind von gut achterlich, kann der Mann an der Schot das gesamte Segel zur Baumnock hinüberschwingen lassen. Erst wenn die Baumnock nach achtern gezogen wird, reißt auch er an der Schot, um die Bändsel auszureißen, damit sich das Segel entfalten kann. Auch dabei entfaltet sich der Spinnaker von unten nach oben, so daß keine Eieruhr mit vertörnten Seitenlieken entstehen kann.

Trimm

Bis auf wenige Ausnahmen steht der Baum immer im rechten Winkel zum scheinbaren Wind und so hoch, daß beide Schothörner in einer Ebene schweben. Die Schot wird soweit gefiert, bis das Luvliek zu killen und einzufallen droht.
Bei steifen Winden wird schon beim Setzen der Schotholepunkt nach vorne versetzt. Der Baum steht tiefer und ein wenig vorlicher als normal; damit bekommt man wiederum beide Schothörner in eine Ebene und die Mittellinie des Segels parallel zum Mast.
Segelt das Boot auf rauher oder kabbeliger See, kann die Schot nicht so fein getrimmt werden wie auf ruhigem Wasser. Der Schotmann muß dies beachten; er wird das Segel wahrscheinlich leicht übertrimmen, doch sollte er es dabei nicht zu weit treiben. Die Wellen werden das Boot stark herumwerfen, so daß es kein Rudergänger genau auf Kurs halten kann. Der Schotmann muß dabei genau zwischen natürlichem Schlingern und jeder gefährlichen Unausgewogenheit der auf das Boot einwirkenden Kräfte unterscheiden können. Er sollte den Rudergänger beobachten; muß dieser stark Ruder legen, sollte er sofort die Schot fieren. Hilft dies nicht, muß man beobachten, ob sich das Großsegel nicht zu stark verwindet oder ob der Spinnakerbaum falsch steht.

Das Ruder

In dem Augenblick, in dem sich der Spinnaker füllt, ändert sich die Balance des Boots. Der Rudergänger muß darauf vorbereitet sein. Segelt das Boot raumschots, wird der Navigator nach dem besten Kurs gefragt: Fällt der Wind raum-vorlich ein, kann sich die Bootsgeschwindigkeit beträchtlich vergrößern, wenn man um ein paar Grad abfällt. Ähnliches gilt für einen Kurs platt vor dem Wind: Das Boot wird mit größter Wahrscheinlichkeit schneller segeln, wenn man den Wind etwas seitlicher hält.
In schwerem Wetter erfordert Vormwindsegeln viel Geschicklichkeit. Es ist durchaus eine andere Geschicklichkeit, als man sie beim Amwindsegeln benötigt. So ist der beste Rudergänger für Amwindkurse nicht notwendigerweise auch der beste Mann, wenn man platt vor den Wind geht. Das Geheimnis liegt darin, daß man das Verhalten des Boots vorhersehen und das jeweilige Gefühl in der Pinne oder im Steuerrad deuten können muß. Überreaktion ist ebenso schlecht wie keine oder eine verspätete Reaktion.

Querschlagen

Wir haben das Querschlagen schon an anderer Stelle ziemlich detailliert untersucht. Hier möchte ich nur die wesentlichen Punkte nach der Priorität auflisten.

Präventivmaßnahmen
- Halte das Gewicht achtern und in Luv.
- Halte den Spinnakerbaum tief.
- Hole die Spinnakerschot etwas dichter und fiere dafür den Achterholer ein wenig.
- Setze den Vorliekstrecker (Cunningham) am Großsegel durch und bringe eine Baumgei an.
- Setze statt des Spinnakers (je nach Rigg) ein oder zwei Vorsegel.

Hilfsmaßnahmen
- Fiere oder löse sofort die Großbaum-Gei oder den Baumniederholer.
- Fiere die Großschot.
- Laß den Spinnaker einfallen.

Segelbergen

Die wichtigste Regel beim Spinnakerbergen ist identisch mit der wichtigsten Regel beim Setzen: Man halte ihn in Lee eines anderen

Gegenüber: „Soweit steht er ja gut – aber wirklich nur soweit."

Alastair Black

Segels, um ihn weiter kontrollieren zu können. Das kann ein Vorsegel, das Großsegel oder beim Spinnakerwechsel ein anderer Spinnaker sein.
Wird der Spinnaker unter dem Großbaum hindurch geborgen, müssen Fall und Schot abgeschlagen und kurzzeitig miteinander verbunden an der Leereling befestigt werden. Ist der Spinnaker eingeholt und in der Kajüte zum einsacken oder auftuchen, segelt man wahrscheinlich am Wind. Weiß man, daß man wenig später wenden muß, wartet man so lange, und bringt erst danach Fall und Schot zum Bugkorb, um sie dort zu fixieren. Bringt man sie sofort nach vorne, muß jemand mitten durch den Schlitz zwischen Vorsegel und Großsegel gehen und dabei beide Leinen in Lee der Genua mit sich ziehen, damit sie klar laufen. Dadurch wird der Luftstrom gestört, aber auch die Arbeit des Rudergängers, der gerade versucht, den richtigen Kurs und Segeltrimm am Wind zu finden. Wartet man, bis das Boot auf dem anderen Bug segelt, braucht der Mann mit den Schoten nur das Luvdeck hinunterzulaufen und sie am Bugkorb einzupicken.

Schweres Wetter

Niemand sollte damit angeben, daß Vormwindsegeln in starker Brise eine leichte Sache sei. Das ist es nicht, und gerade solchen Angebern kann Schlimmes geschehen. Wird der Wind zu stark oder schlägt das Boot zu oft quer, entsteht automatisch die Frage, wie man den Spinnaker bergen kann.
Steht das Boot kurz davor, außer Kontrolle zu geraten, ist schnelles Handeln nötig. Doch muß richtig sein, was man tut. Am schnellsten bekommt man einen Spinnaker zum Einfallen, indem man den Achterholer und natürlich die freie Schot, wenn man eine fährt, ausrauschen läßt; freilich muß man dabei auf Kinken achten, die sich beim Ausrauschen in einer Scheibe oder Rolle festziehen können. Aus diesem Grund soll am Tampen einer Spinnakerschot oder eines Achterholers nie ein Achtknoten angebracht werden – solche Stopperknoten gehören in alle anderen Schoten und Fallen, doch nicht zum Spinnaker.
Sind Achterholer und freie Schot ausgerauscht, kann das Segel an der Schot oder am freien Achterholer eingeholt und in Lee des Großsegels heruntergenommen werden. Hilfreich kann dabei sein, wenn der freie Achterholer über einen Snatchblock auf Höhe der Wanten geführt wird, so daß das Leeliek des Spinnakers dicht an die Leeseite des Großsegels herangezogen werden kann. Der Hals des Spinnakers schlägt natürlich im Wind, und man kann nur hoffen, daß sich die Schnappschäkel nicht öffnen und damit die Leinen verlorengehen. Außer wenn die Schnappschäkel selbst von

minderer Qualität sind, öffnen sie sich eigentlich nur, wenn die Federbolzen mit schweren Reißleinen versehen sind.

Laufen lassen in einer Bö Hat man das Pech, unter Spinnaker mitten in eine starke Bö hineinzulaufen, und hat man dann keine Zeit mehr, den Spinnaker zu bergen, bevor sie zuschlägt, so gibt es doch einen Weg, den Wind schnell aus dem Segel zu nehmen. Entweder läßt man wie eben erwähnt Achterholer und freie Schot ausrauschen, oder man fiert den Spinnakerbaum nach vorne bis ans Vorstag und holt zugleich die Schot dicht, bis das Leeschothorn fast am Schotholepunkt steht. Damit bringt man den Spinnaker in Lee des Großsegels, wo er leichter bedient werden kann. In einem bestimmten Jahr haben wir es während der Kapstadt-Rio-Regatta auf der SYNERGY so oft probieren müssen, daß ich mich an die Zahl solcher Manöver gar nicht mehr erinnern kann; aber geklappt haben sie jedesmal.

Halsstropp

Als wir über den Spinnakerwechsel sprachen, haben wir bereits den Halsstropp eingeführt. Er kann auch für andere Zwecke verwendet werden, so daß eine genauere Beschreibung hier vielleicht angebracht ist.
Es handelt sich dabei um ein Ende Leine, das, abhängig von der Bootsgröße, etwa 3 bis 6 m lang und ungefähr so stark ist wie eine Spinnakerschot, vielleicht auch ein wenig dünner. An einem Tampen sitzt ein Schnappschäkel, der groß genug sein muß, um bequem an die Schothornkausch jedes Segels gesteckt werden zu können. Verwendet man Tauwerk bestimmter Farbe, kann die Leine immer leicht identifiziert werden. Ein Snatchblock mit Schnappschäkel ist eine nützliche Ergänzung.
Außer beim Spinnakerwechsel kann der Halsstropp auch als Barberhauler (Schotbeiholer), beim Schotenwechsel oder zu vielen anderen Zwecken eingesetzt werden. Bei uns wird er nur beim Bergen des Spinnakers auf dem Vordeck, wie in Kapitel 6 beschrieben, und beim Spinnakerwechsel benutzt.
Läßt man Achterholer und Schot ausrauschen, so wird das gesamte Segelgewicht von dem Stropp gehalten, besonders wenn man auch noch das Fall fiert. Damit wird deutlich, wie wichtig diese Leine ist, wenn sie auch immer nur für kurze Zeit gebraucht wird.

Wulings

Da der Spinnaker als problemförderndes Segel verschrien ist, fragt

Das Fall wurde zu früh gefiert. Jetzt muß man vor den Wind gehen, bis der Spinnaker ins Lee des Großsegels kommt.

Bob Fisher

man sich manchmal, warum sich überhaupt jemand mit ihm abgibt. Außer, daß er heute auf Regattayachten unumgänglich ist, bedeutet aber vielleicht gerade dieser Ruf eine Herausforderung zum Kampf mit ihm. Und dann gibt es ja auch noch das erregende Erlebnis, unter diesem sich im Wind blähenden, riesigen Segel mit höchster Fahrt vor dem Wind zu laufen . . .
Allgemein gesagt ist die Wahrscheinlichkeit, daß Schwierigkeiten oder Wulings auftreten, bei stärkerem Wind größer, als bei ruhigem Wetter. Je besser der Mannschaftsdrill und die Ausrüstung, um so unwahrscheinlicher werden sie. Jedenfalls wollen wir nun einige der häufiger auftretenden Schwierigkeiten betrachten und überlegen, wie wir sie vermeiden oder ausbügeln können.

Die „Eieruhr“

Dies ist das populärste Spinnakerproblem. Es tritt beim Setzen des Segels auf, wenn der Spinnaker nicht sauber gepackt war oder wenn der Wind vorzeitig das Kopfteil entfaltet und füllt und das

Segel dadurch verdreht. Das Kopfteil des Segels dreht sich dann ein- oder zweimal um die vertikale Achse, während die unteren Teile zunächst noch stehen bleiben. Sobald sich auch die unteren Partien des Spinnakers füllen, bauscht er sich in zwei Hälften auf und sieht dann aus wie eine Eieruhr oder wie eine Acht.
Um das zu verhindern, müssen die Vorsorgemaßnahmen, wie ich schon erläuterte, darauf abzielen, daß sich das Segel zuerst im unteren Teil füllt. Ein Segel, das aufgetucht gesetzt wird, verdreht sich selten, weil beim Ausreißen Luv- und Leeschothorn auseinandergezogen werden und sich der Spinnaker von unten her entfalten und füllen muß. Erst wenn das Unterliek entfaltet ist und der Wind hineingreift, reißen die Reißgarne von unten nach oben auf. Ist das Segel vielleicht zufällig vertörnt aufgetucht worden, wird sich der Törn fast sicher nach oben schieben und dann durch den Wirbel am Kopf aufgefangen werden.
Hat sich der Spinnaker aber erst einmal zur Eieruhr vertörnt, kann man oft durch Zug auf das Luvliek den Törn nach oben verlagern, bis ihn der Wirbel auffängt. Manchmal kann man den Törn auch umgekehrt nach unten arbeiten und dann durch Lösen eines Schothorns das Segel enttörnen – doch das funktioniert sicherlich nur in leichter Brise, wenn man das Segel von Hand kontrollieren kann.
Allzu oft vertut man viel Zeit und bringt dabei die Crew sogar in Gefahr, indem man zu lange den Törn zu beseitigen versucht, statt das gesamte Segel herunterzunehmen. Oft ist es also besser, sich frühzeitig zum Segelbergern zu entschließen, um es dann wieder neu und besser zu setzen.

Vertörnen ums Vorstag

Ein wenig netter Zug des Spinnakers ist auch, daß er sich gelegentlich um das Vorstag wickelt. Dies kann schwer zu beheben sein, besonders wenn das Segel naß ist oder das Vorstag aus konventionellem Draht besteht. Von einem Stangen- oder Profilstag gleitet Nylon besser wieder ab als von Drahttauwerk mit seinen Keepen. Am schwierigsten wird es, wenn sich ein Spinnaker um ein Vorstag wickelt, neben dem ein freies Fall geführt ist; die beiden Drähte machen es sehr schwer, das Nylontuch wieder zu enttörnen.
Bemerkt man früh genug, was sich anbahnt, kann der Rudergänger schnelle Präventivmaßnahmen ergreifen, indem er den Spinnaker in den Windschatten des Großsegels bringt; doch muß er dabei vorsichtig vorgehen, um nicht unfreiwillig zu halsen. Auf jeden Fall bekommt man das Segel am besten von oben her klar; so muß vielleicht ein Crewmitglied mit dem Bootsmannsstuhl in den Mast-

topp, wenn sich das Segel zu fest vertörnt hat, um es vom Kopf her zu befreien. Hilft auch dies nicht, muß man versuchen, das Fall zu fieren und das gesamte Segel am Vorstag herunterzuziehen, bis man den Kopf von Deck aus erreichen und vom Vorstag frei drehen kann.
Ich möchte niemanden unnötig beunruhigen, doch ich habe von Leuten gehört, die das Segel mit dem Messer zerschneiden oder warten mußten, bis das Boot am Steg lag und der Spinnaker von Land aus vom Vorstag befreit werden konnte. Die lezte Rettung ist, das Vorstag mit dem darum gewickelten Spinnaker ganz abzuschlagen und auf dem Kai auszubreiten.

Das Fall rauscht aus

Rauscht das Fall aus irgendeinem Grund aus, so weht das Segel natürlich nach Lee und fällt ins Wasser; es wird dann nur von Schot und Achterholer gehalten. Verfängt es sich nicht an der Saling oder am Bugkorb, ist das Einholen über die Seite nur eine Frage von Zeit und Kraft – außer, das Boot ist darüber weggesegelt, so daß man es sehr vorsichtig einholen muß, um es nicht zu zerreißen.

Lose Schothörner

Löst sich das Luvschothorn vom Spinnakerbaum oder rauscht der Achterholer aus, kann man das Segel auf normale Weise bergen. Man holt die Schot durch und zieht damit das Segel in Lee des Großsegels. Gelingt es jetzt, den Achterholer wieder am Luvschothorn anzustecken, so sollte es auch möglich sein, das Segel wieder zur Baumnock herumzuziehen. Gelingt dies nicht, muß man das Segel herunternehmen und unter dem Großbaum hindurch bergen; dann kann es erneut gesetzt werden.
Löst sich das Leeschothorn von der Schot, kann es schon ein wenig schwieriger werden. Jetzt hängt vieles davon ab, wie stark der Wind ist und auf welchem Kurs zum Wind man im Augenblick des Geschehens segelt. In leichteren Winden kann das Schothorn vielleicht wieder eingefangen werden, indem man den Spinnakerbaum zum Vorstag bringt und das Boot platt vor den Wind steuert. Man kann aber auch den Achterholer aus der Baumnock nehmen und das Segel von Hand einholen, bis man das Leeschothorn greifen und wieder an die Schot stecken kann. In stärkerer Brise mag es jedoch notwendig werden, das Großsegel zu schiften, um dann in seinem Windschatten den Spinnaker leichter bändigen zu können.

Machen sich beide Schothörner zugleich frei, multiplizieren sich die Schwierigkeiten, besonders wenn der Wind etwas frischer weht. Man sollte sich dann jedoch daran erinnern, daß auf Vormwindkursen der scheinbare Wind am schwächsten ist und man vielleicht im Windschatten von Großsegel und Genua den Spinnaker ohne größere Mühe herunternehmen kann; man fiert das Fall zunächst so weit, bis die Schothörner leicht die Wasseroberfläche berühren, damit sie zum Bug hin driften, wo man sie aufnehmen kann. Gelingt auch dies nicht, muß ein Crewmitglied, das im Bootsmannsstuhl zum Masttopp hochgezogen wurde, den Spinnakerkopf mit beiden Armen zu umschlingen versuchen und sich dann wieder auf Deck herunterlassen. Ist der Wind zu frisch oder gibt das Großsegel keinen ausreichenden Windschatten, muß er einen Niederholer am Kopfwirbel anstecken, mit dem das Segel von Deck aus heruntergezogen werden kann.

Spinnakersegeln bei Nacht

Nachts sind Orientierungspunkte, nach denen man sich am Tage richten kann, nicht länger sichtbar, so daß man sich stärker auf die Instrumente oder künstliche Beleuchtung des Verklickers oder Windrichtungsanzeigers verlassen muß. Vorsicht und Konzentration werden noch wichtiger als am Tage.
Nachtsicht ist ein weiteres Problem. Kein Skipper sollte es für selbstverständlich halten, daß jedes Crewmitglied auch in der Dunkelheit gut sehen kann. Das menschliche Auge braucht zwei bis drei Minuten, um sich von der hellen Kajüte auf die Dunkelheit des Nachthimmels einzustellen und auch nur 50 Prozent des Möglichen zu erkennen. Bis zur vollen Nachtsicht dauert es eine Stunde. Umsichtige Skipper achten aus diesem Grunde darauf, daß die neue Wache noch eine Zeitlang draußen in der Plicht wartet, während das Vordeck von den Mitgliedern der alten Wache bemannt ist, die sich schon an die Dunkelheit gewöhnt haben. Ein kurzer Lichtblitz oder ein kurzes Anleuchten mit der Taschenlampe direkt in das Gesicht des schon auf Nachtsicht Eingestellten, kann seine Nachtsicht in fünf Sekunden so weit zerstören, daß der ganze Anpassungsprozeß von vorne beginnen muß. Daraus gibt es nur eine Lehre: An Deck muß man mit Taschenlampen vorsichtig umgehen und ebenso verhindern, daß das Kajütlicht den in der Plicht befindlichen Crewmitgliedern, besonders dem Rudergänger, in die Augen fällt. Die Verwendung roten Lichts vermindert das Problem beträchtlich.
Soll ein Spinnaker in der Dunkelheit erfolgreich bedient werden, muß sich die Crew genau an Deck auskennen, weil es in der Nacht noch mehr als am Tage darauf ankommt, daß alle Manöver recht-

zeitig und korrekt ausgeführt werden. Deshalb ist es wichtig, daß man für Falle, Schoten und Achterholer immer dieselben Winschen, Klemmen und Holepunkte benutzt. Ein weiterer Tip fürs nächtliche Spinnakern: Die freien Enden aller Leinen sollten an jenen Stellen, bis zu denen sie für den richtigen Trimm durchgeholt werden müssen, mit Bändseln oder mit kleinen Lederstreifen markiert werden (Farbmarkierungen allein reichen nachts nicht aus).
Die Vordeckscrew muß besonders darauf achten, daß die Falle oben frei von Kinken sind. Für diesen Zweck sollte die zuständige Deckshand mit einer Taschenlampe ausgerüstet sein. Wird sie nur nach oben gerichtet, so beeinträchtigt sie nicht die Nachtsicht der Vordeckscrew, wie es Salingsleuchten sicher tun würden; aber er muß wirklich vorsichtig mit der Taschenlampe umgehen und sie nur anknipsen, wenn sie vom Deck weg zeigt, und wieder ausknipsen, bevor er sie nach unten dreht.
Spinnakertrimm ist ohne Hilfe künstlichen Lichts nachts leichter, wenn man die Farben des Segels schon danach ausgesucht hat. Obwohl in der Dunkelheit einzelne Farben nicht unbedingt gut zu erkennen sind, wird doch der Unterschied zwischen zwei kontrastierenden Farben deutlich sichtbar sein. Deshalb sollte man schon beim Aussuchen des Tuchs daran denken, daß man mit einigen quer über das Segel laufenden Streifen leichter erkennen kann, ob das Luvliek einfällt; ebenso können sie als Richtlinien dienen, an denen man den Grad der Völligkeit des Segels ausmachen kann, das sonst nur als flache und leblose Form erscheint.

Halsen bei Nacht Es gibt keine besonderen Regeln für das Halsen in der Nacht; man sollte sich nur mehr Zeit nehmen, um festzustellen, ob alles ordentlich vorbereitet ist. Beim Halsen mit zwei Bäumen ist die Kontrolle leichter, als wenn man mit einem Baum unter dem Vorstag hindurchtaucht. Also rate ich, das Boot so auszurüsten, daß man nötigenfalls zwei Spinnakerbäume riggen kann, auch wenn man normalerweise nur einen Baum fährt. Das ist besonders dann empfehlenswert, wenn der Wind nach Einbruch der Dunkelheit auffrischt.
In der Dämmerung sollte man das gesamte Boot einmal inspizieren, um sicherzugehen, daß die Falle nicht über Kreuz laufen oder die Schoten irgendwo haken. Hängt der Spinnaker bei sehr leichten Winden schlaff und leblos herunter, ist er vielleicht naß vom Tau. Dann sollte man ihn gegen ein trockenes Segel auswechseln.

10 Die Formeln

Bevor wir uns mit der Berechnung eines Spinnakerentwurfs befassen, müssen wir ein wenig genauer die Faktoren betrachten, die seine Gesamtform bestimmen: die Formeln. Daß Kontrolle nötig ist, wird jeder einsehen, besonders wenn er bedenkt, daß dieses Segel – hauptsächlich wegen seiner Fläche – in einer Regatta wesentlich zu Gewinn und Verlust beiträgt. Im ersten Kapitel haben wir schon die allgemeinen Prinzipien der Einheitsklassen, der beschränkten und der freien Vermessungsformeln betrachtet, und die gelten ja auch für den Spinnaker, der sich mehr oder weniger mit ihnen entwickelt hat. Wie wir gesehen haben, geben die Formeln sowohl für die Einheitsklassen wie für beschränkte Klassen maximale Längen für die Seitenlieken, das Unterliek und meistens auch für Quermaße an verschiedenen Punkten der Seitenlieken zwischen Kopf und Unterliek an; auch die sogenannten freien Klassen beschränken oft die Unterliekslänge und die Länge der Seitenlieken.

Gewisse Beschränkungen muß es einfach geben, doch wird es schwierig, wenn sie in die Praxis umgesetzt werden sollen. Die Formulierungen müssen eindeutig sein; sie müssen im ganzen Land (in manchen Fällen auf der ganzen Welt) unter unterschiedlichen Bedingungen einheitlich interpretiert werden können, und diese Interpretation darf keine Ausrüstung oder Fähigkeit voraussetzen, die der durchschnittliche Club-Vermesser nicht besitzt. Wichtig ist, immer daran zu denken, daß eine Formel auch meint, was sie aussagt, und das stimmt durchaus nicht immer mit dem überein, was der Formel-Macher bei der Formulierung im Sinne hatte. So muß man zum Beispiel, bevor man über die Länge der Seitenlieken eines Spinnakers entscheidet, über die Referenzpunkte Klarheit haben. Ist es der Mittelpunkt der Kausch, der innere Rand der Kausch, der äußere Rand der Kausch oder der gedachte Schnittpunkt zwischen den über das Segel hinaus verlängerten Lieken? Falls das Segel in den Seitenlieken Streckbänder besitzt, wie straff müssen sie dann für die Vermessung angezogen werden: gar nicht, mittelmäßig oder hart? Und wie und wodurch wird minimale oder harte Spannung bestimmt? Dies alles und noch mehr muß bedacht werden, bevor man überhaupt erst das Maßband und das Meßbuch herausholt.

Das Folgende bezieht sich auf die verschiedenen Vermessungsfor-

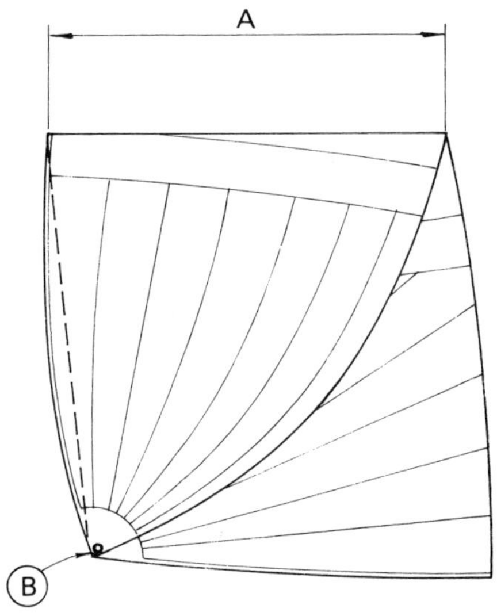

Spinnaker-Vermessung 1. Das Maß A für die Breite auf halber Höhe kann genau vermessen werden, indem man den Spinnaker so faltet, daß die Kopfkausch (B) auf der Kausch des Schothorns und das Seitenliek der oberen genau über dem der unteren Hälfte zu liegen kommen. Doch dies geht nur, wenn das Maß im rechten Winkel zu den Lieken genommen werden soll.

meln, wie sie während der Niederschrift dieses Buches bestehen. Der kluge Eigner wird immer prüfen, ob nicht inzwischen wesentliche Änderungen hinzugekommen sind.

Vermessung

Moderne Kunstfasertuche (Terylene, Dacron oder andere Handelsnamen), wie sie für Arbeitssegel verwendet werden, sind ziemlich fest und deshalb relativ leicht zu vermessen. Doch Nylontuch schafft Probleme; es braucht sich nur wenig quer zum Fadenlauf zu recken, um das gesamte Segel zu verziehen und eine unkorrekte Vermessung entstehen zu lassen.

Die International Yacht Racing Union

Demnach kann schon die Art, wie das Segel zum Vermessen auf den Boden gelegt wird, das Ergebnis verändern, so daß dieser Punkt nicht nur von einzelnen Klassen und internationalen Körperschaften beachtet wird, sondern sogar von der International Yacht

Racing Union selbst. Die IYRU hat tatsächlich in zwei Bereichen etwas über Segel zu sagen. In den Yacht Racing Rules, den Regattaregeln für Yachten, gibt es zahlreiche Klauseln, an die sich alle regattasegelnden Boote halten müssen. Teil 3 enthält einiges über die Größe und Placierung der Segelnummern und das Anbringen von Herstellungsnummern der Segelmacher, das Anbringen von Reklame, während Teil 5 vom Schoten und von der Verwendung von Spinnakerbäumen handelt.
Außerdem erwähnt die IYRU Segel in ihren Sail Measurement Instructions, den Anweisungen zur Segelvermessung. Doch dies sind nur allgemeine Anweisungen, die sich nicht unmittelbar auf bestimmte Spinnaker beziehen, wenn einzelne Klassenvorschriften nicht ausdrücklich darauf verweisen. Sie zeigen zunächst einmal, daß es unmöglich ist, Anweisungen zu formulieren, die alle Eventualitäten vollständig abdecken. Die IYRU schreibt deshalb nur dort Methoden vor, wo sie nicht den Klassenregeln widersprechen. Im allgemeinen verlangen alle Regeln, daß die Segel trocken sein sollen und mit angemessener Spannung auf dem Boden ausgelegt werden müssen, so daß alle Kinken und Falten verschwinden, die die Vermessung beeinflussen können. Für den speziellen Fall des Spinnakers gibt es eine besondere Anweisung darüber, wie das Quermaß auf halber Höhe gemessen werden muß. Die IYRU bezieht sich auf folgende Kontrollmessungen:

Länge der Seitenlieken Der Abstand zwischen dem höchsten Punkt des Segels oder des Kopfbretts und dem tiefsten Punkt des Segels direkt unter dem Mittelpunkt der Schotkauschen.

Länge des Unterlieks Die Länge wird im Bogen der Unterliekswölbung gemessen, und zwar zwischen den äußersten Punkten des Segels in direkter Verlängerung einer Linie, die durch die Mittelpunkte der Schotkauschen geht.

Länge des breitesten Teils des Segels Dies ist das Maß, das im rechten Winkel zum Liek oder Liektau gemessen wird. Die Formel schreibt vor, daß es an einem um die Mittelnaht oder Mittellinien einmal gefalteten, flach auf dem Boden liegenden Segel gemessen wird, das gerade so stark gespannt ist, daß alle Falten verschwinden.
Man beachte, daß das zu messende Tuch flach liegen muß und nicht verzogen sein darf. In einem Versuch allzu großer Einheitlichkeit schreiben einige Klassenvorschriften sogar vor, daß das Segel um einen bestimmten Wert mit einer Federwaage gespannt werden muß (dies gilt gewöhnlich für Großsegel und Vorsegel mit Strecklieken). Die Faltung des Spinnakers um die Mittellinie, so daß beide Seitenlieken genau übereinander liegen, ist die einzige

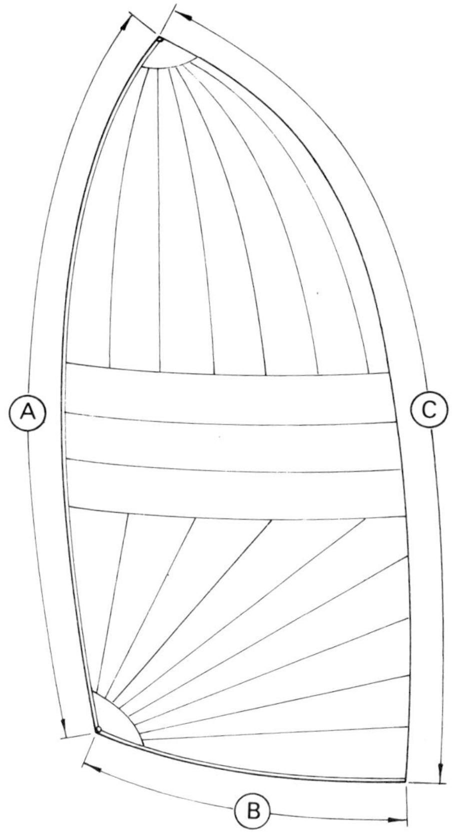

Spinnaker-Vermessung 2. Die IYRU verlangt, daß Spinnaker um die Mittellinie gefaltet und mit aufeinander liegenden Seitenlieken vermessen werden. Die Seitenlieken werden entlang der Rundung zwischen dem höchsten Punkt am Kopf und dem tiefsten Punkt am Seitenliek (gewöhnlich die Unterkante des Schothorns) vermessen (A). Das Unterliek (B) und die Mittellinie (C) werden ebenfalls entlang der Rundung des Segels vermessen.

Möglichkeit, das Segel während der Vermessung einigermaßen flach auf den Boden zu legen. Da man keine Meßschablonen in voller Größe verwenden kann, ist dies der einzige Weg, auf dem man mit einiger Genauigkeit Einheitlichkeit erreichen kann.

Quermaße Eine Klasse kann entscheiden, daß der Abstand zwischen bestimmten Punkten an den Seitenlieken und einem Punkt auf der Mittelfaltung gemessen werden muß, wobei diese Punkte durch Messung vom Kopf nach unten gefunden werden. Dabei

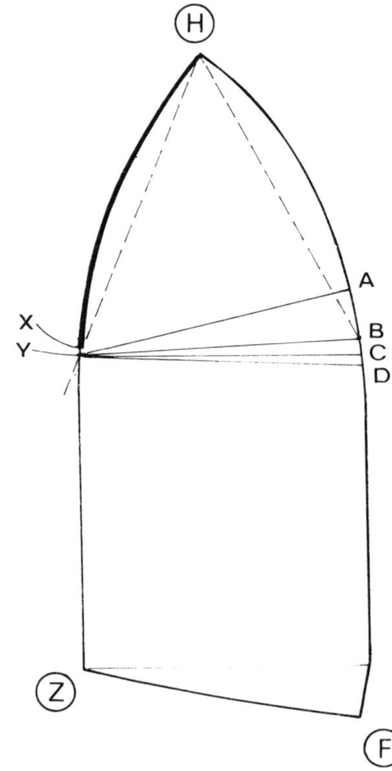

Spinnaker-Vermessung 3. Die IYRU verlangt, daß das Maß für die halbe Breite auf halber Höhe des Spinnakers zwischen dem Punkt Y auf dem Seitenliek und dem Punkt B auf der Mittellinie vermessen wird, die beide den Schnittpunkt zwischen Seitenliek bzw. Mittellinie und der in gerader Linie vom Kopf aus gezogenen maximalen Lieklänge (laut Regel) bezeichnen. In anderen Regeln kann der erste Punkt als Maß für die halbe maximale Lieklänge – diesmal jedoch entlang der Rundung des Lieks gemessen – gefunden werden (X). Die halbe Breite wird dann entweder von X oder von Y aus gemessen: zu A als dem nächsten Punkt auf der Mittellinie; zu B, der wie oben beschrieben gefunden wurde; zu C, der im rechten Winkel zu den Lieken liegt, oder zum Punkt D, der die Hälfte der tatsächlichen Länge der Mittellinie angibt. Jedes Maß für Dreiviertelhöhe wird ähnlich gemessen. Die Schlußfolgerung daraus: Man lese das Kleingedruckte jeder Regel.

muß man darauf achten, ob diese Punkte durch Messung entlang des Bogens der Seitenlieken oder auf der Mittelfaltung gefunden werden sollen oder aber durch Messung in gerader Linie vom Kopf quer über die Gillung des Segels zum Liek. Diese beiden Methoden, die Referenzpunkte festzulegen, können für das Quermaß wesentliche Unterschiede bedeuten. Es handelt sich dabei jedoch nicht um ein genaues Gurtmaß, das eigentlich dadurch gefunden wird, daß man die kürzeste Linie von einem bestimmten Meßpunkt am Seitenliek zur Mittelfaltung nimmt – immer vorausgesetzt, daß die Mittelfaltung eine glatte Linie ist und nicht etwa am kritischen Punkt einknickt, um einen niedrigeren Wert zu erreichen. Die IYRU-Methode der Messung im rechten Winkel kann zu Interpretationsschwierigkeiten führen, weil man darüber streiten kann, was ein rechter Winkel in bezug auf die gekrümmten Seitenlieken ist.

Einige wenige Regeln schreiben einfach nur vor, daß die Summe der Längen von Seitenlieken und Unterliek ein bestimmtes Maß nicht überschreiten darf. Damit wird der Umfang des Spinnakers gemessen, was leicht zu kontrollieren ist, aber Segel mit völlig unterschiedlichen Formen und Proportionen zuläßt: hohe und schmale oder kurze und breite mit soviel Völligkeit, wie der Segelmacher noch eben innerhalb der Grenzen des Erträglichen unterbringen kann.

Man sollte denken, daß alle Probleme gelöst sind, wenn erst einmal ganz genau bestimmt ist, welche Maße überhaupt und wie kontrolliert werden sollen. Doch Nylon reckt sich mit dem Älterwerden und reagiert darüber hinaus auch auf Temperaturunterschiede, indem es sich in kaltem Zustand etwas zusammenzieht und in warmem Zustand ein wenig dehnt. Man hört gelegentlich, daß Skipper ihren wegen Übergröße abgewiesenen Spinnaker in den Kühlschrank legen, bevor sie ihn dem Vermesser wieder vorführen. Solche Geschichten erzählt man sich vor allem über Spinnaker der Drachenklasse, die eigentlich völlig einheitlich hergestellt sein sollten. Einige Eigner zogen jedoch ein im Kopfteil kleineres Segel vor, damit es dort flacher sein und so auf raum-vorlichen Kursen besser stehen sollte. Also kühlten sie den unteren Teil des Segels und erhitzten den Kopfteil, bevor sie es dem Vermesser vorführten!

Sprachregelungen

Hat man erst einmal über das grundsätzliche Vermessungssystem entschieden, hören die Schwierigkeiten aber doch noch nicht auf. Im folgenden gebe ich sechs verschiedene Definitionen zur Vermessung eines Seitenlieks wieder, die alle offensichtlich ungefähr die gleiche Länge fordern, aber doch unterschiedliche Größen erlauben:

1. *Bei einem neuen Segel soll das Seitenliek nicht länger als 32 Fuß 6 Zoll sein.* Das bedeutet, daß das Seitenliek des Spinnakers von 0 bis 32′6″ lang sein kann, wenn es frisch aus der Segelmacherei kommt. Sobald es einmal benutzt wurde, darf es sich jedoch auf jede beliebige Länge recken.

2. *Das Seitenliek soll 32 Fuß 6 Zoll vermessen, mit einer Toleranz von 3 Zoll.* Das Liek darf demnach zwischen 32′3″ und 32′9″ vermessen.
3. *Das Seitenliek soll 32 Fuß 6 Zoll vermessen, mit einer Toleranz von −3 Zoll.* Dies ergibt ein Liek von 32′3″ bis 32′6″.
4. *Das Liek soll maximal 32 Fuß 6 Zoll vermessen, mit einer Toleranz von 3 Zoll.* Dies erlaubt eine Lieklänge von 0 bis 32′9″.
5. *Das Liek soll zwischen 32 Fuß 3 Zoll und 32 Fuß 6 Zoll vermessen, mit einer Toleranz von 3 Zoll.* Offenbar wollte der Autor dieser Formel eine Toleranz von −3″ bei einer Lieklänge von 32′6″ festschreiben. In den Zahlen kommt dies klar zum Ausdruck, wird aber durch den Versuch, die Absicht zu erklären, verwässert. So hat er nun mit den letzten sechs Wörtern eine zusätzliche Toleranz – in beiden Richtungen – erlaubt: Das Liek kann zwischen 32′0″ und 32′9″ lang sein.
6. *Seitenliek = 32 Fuß 6 Zoll. Toleranz 3 Zoll.* Damit ergibt sich wiederum eine Lieklänge zwischen 32′3″ und 32′9″, wenn nicht in der Präambel, wie es gelegentlich vorkommt, eine Klausel steht, die das Überschreiten vorgegebener Maße verbietet. Diese Klausel mag etwa so lauten: *Auf keinen Fall darf irgendein Maß die angegebenen Zahlen überschreiten.* Oder auch: *Alle Toleranzen sollen Minus sein.* Beide Klauseln beschränken die erlaubte Lieklänge auf 32′3″ bis 32′6″. Also zahlt es sich aus, die Regel ganz zu lesen.

Die meisten dieser Details sollten eigentlich nur Segelmacher oder Vermesser etwas angehen; doch kann es nicht schaden, wenn auch der Eigner einer Yacht etwas davon versteht, so daß er einige der Probleme kennt und natürlich auch die Gründe, warum eventuell ein Segel zurückgewiesen wird. Anders sieht es in den IOR-Klassen aus, in der auch Tourenyachten Regatta segeln können. Die IOR-Formel ist die einzige, in der Nachlässigkeit oder Sorglosigkeit beim Spinnaker nicht zur Disqualifikation des Segels oder des Bootes führt, sondern nur zu einem größeren Handikap. Die Regel besagt nämlich, daß sich eine Überschreitung bestimmter Maße als Bestrafung in Form eines höheren Ratings ausdrückt – und das kann geschehen, ohne daß der Eigner es merkt, wenn er nicht genau weiß, worauf er zu achten hat. Das betrifft natürlich nicht nur den Spinnaker. Änderungen und Abweichungen in einem der Hunderte von Maßen am gesamten Boot, am Rigg und an den Segeln können ein IOR-Rating nach oben oder nach unten drükken. Die meisten Maße stehen fest, aber beim Spinnaker, mit dem wir uns hier befassen, können durchaus einige Kontrollmaße vom Eigner beeinflußt werden.

Die International Offshore Rule (IOR)

IOR schreibt also nicht einfach bestimmte Maße vor, bei deren Nichteinhaltung das Segel für ungültig erklärt wird; in dieser Formel gibt es nur Maxima, deren Überschreitung im Rating bestraft wird (abgesehen von einer allgemeinen Bestimmung – siehe (c) unten –, die ein Minimalmaß vorschreibt, damit das Segel nicht zur Genua schrumpft). IOR beschreibt einen Spinnaker folgendermaßen:

a) Beide Seitenlieken müssen gleich lang sein.
b) Das Segel muß symmetrisch sein um eine Linie, die vom Kopf zum Mittelpunkt des Unterlieks verläuft.
c) Das mittlere Quermaß darf nicht weniger als 75 Prozent des Unterlieks betragen. (Diese Klausel verhindert, daß ein Spinnaker wie eine Genua geformt ist und demnach bei leichten Winden am Wind als leichtes Vorsegel gesetzt werden kann. Zusammen mit einer anderen Klausel, die feststellt, daß keine Fock ein mittleres Quermaß von mehr als 50 Prozent der Unterliekslänge haben darf, wird damit der Tourenspinnaker als Regattasegel ausgeschlossen, auch wenn sein Vorliek die gleiche Länge hat wie das Achterliek; denn Vorsegel jeder Art – Spinnaker oder Focks – mit einem mittleren Quermaß zwischen 50 und 75 Prozent der Unterliekslänge sind nicht erlaubt.) Außerdem gibt es noch besondere Vorschriften, wie die Punkte zu finden sind, zwischen denen das Quermaß auf halber Höhe oder andere Quermaße dazwischen zu messen sind.
   Weiterhin beschreibt die Formel die Vermessung und die Begrenzungen, bei deren Überschreitung der Spinnaker eine Bestrafung der Yacht im Rating verursacht.
d) Das Kopfbrett darf 0,05 JC* nicht überschreiten. – Das bedeutet tatsächlich, daß das Segel im Kopf ziemlich spitz zulaufen muß, weil jedes Kopfbrett vermessen wird. Man will damit verhindern, daß sich das Segel zum Rahsegel ohne Rah entwickelt. Kopfbretter werden heute kaum noch verwendet, und so schlage ich denn vor, sie von nun an zu ignorieren, da sie die Sache nur unnötig komplizieren. Dann muß man allerdings darauf achten, daß ein allzu einsatzfreudiger Segelmacher nicht doch am Kopf allzu viele Versteifungen unterlegt oder den Kopfteil mit steifer Farbe verstärkt und damit die Aufmerksamkeit des Vermessers auf diesen Teil der Regel zieht. Die Regel befaßt sich auch noch mit Versteifungen, mit denen die Ecken am Hals und am Schothorn über 110° vergrößert werden können. Solche Versteifungen werden zur gemessenen Lieklänge hinzugerechnet.
e) Die maximale Breite des Segels, gemessen am Fuß oder über dem Segelkörper zwischen Punkten an den Seitenlieken, die im

gleichen Abstand vom Kopf liegen, darf 1,8 J oder 1,8 SPL*
ohne Bestrafung nicht überschreiten.

f) Die größte Lieklänge, gemessen entlang der Kante des Segels, darf 0,95 $\sqrt{I^2 + JC^2}$ ohne Bestrafung nicht überschreiten. (Das sind 95 Prozent der Vorstaglänge bei senkrecht stehendem Mast – der Satz des Pythagoras läßt grüßen!)

Spinnakerbaum

Jede Bestrafung, die durch J hervorgerufen wird, wirkt sich auch auf die Berechnung der Spinnakerbreite und der Lieklänge aus. Also lohnt es sich zu untersuchen, wie eine solche Bestrafung entstehen kann. Die Regel sagt über den Spinnakerbaum, daß seine Länge (SPL) gemessen werden soll, wenn der Baum am Mast eingepickt ist und horizontal im rechten Winkel zur Mittschiffslinie des Bootes steht. Es wird von der Mittschiffslinie des Bootes bis zum extremen äußeren Ende des Baums gemessen, *wobei alle Beschläge, die bei gesetztem Spinnaker verwendet werden, mitgemessen werden.* Die Betonung stammt von mir, und man sollte sie beachten.

Also muß man darauf achten, daß der Baum tief im Beschlag (in der Glocke) sitzt, wenn er vermessen wird. Jede Überlänge, die aus solchem Fehler entsteht, wird zu SPL hinzugerechnet. Dabei ist zu beachten, daß der Baum nicht bis zur Mitte oder zum inneren Ende des Auges oder Beschlages an der äußeren Baumnock vermessen wird; die Vermessung bezieht sich auf die extremste äußere Kante des Nockbeschlags. Hat man also bei SPL eine Bestrafung, sollte man diesen Beschlag kritisch untersuchen, ob sich nicht vielleicht doch einige Zentimeter sparen lassen.

Die Regel nimmt an, daß SPL mit J bzw. mit der Basis des Vorsegeldreiecks übereinstimmt. Will man einen straffreien Spinnaker haben, der die im Rating gültige Segelfläche (RSA) nicht überschreitet, so ist die Länge des Spinnakerbaums sehr wichtig. Ist SPL kürzer als J, drückt sich dies im Rating nicht aus, so daß ein zu kurzer Baum keinen Sinn hat. Ist jedoch SPL länger als J, so wird, laut Regel, für das gesamte Rating des Boots der Wert J durch den Wert SPL ersetzt; das heißt es gilt auf jeden Fall der größere Wert, und der treibt unter Umständen das Rating des Boots in die Höhe. Umgekehrt erlaubt ein größeres SPL sowohl einen größeren Spinnaker als auch eine Genua mit mehr Überlappung des Großsegels

* J = Basis des Vorsegeldreiecks.
JC = Durch die Formel korrigierte Basis des Vorsegeldreiecks
SPL = Länge des Spinnakerbaumes

(weil ein größeres SPL zugleich den Wert LP für die Genua vergrößert, der nach der Regel ohne Bestrafung 1,5 JC sein darf. Ist SPL ohnehin größer als J, darf auch hier ohne zusätzliche Bestrafung der größere Wert [SPL] genommen werden).

Lohnt sich eine Bestrafung bei J?

Diese Bestrafung muß vermieden werden, wenn sie nur zufällig auftritt. Es gäbe eine große Überraschung, wenn man erführe, wie viele Boote einen um zwei oder drei Zoll zu langen Spinnakerbaum fahren und damit ihr Rating erhöhen, während ihre Spinnaker und Genuas alle nach der SPL-Standardlänge geschnitten sind. Sie schleppen also eine Bestrafung für ein paar Zoll Überlänge am Spinnakerbaum mit sich herum, ohne deren Früchte in Form zusätzlicher Segelfläche zu ernten, die solche Bestrafung gestattet. Sie sollten entweder die Segelfläche vergrößern oder den Baum verkürzen – gewöhnlich empfiehlt sich letzteres. Hat ein Boot jedoch ein kleines Vorsegeldreieck und leidet demnach bei leichten Winden unter zu wenig Segelfläche oder will der Eigner sein Boot freiwillig im Rating heraufschrauben (um vielleicht von der dem Rating nach höchsten Position der einen Klasse in ein unteres Rating der nächsten Klasse zu gelangen oder um ein zugelassenes Rating in einer Offshore-Regatta oder in einer One-Design- oder Tonnerklasse zu erreichen), dann ist eine Vergrößerung von SPL überlegenswert. Dies hat drei Vorteile: zusätzliche Spinnakerbaum-Länge, größeren Spinnaker und größere Genua.

Der Mast

Die Höhe des Vorsegeldreiecks wird in der Regel als I-Maß definiert. Dies ist eines von zwei Maßen in der Formel, mit dem die Länge der Spinnakerlieken berechnet wird ($0{,}95\sqrt{I^2 + J^2}$). Die Rechnung ist sehr kompliziert – doch im Prinzip wird mit ihr die Vorderkante des Masts vom Deck entweder bis zum Spinnakerfall oder bis zum Vorstag gemessen – je nachdem, welcher dieser beiden Meßpunkte der höchste ist –, wobei auch noch der Fall des Masts korrigiert werden muß. Dieses Maß wird dann noch durch eventuelle Bestrafungen – Spinnakerkopfbrett, überdimensionierte Lieken, höhere Mastschiene für den Spinnakerbaum als zugelassen – korrigiert. Also sollte man auch diese drei Punkte sorgfältig im Auge behalten, weil jede Bestrafung, die man sich hier einhandelt, das Rating erhöht, ohne daß man erkennbare Vorteile davon hat.

Der Spinnakerbaum wird von der Mittellinie des Masts bis zum äußersten Ende der Baumnock vermessen.
Autor

Übliche Fehler beim IOR-Rating

Beim IOR-Rating unterlaufen in bezug auf den Spinnaker üblicherweise folgende Fehler:

1. Der Spinnakerbaum ist zu lang, wodurch SPL länger als J und damit das J-Maß in allen Berechnungen erhöht wird – aber die Segel selbst sind für ein korrektes J-Maß geschnitten, so daß das zusätzliche Handikap keinen Vorteil bringt.
2. Die maximale Breite des Spinnakers (SMW) ist an irgendeiner Stelle größer als im Rating zugestanden (1,8 J, wenn nötig korrigiert). Auch wenn dies nur an einer Stelle eines der Segel der Fall ist, wird damit das gesamte Rating wie durch ein übergroßes SPL erhöht.
3. Die Länge der Spinnakerlieken (SL) ist größer als die Formel erlaubt (LL). Das Doppelte der überschüssigen Lieklänge geht bei der Berechnung der Segelfläche (RSA) ins I-Maß ein.

Der Meßbrief

Kann man während der Vermessung des Bootes nicht anwesend sein (man sollte es eigentlich, weil man damit viel Zeit und Geld sparen kann, indem man gelegentlich doch eine Abweichung von der Normalsituation sofort korrigieren kann: man hält z. B. einen besonderen, übergroßen Spinnaker von der Vermessung zurück, bis er vom Segelmacher korrigiert wurde), dann sollte man den

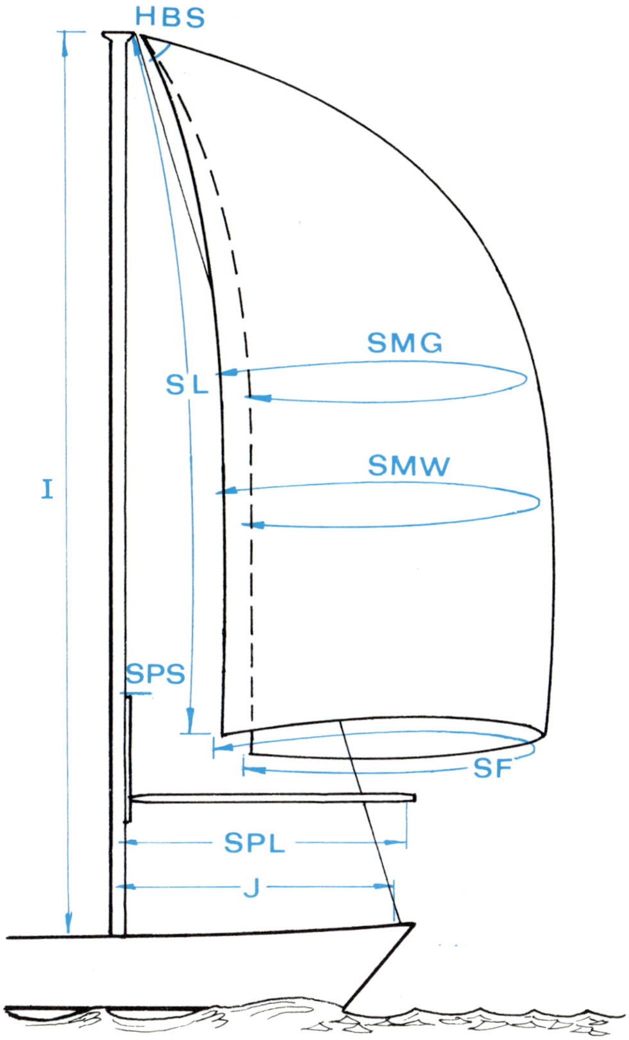

Spinnaker-Vermessung 4. IOR-Abkürzungen für Maße, die am Spinnaker selbst gemessen werden, und die beiden Maße für das Vorsegeldreieck des Boots, die die Spinnakergröße im wesentlichen bestimmen. Der Buchstabe C nach I oder J deutet an, daß dieses besondere Maß nach der Formel korrigiert wurde: Sind IC oder JC größer als I oder J, bedeutet dies eine Bestrafung im Rating.

I = Höhe des Vorsegeldreiecks.
J = Basis des Vorsegeldreiecks.
HBS = Kopfbrett des Spinnakers.
SMG = Länge des Mittelumfangs des Spinnakers.
SF = Länge des Spinnaker-Unterlieks.
SMW = Maximale Breite des Spinnakers.
SL = Länge der Spinnakerseitenlieken.
SPS = Höhe des Spinnakerbaums.
SPL = Länge des Spinnakerbaums.

INTERNATIONAL OFFSHORE RULE RATING CERTIFICATE NO. RRC13008
AMENDED TO JANUARY 1980 MEASUREMENTS IN FEET AND POUNDS

CLASS	
DESIGNER	R. HOLLAND
BUILDER	R.R. KING
AGE DATE	5 1977
SERIES DATE	11 1976
MOD HULL DATE	0 0
RIG	BM SLOOP
KEEL	FIXED

*YACHT SIMPLICITY
*SAIL NO. K1111
*OWNER R.R. KING
3 [illegible]
F[illegible]
[illegible]

WEIGHT/LOCATIONS FROM STEM

PROPELLER		ANCHORS		BALLAST	CHAIN	
TYPE	FOLDING	1 35	8	1	1 60	8
INSTALLED	EXP. SHAFT	2 35	8	2	2	
		3		3	3	

HULL

LOA	33.040	BMAX	10.700	FF	3.150	AW	35.000	APD	31.000
FGO	2.470	B	10.440	FFI	3.122	BW	70.000	BPD	62.500
AGO	2.410	BWL	8.410	FFD	3.045	CW	35.000	CPD	32.000
LBG	28.160	BF	1.980	FMD	3.040	DW	70.000	DPD	64.000
GSDA	0.960	BFI	2.870	FAI	3.315	AWD	18.470	PL	1510.000
GLAI	0.000	BAI	5.990	FA	3.350	BWD	18.470	SBMAX	20.040
GSDF	1.210	BA	5.230	VHAI	3.270	CWD	18.510	SPD	28.810
FD	4.500	GD	0.000	VHA	2.660	DWD	18.510	SDM	15.530
CMD	4.780	Y	2.410	BHAI	2.330				
MD	4.300	GDFI	0.000	BHA	1.720				
OMD	3.270			DM	6.177				
EW	260.000	EWD	7.380	PD	1.388	PRD	1.320	PBW	0.340
ESL	2.120	ESC	0.870	ST1	0.070	ST2	0.280	ST3	0.280

FORESAIL — MAINSAIL

I	42.004	SPL	13.180	P	37.200	HB	0.460	PC	37.200
J	13.180	SL	41.300	E	12.000	BL1	2.200	IC	42.004
LPG	20.500	SMW	23.400	BAL	0.500	BL2	2.200	JC	13.180
LPIS	0.000	HBS	0.000	BD	0.360	BL3	2.410	EC	12.000
FSP	0.140					BL4	2.410	MXSL	41.800
FS	3.155	SPS	10.900	BAS	4.150	BL5	0.000	MXSMW	23.700
FBI	3.061	SFS	1.140	MW	0.490	BLP	10.400	MXLP	20.640
IG	41.970	ISP	42.060	GO	0.530	TCI	0.324	MXJL	43.991

L	27.2751	SC	24.7981	DLF	1.0000
B	10.4400	DC	0.0621	MR	25.7124
D	3.8092	FC	-0.0713		
CGF	0.9844	CBF	1.0000		
EPF	0.9737	SMF	1.0000	R	24.6455
MAF	1.0000	LRP	1.0000		

* RATING 24.6 FEET *

I CERTIFY THAT I UNDERSTAND
*MY RESPONSIBILITES AS *
COVERED IN THE IOR.SIGNED:-
---OWNER--*

MEASURER C. HAY K19 ON 5 19 77
NOT VALID AFTER 31 DECEMBER 1980

PENALTIES

		BD	0.000	RSAM	187.9200
		HB	0.000	RSAF	412.6331
		BLP	0.000	SATC	14.3907
SL	0.000	BTNS	0.000	RSAT	614.9438
HBS	0.000	I/P	0.000	SPIN	556.7289
SPH	0.000	BAD	0.000	S	24.7981
TOT I	0.000	TOT P	0.000	SHR	15.2655
		MIN MAIN	165.848	SCF	1.0000

29/ 1/80

Meßbrief, sobald man ihn in Händen hat, sorgfältig durchlesen. Stimmen J und JC (korrigiert) überein? Wenn nicht, warum? Bezweckt man eine Bestrafung, um größere Spinnaker fahren zu können? Stimmen SPL und J überein? Ist SMW bei einem der Spinnaker größer als 1,8 JC? Liegen die Lieklängen innerhalb des Limits? Nur ein Segel braucht an einer Stelle breiter als zugestanden zu sein, um eine Bestrafung zu „erreichen". Sitzt die Spinnakerschiene zu hoch am Mast? Man überprüft diese Maße natürlich bei allen Segeln: Latten, Großsegel-Kopfbrett, Genua-LPs, Big Bay usw. Doch meine Aufgabe ist hier, daran zu erinnern, daß der Spinnaker nicht vergessen wird.
Aus dem Vorstehenden wird deutlich, daß nicht nur das Rigg richtig (und korrekt vermessen) sein muß, sondern daß man auch sehr darauf achten sollte, daß der Spinnaker nicht zufällig zu groß ist, weil dies das Rating des gesamten Bootes unmittelbar beeinflußt. Dies ist leicht zu vermeiden; denn der Meßbrief verzeichnet die zugestandenen Maße für die maximale Spinnakerbreite (MxSMW) und die maximale Lieklänge (MxSL). Sind die tatsächlichen Maße für das Unterliek (SF), für die maximale Breite (SMW) oder für die Lieklänge (SL) größer als diese vorgegebenen Werte, gibt es eine Bestrafung.

Gegenüber: Spinnaker-Vermessung 5. Ein altes IOR-Vermessungs-Zertifikat meiner Yacht SIMPLICITY. Wichtig ist vor allem die Beachtung der maximal, das heißt ohne Bestrafung, zugelassenen Maße. Diese müssen mit den tatsächlich ermittelten Maßen jedes Segels verglichen werden (der eine Spinnaker mag ein zu langes Unterliek haben, während der andere vielleicht in den Seitenlieken zu lang ist).

SPS	=	Höhe des Spinnakerbaums.
SPL	=	Länge des Spinnakerbaums.
SL	=	Seitenliekslänge.
MXSL	=	Maximale nach der Regel erlaubte Seitenliekslänge.
SMW	=	Maximale Breite des Spinnakers.
MXSMW	=	Maximale nach der Regel erlaubte Breite des Spinnakers.

Vorschriften für das Spinnakersetzen

Die Regel sagt auch einiges über das Spinnakersetzen (da es sich von der IYRU-Regel in einigen Punkten unterscheidet, sollte man achtgeben). Vorgeschrieben wird unter anderem, daß der Spinnakerbaum in Luv gesetzt wird; damit ist verboten, an jeder Ecke des Segels einen Baum zu setzen (außer während des Halsens). Die Regel besagt aber auch, daß man anstelle eines Spinnakers eine Genua setzen darf und eine weitere anstelle des Großsegels, jede an einem Spinnakerbaum (die zweite Ausnahme zur Regel, die nur einen Spinnakerbaum erlaubt). Bei sehr viel Wind ist es oft günstiger, eine Genua auszubaumen als einen Spinnaker zu setzen. Auf einem langen Vormwindkurs in schwerem Wetter beseitigt die anstelle des Großsegels ausgebaumte Genua die Gefahr des unfreiwilligen Halsens.
Die Regel beschreibt auch, wo man einen Spinnaker schoten kann und daß man einen Ausleger nur benutzen darf, um den Achterholer von den Wanten frei zu halten, doch schreibt sie keine bestimmte Länge für den Ausleger vor. Sie erlaubt ein Rahsegel anstelle eines Spinnakers und gibt Maße für ein solches Segel an. Zugleich läßt sie einen Big Bag zu – zumindest zum Zeitpunkt, in dem dies geschrieben wurde.

Typische IOR-Besegelungen

Wir wollen uns hier einmal ausschließlich mit IOR-Spinnakern befassen, weil dies sicherlich die meisten Leser dieses Buches interessieren dürfte. Dann sollten wir uns die Segelgarderobe verschiedener Boote, die dieser Formel entsprechen, aufgeteilt nach Bootsgrößen, anschauen. In den ersten beiden Kapiteln haben wir einige der verschiedenen Spinnakerformen betrachtet, doch nun geht es um die beste Besegelung für unser Schiff. Viele Boote fahren nur einen Spinnaker in der Segellast, und der Skipper denkt zu Recht, daß dies genug sei. Sobald wir uns jedoch in den Regattazirkus begeben, beginnen wir über zusätzliche Segel nachzudenken – natürlich auch über Spinnaker. Die Zusammenstellung der Segel wird selbstverständlich auch vom Typ des Bootes und von der Art der Regatten abhängen, an denen wir teilnehmen wollen – und natürlich auch von unserer Brieftasche.
Deswegen habe ich meine Auswahl der Segel nach Prioritäten geordnet, weil schließlich nur der vermögende Bootseigner nicht in der Zahl der Segel, die er sich leisten kann, beschränkt ist. Schließlich wird die Wahl der Segel auch durch Erfahrungen mit dem jeweiligen Boot, durch die Diskussion mit dem Konstrukteur, dem Segelmacher oder anderen qualifizierten Experten (und gelegentlich auch unqualifizierten Experten, wie man sie in jeder Clubbar findet) bestimmt, dann letztendlich auch durch die Art und Weise, in der man das Boot segelt.
Der Floater von $^1/_2$ Unze (17 g/m^2) Tuchgewicht steht dabei jedoch ebensowenig wie die leichte Genua zur Diskussion, da man beide bei ernsthaftem Regattasegeln wirklich braucht. Dennoch sollten sie auf dieser Liste nur an erster Stelle stehen, wenn man in einem Erdteil segelt, in dem leichte Winde vorherrschen. Also habe ich diese Segel ziemlich unten auf der Rangliste placiert. Ähnliche Argumente könnte man für den Sturmspinnaker vorbringen: Segelt man in vorherrschend schwerem Wetter, wird man dieses Segel stark bevorzugen. In der nun folgenden Liste habe ich mit den kleinsten Booten begonnen und die Bootslängen ungefähr in die Tonnerkategorien eingepaßt.

Bis zu 22 Fuß Lüa (Mikro- und Minitonner)

Gemäß der Formel und wegen des geringen Stauraums kann auf diesen Booten nur eine kleine Zahl von Spinnakern gefahren werden. Die meisten modernen $^1/_2$-Unzen-Tuche (17 g/m^2 Tuchgewicht) für Floater sind stark genug, um daraus einen Allround-Spinnaker mit guter Stabilität zu fertigen; da sie aber ziemlich teuer sind, wählt man zumeist lieber ein Tuch von $^3/_4$ Unzen (25,5 g/m^2) Tuchgewicht. Das Segel wird natürlich nach den maximalen Dimensionen geschnitten. Darf das Boot mehr als einen Spinnaker fahren, wird das erste Segel ein maximal großer Floater und das zweite ein flach geschnittener Floater aus ¾ Unzen (25,5 g/m^2) schwerem Nylon sein, wobei die Schultern schmaler und das Unterliek kürzer sind als die maximalen Maße erlauben. Gestatten Formeln (und Brieftasche) unbeschränkt viele Spinnaker, sollte der dritte ein flach geschnittenes Segel für schweres Wetter und raum-vorliche Kurse sein.

25 bis 27 Fuß Lüa (Vierteltonner)
Hier kommen bis zu drei Spinnaker in Frage; der erste sollte aus ¾ Unzen (25,5 g/m^2) schwerem Tuch sein. Wählt man dafür einen Floater, so sollte er wiederum mit einem flach und schmal geschnittenen Segel aus Tuch gleichen Gewichts ergänzt werden. Als drittes gehört dann ein flaches, schmales Segel in die Last, das als Starcut oder Triradial geschnitten ist und aus 1 oder 1½ Unzen (34 bzw. 51 g/m^2) schwerem Tuch gefertigt ist.

27 bis 32 Fuß Lüa (Halbtonner)
Bei dieser Bootsgröße können wir wiederum an drei Spinnaker denken. Als erste Wahl kommt auch hier ein Segel aus ¾ Unzen (25,5 g/m^2) schwerem Tuch in Frage, das möglicherweise als Triradial geschnitten ist. Ein solches Segel besitzt zusätzliche Amwindqualitäten, was besonders wichtig ist, wenn dies der einzige Spinnaker an Bord ist. Mit einem großen Spinnaker kann man diese Bootsgröße leicht übertakeln, und deshalb sollte die zweite Wahl ein Starcut- oder Triradial-Reacher sein. Dessen Unterliek müßte wohl besser nur 1,65 bis 1,75 x JC statt der maximalen 1,8 JC betragen, damit am Wind bei dichtgeholten Schoten gar nicht erst die Tendenz, Abwinde ins Großsegel zu werfen, auftreten kann. Es kann übrigens auch als Schwerwettersegel dienen.
Auf Revieren mit gewöhnlich leichteren Winden denkt man wohl eher an ein Segel in der vollen zulässigen Größe, wobei man dann allerdings riskiert, bei stärkeren Winden auf einen Spinnaker verzichten zu müssen. Nummer 3 wird unter diesen Bedingungen ein Floater, doch wenn das heimische Revier mit viel Starkwind gesegnet ist, sollte man lieber einen Sturmspinnaker wählen.

32 bis 35 Fuß Lüa (Dreivierteltonner)
Boote dieser Größe können schon so viele Segel stauen, daß wir jetzt an maximal vier Spinnaker denken dürfen. Unser alter Bekannter, der Allround-Spinnaker aus ¾ Unzen (25,5 g/m^2) schwerem Tuch, ist auch hier die Basis unserer speziellen Segelgarderobe. Auf einem Boot dieser Größe sollte er als Triradial geschnitten sein, weil dieses Segel, speziell am Wind, besonders stabil ist. Die zweite Wahl fällt dann auf einen kleinen Reacher, Starcut oder

Triradial mit einem kürzeren Unterliek wie für den oben beschriebenen Halbtonner. Nummer drei ist wiederum der Floater, besonders wenn man im Heimatrevier mit viel leichten Winden zu rechnen hat. Die Lücke zwischen dem $^{3}/_{4}$-Unzen-Segel (25,5 g/m^2) und dem kleinen Reacher mag für einige Boote oder Segelreviere zu groß sein. Dann sollte sie mit einem maximal großen Reacher im Triradial-Schnitt aus 1 bis $1^{1}/_{2}$ Unzen (34 bis 51 g/m^2) schwerem Tuch gefüllt werden, bei dem also Seitenlieken und Unterliek die volle erlaubte Länge haben, der aber am Kopf flach und schmal geschnitten ist. Bei leichtem Wetter kann dieses Segel wichtiger werden als der kleine Reacher. Segelt man in einem Teil der Welt, in dem schweres Wetter vorherrscht, kann man den Floater oder den großen Reacher zugunsten eines echten Sturmspinnakers weglassen.

35 bis 40 Fuß Lüa (Eintonner)
Diese Bootsgröße erfordert eine dem Dreivierteltonner fast ähnliche Besegelung. Doch im oberen Teil dieser Bootsgrößen muß man allmählich schon an einen maximal großen Spinnaker aus mehr als $^{3}/_{4}$ Unzen (25,5 g/m^2) schwerem Tuch, von dem bisher beim Allround-Spinnaker immer die Rede war, denken – etwa $1^{1}/_{2}$ Unzen (51 g/m^2). Das leichtere Segel ist eben nicht mehr stark genug für die schwersten Bedingungen, unter denen das Boot noch einen maximal großen Spinnaker tragen kann. Um dies auszugleichen, wird der kleine Reacher ebenfalls etwas größer und voller geschnitten. Natürlich gehört auch ein Floater auf ein solches Boot.

40 bis 45 Fuß Lüa (Zweitonner)
Wie der Eintonner sollten auch diese größeren Boote für den Standardspinnaker lieber Tuchstärken von $1^{1}/_{2}$ Unzen (51 g/m^2) als $^{3}/_{4}$ Unzen (25,5 g/m^2) wählen. Es ergibt sich ein Stell von fünf Spinnakern: ein Floater von $^{1}/_{2}$ Unze (17 g/m^2) Tuchgewicht, Allroundsegel von $^{3}/_{4}$ Unzen (25,5 g/m^2) und $1^{1}/_{2}$ Unzen (51 g/m^2) Tuchgewicht, Reacher und kleiner Schwerwetterspinnaker. Können nur drei Spinnaker gefahren werden, sollten es ein Floater, ein Spinnaker aus $1^{1}/_{2}$ Unzen (51 g/m^2) Tuchgewicht und ein kleiner Reacher sein.

Über 45 Fuß Lüa (Maxi-Rater)
Hier werden zwei Arbeitsspinnaker benötigt, einmal unser alter Freund aus $^{3}/_{4}$-Unzen-Tuch (25,5 g/m^2) und dann ein Segel aus $1^{1}/_{2}$- bis $2^{1}/_{4}$-Unzen-Tuch (51 bis 76,5 g/m^2). Dahinter rangieren ein Floater und ein Reacher, wobei letzterer wahrscheinlich als Starcut aus $2^{1}/_{4}$ Unzen (76,5 g/m^2) schwerem Tuch geschnitten ist. Bei dieser Bootsgröße kann man außerdem noch zwei Spinnaker für raum-

vorliche Kurse, einen größeren und einen kleineren, fahren. Dazu gehört hier unbedingt ein Sturmspinnaker, wenigstens auf längeren Fahrten. Um einen solchen Maxi-Rater in Regatten erfolgreich zu segeln, braucht man also einen Floater, Allround-Spinnaker von $^{3}/_{4}$-Unzen-Tuch (25,5 g/m^2) und $1^{1}/_{2}$-Unzen-Tuch (51 g/m^2) – auf sehr großen Booten $2^{1}/_{4}$ Unzen (76,5 g/m^2) –, einen Starcut- oder Triradial-Reacher und einen Sturmspinnaker.
Viele der größeren Boote dieser Klasse wollen sich am Blauwassersegeln oder an Hochseeregatten beteiligen. Dies verlangt sorgfältige Planung, weil dabei ganze Ozeane zu überqueren und Wetterextreme zu bewältigen sind, wobei alles Gerät extrem beansprucht wird. In den Round-the-World-Regatten schicken die meisten Segelmacher den von ihnen betreuten Yachten zu den Zwischenstationen Ersatzsegel nach, auch wenn sie mit voller Segellast ins Rennen gegangen sind. Dies war jedenfalls so, als ich noch bei Hood arbeitete, und ich erinnere mich, wie ernst Segelmacher und Eigner die auftretenden Kräfte nahmen. Gleichgültig wie gut ein Spinnaker gearbeitet ist – wenn er unter den extremen Wetterbedingungen des südlichen Ozeans aufs äußerste strapaziert wird, kann jeder Spinnaker reißen oder platzen.

Bestellen eines neuen Spinnakers

Hat der alte Spinnaker keine unnötigen Handikaps, die eliminiert werden müssen, so ordert man einen neuen IOR-Spinnaker am besten, indem man dem Segelmacher eine Kopie des Vermessungszertifikats sendet. Dies ist das einzige Segel, das ohne Zuhilfenahme eines Segelplans entsprechend der Formel angefertigt werden kann. Als einzige Information fehlt auf dem Vermessungszertifikat nur die Farbzusammenstellung – und das ist eine Sache des Geschmacks. Fügt man diese Angaben noch hinzu, kann der Segelmacher gleich mit der Arbeit beginnen. Schließlich stehen sogar Bootsname und Segelnummer auf dem Zertifikat, so daß sie der Segelmacher auf dem Segelsack anbringen kann. Hat man ein Boot wie einen Drachen, einen 470er oder ein anderes aus der Vielzahl der Einheitsklassen, besitzt der Spinnaker eine ganz bestimmte Größe, so daß der Segelmacher hier nur die Klasse, die Segelnummer und die Farbwahl, dazu den Schiffsnamen, den er auf dem Sack anbringen muß, zu wissen braucht. Sogar einige der Konstruktionsklassen haben einen Einheitsspinnaker, bei dem keine Abweichungen erlaubt sind. Nur die Internationalen Meter-Klassen – die 5,5er, die 12er – können ihre Spinnaker innerhalb der freien Formel unendlich variieren, so daß die besonderen Wünsche des Eigners wichtig werden. Er sollte sie mit seinem Segelmacher durchsprechen, denn der wird die schnellsten Schnitte und die jüngsten Trends für unterschiedliche Windbedingungen kennen. Besitzt man kein Einheitsklassen-Boot oder Standard-Tourenboot oder fehlt einem der IOR-Meßbrief, wird man selbst einige wesentliche Maße am Boot oder am Segelriß, sofern man einen solchen Riß oder Plan besitzt, abnehmen müssen. Mit Maßen, die man aus einem Segelriß gewinnt, sollte man allerdings sehr vorsichtig umgehen; denn sie haben die häßliche Angewohnheit, ungenau zu sein.

Am sichersten ist es natürlich, das Boot zu vermessen; das ist auch gar nicht so schwer, weil nur drei Maße wirklich notwendig sind. Zuerst bestimmt man die Lieken des Segels. Man mißt von der Spinnaker-Fallscheibe im Masttopp bis zur Deckslinie (nicht bis zum Kajütdach, weil dabei ein zu kurzes Segel herauskommen würde). Am einfachsten zieht man zu diesem Zweck ein Bandmaß mit dem Spinnakerfall am Mast hoch; jedoch sollte man neben dem Bandmaß eine leichte Leine anschlagen, denn wenn sich das Fall in der Scheibe verklemmt, ist das Bandmaß möglicherweise zu schwach, um es wieder zu befreien. Für Schäkel und Spleiß gibt man noch einige Zentimeter zu, und schon hat man das exakte Maß.

Nimmt man die Messung vor, während der Mast gelegt oder an Land ist, muß man auch die Distanz zwischen Mastfuß und Deck ausmessen und eventuell (wenn der Mast wie meistens auf dem Kajütdeck steht) hinzurechnen. Der so erhaltene Wert entspricht dem I-Maß der IOR-Formel.

Das nächste Maß ist die Länge des Vordecks von der Vorderkante des Masts bis zu dem Punkt, an dem das Vorstag an Deck angeschlagen ist. Dies ist das J-Maß der IOR-Formel (in der Regel wird es natürlich präziser beschrieben, damit man sie nicht so leicht umgehen kann), das der Segelmacher zur Berechnung der Breite des Spinnakers benötigt. Auch wenn man keiner bestimmten Formel verpflichtet ist, kann das Boot nur einen Spinnaker bestimmter Größe tragen, ohne übertakelt zu werden. Außerdem setzt ein Segel, das keiner Formel entspricht, den Wiederverkaufswert des Bootes herab; denn der nächste Besitzer möchte vielleicht gerne Regatten segeln.

Das letzte Maß ist die Länge des Spinnakerbaums. Es muß jeden Hals- oder Nockbeschlag mit umfassen; denn man wird sich erinnern, daß dieses Maß von der Mittellinie des Masts bis zum äußersten Ende des Baums und seiner Beschläge gemessen wird, während er am Mastbeschlag eingepickt und horizontal rechtwinklig zur Mittschiffslinie ausgeschwungen ist. Besitzt man noch keinen Spinnakerbaum, wird der Mastenmacher das J-Maß, das schon herausgefunden wurde, wissen wollen, dazu die Art des Mastbeschlags, den man haben möchte.

Man muß dem Segelmacher ebenfalls aufgeben, welche Art von

Spinnaker man haben möchte. Soll es der einzige Spinnaker sein, so muß man dies deutlich sagen. Will man ihn für einen speziellen Zweck haben, teilt man ihm auch dies mit und sagt ihm zudem, welche anderen Spinnaker man bereits besitzt, damit man von ihm richtig beraten wird. Man sollte ihm auch mitteilen, wie man das Segel einsetzen möchte, ob und in welchen Regatten oder nur beim Tourensegeln. Ist man sich nicht ganz sicher, was man will oder was man braucht, ruft man die Segelmacherei an und fragt – dafür ist sie ja schließlich da.
Noch einmal: Man bedenke, daß die Farbwahl für den Schnitt des Segels wesentlich ist und daß der Segelmacher ohne genaue Farbangaben seine Arbeit nicht beginnen kann.

11 Computer-Design

Bisher haben wir die allgemeinen Prinzipien der verschiedenen Vermessungsformeln betrachtet, soweit sie Form und Größe des Spinnakers betreffen. Wir haben die Formgestaltung in bezug auf unterschiedliche Anforderungen verfolgt, dann einige wesentliche Punkte, die beim Entwurf eines Spinnakers zu beachten sind, untersucht und dargestellt, wie man die erwünschte Form erhält. Alles dies aber noch ziemlich allgemein. Im vorausgehenden Kapitel schließlich haben wir die Interpretations- und Anwendungsmöglichkeiten der International Offshore Rule genauer untersucht, so daß wir jetzt in der Lage sein sollten, andeutungsweise zu verstehen, wenn ein Segelmacher ein wenig leichtfertig von „programmierten Spinnakern“ spricht.
Bevor wir uns in eine Diskussion verwickeln lassen, wie sich das Spinnaker-Machen von einem empirischen Prozeß zu einem mathematischen Rechenakt entwickelte, möchte ich rasch darauf hinweisen, daß kein Computer einen Spinnaker entwerfern kann. Er kann nur die mathematischen Berechnungen durchführen, die man zur Definition einer Form benötigt, und sie dann für den späteren Gebrauch speichern. In unserem Fall basiert diese Definition auf der Form jeder einzelnen Bahn des Segels.
Lange Zeit wurden Spinnaker sozusagen frei nach dem Auge angefertigt. Die Segelmacher mußten die Form, die sie erreichen wollten, im Hinterkopf haben. Wie immer bei Designfragen, handle es sich nun um Mode oder Möbel, um Hüte oder Häuser, gelang es einigen dieser künstlerischen Handwerker, ihre Ideen besser auszudrücken als andere, trafen einige die richtigen Antworten öfter als andere und schafften es auch noch, ihre Arbeit besser auf Papier festzuhalten, so daß sie sie leichter wiederholen konnten. Der Siegeszug des Computers befähigte uns, unsere Ideen auf präzisere Weise mathematisch auszudrücken, so daß die besten Ergebnisse des einen Segels besser auf andere übertragen werden konnten. Der Computer hat natürlich auch zur Entwicklung genauerer Kontrollmöglichkeiten beigetragen.

Definition der Form

Für solche Optimierung ist es zunächst einmal notwendig, die Form des Segels zu definieren, und zwar jetzt nicht in aerodynami-

schen Termini, sondern geometrisch, als eine Summe von Formen, die sich leicht als Zahlen ausdrücken lassen. Ted Hood, Chris Bouzaid und ich kamen schon sehr früh auf die Idee, unsere Entwürfe erst einmal in Rechtecken und Dreiecken auszudrücken, da dies fundamentale geometrische Formen sind. Wie ein Puzzle zusammengesetzt, sollten uns diese Bausteine die Form des Spinnakers geben, nach der wir suchten. Im Hinterkopf hatten wir allerdings immer schon den Gedanken, daß der Kreis und die Kugel ebenso fundamentale Formen sind, und wir waren uns durchaus bewußt, daß wir uns hier auf das Feld der sphärischen Geometrie begaben.
Als ersten Schritt versuchten wir, ein Segel aus einem Rechteck und einem Kreissegment zu bauen. Es überraschte uns, wie dicht wir ohne weitere Änderungen an das herankamen, was wir suchten. Doch um die nächsten Schritte zu tun, mußten wir auf unsere Erfahrungen als Segelmacher zurückgreifen.

Die untere Spinnaker-Hälfte Ein früher Schritt bestand darin, Erfahrungen zu suchen, wie stark die untere Hälfte des Segels – das Rechteck – die Form des gesamten Segels beeinflußte. Während einer unserer Entwurfskonferenzen in Auckland (Neuseeland) variierten Ted, Chris und ich die Form der unteren Segelhälfte, indem wir die horizontalen Bahnen, die noramlerweise etwa auf halber Höhe jedes Segels verlaufen, ob es nun horizontal oder radial geschnitten ist, veränderten, indem wir sie z. B. schräg zulaufen ließen. Um damit Erfahrungen sammeln zu können, stellten wir eine Reihe unterschiedlicher Segelhälften her, die beliebig mit Reißverschlüssen miteinander zu koppeln waren. Die Kombination war schnell zu verändern, und so waren die Resultate auch vergleichbar. Dieses Verfahren erwies sich als sehr erfolgreich, und wir lernten viel daraus, besonders daß die Form der einen Hälfte die der anderen und damit das gesamte Segel beeinflußt. Die meisten Tests führten wir an einem an Land aufgestellten Rigg durch, aber einiges probierten wir auch unter Regattabedingungen aus. Man kann sich vorstellen, daß die Segler auf den anderen Booten baß erstaunt waren, wenn sich ein Reißverschluß zufällig öffnete, und daß sie an Wunder zu glauben begannen, wenn dasselbe Segel dann einen Augenblick später mit einem völlig anderen Fußteil wieder gesetzt wurde.

Vertikales Kopfsegment Wir experimentierten natürlich auch mit der Kopfform. Es wurde schnell klar, daß ein Kopfteil, das in der Vertikalen einem 90-Grad-Kugelsegment entspricht, viel zu voll ist. Vergleicht man den Spinnaker mit der Erdkugel, wobei man sich den Kopf am Nordpol vorzustellen hat, so kann dieser Winkel (den wir im folgenden mit θ bezeichnen) als Breite verstanden werden.

Bei einem Winkel θ = 90 Grad läge die Unterkante der Kopfsektion, in der die Bahnen radial vom Kopf ausgehen, auf dem Äquator. Eine nur geringfügige Verkleinerung des Winkel brachte jedoch schon erhebliche Vorteile; wir fanden heraus, daß knapp 10 Grad weniger als die vollen 90 Grad optimale Resultate ergab.

Der Winkel am Kopf Ähnlich wird der Abstand zwischen den Seitenlieken des Spinnakers – die Breite des Segels – durch den Horizontalwinkel im Zentrum der Kugel ausgedrückt. Dann kann man die Seitenlieken mit den Meridianen auf dem Globus vergleichen. Zugleich wird deutlich, daß der Winkel zwischen den „Meridianen" im Zentrum der Kugel unmittelbar vom Horizontalwinkel im Kopf der Kugel abhängt. Obgleich der Begriff objektiv falsch ist, beschlossen wir, ihn der Einfachheit halber als „Kopf-Winkel" (engl. head angle) zu bezeichnen (α).

Prozentsatz des sphärischen Schnitts Behält man im Auge, daß die untere Hälfte des Spinnakers, der Fußteil inklusive der waagerechten Bahnen in der Mitte, die Form des gesamten Segels beeinflußt – wie verhält es sich dann umgekehrt mit dem Kopfteil? Wir machten Versuche mit unterschiedlichen Völligkeitsgraden im Spinnakerkopf. Dabei ist leicht zu begreifen, daß der Anteil des Segels, der als Teil einer Kugel ausgeführt ist, die Form des gesamten Segels verändert. Also müssen wir zu θ und α als dritte Variable noch den Prozentsatz des Segels, der sphärisch geschnitten werden soll (PC), hinzufügen. Dieser Punkt kommt vor allem zum Tragen, wenn unterschiedliche Typen von Spinnakern entworfen werden sollen: Reacher, Vormwindspinnaker, Sturmspinnaker usw.

Höhenverhältnis Das Höhenverhältnis (engl. aspect ratio, AR) des Spinnakers kommt hier auch noch in Betracht. Anders ausgedrückt handelt es sich dabei um das Verhältnis zwischen der Höhe des Segels und seiner mittleren Breite. Rechnet man die Liekrundungen und die Verjüngung zum Kopf hin ein, so drückt man dieses Verhältnis mathematisch als Quadrat der Seitenliekslänge, geteilt durch die Segelfläche (engl. sail area, SA) aus, wobei man bei beiden natürlich dieselben Maßeinheiten, entweder Fuß und Quadratfuß oder Meter und Quadratmeter, benutzen muß. Diese Größe wird zur Zahl 1 ins Verhältnis gesetzt:

$$\frac{L^2}{SA} : 1.$$

Aber verständlicher und leichter handhabbar wird es, wenn man einfach nur Lieklänge und maximale Breite ins Verhältnis setzt;

dies ist die Größe, mit der wir rechnen. Da ein Segel, das vom Kopf bis zum Unterliek als Kugelsegment gebaut ist, im Unterliek kürzer als in der maximalen Breite wäre, befände sich, wenn wir wieder auf unser Beispiel Globus zurückgreifen, das Unterliek in der dem Kopf entgegengesetzten Hemisphäre, während der breiteste Teil des Segels auf dem Äquator aufläge. Doch IOR und andere Klassenvorschriften lassen ein Segel, das so breit ist, wie es der Designer vielleicht wünschen mag, nicht zu. Demnach ergibt sich nach den geltenden Formeln ein Segel mit einem größeren Höhenverhältnis als notwendigerweise zu wünschen wäre. Gehen wir bei einem IOR-Spinnaker vom Kopf nach unten, kommen wir schließlich an einen Punkt, an dem die Vektoren, die die Form beschreiben, nicht länger der Kugelform folgen. Bei einem solchen Entwurf haben wir also folgende Faktoren zu beachten:

θ (Vertikalwinkel der oberen Spinnakerhälfte)
α (Horizontalwinkel der oberen Hälfte)
PC (Prozentsatz des Segels, der sphärisch geschnitten ist)
AR (Verhältnis der Lieklänge zur maximalen Breite).

Die Bestimmung der Werte

Die Wahl der Werte für diese Faktoren ist nicht so zufällig, wie man sich vielleicht vorstellen mag. Damit die Wölbung des Segels im Verhältnis zur Sehne gleichmäßig tief ist (wie im 2. Kapitel beschrieben), müssen die Faktoren miteinander korrelieren, weil man sonst keine korrekten Werte erhält, die gegeneinander ausgewogen sind. Nehmen wir zunächst einmal einen Allround-Spinnaker für einen durchschnittlichen IOR-Regattakreuzer. Viele Boote von etwa 30 bis 32 Fuß Lüa können einen Spinnaker mit 35 Fuß Lieklänge und 21 Fuß 6 Zoll maximaler Breite fahren. Der Segelplan enthält dann I = 34′10″ und JC = 11′11″.

θ hat großen Einfluß auf das Völligkeitsverhältnis (das Verhältnis zwischen Sehne und Wölbungstiefe des Segels); also muß man zuerst diesen Wert wählen. Die Erfahrung hat gezeigt, daß 82 Grad etwa richtig ist – ich sprach schon davon, daß man ohne ständige empirische Untersuchungen und Erfahrungen auch beim Computer-Design nicht auskommt – und daß größere Winkel zuviel Völligkeit ergeben. Wir haben mit maximal 85 Grad für volle Vormwindspinnaker experimentiert.

Als nächster Schritt muß entschieden werden, wie breit die Schultern sein sollen; man wird sich erinnern, daß dies für die Wirksamkeit des Segels kritisch ist. Die Erfahrung zeigt hier wiederum, daß α = 100 Grad bis 110 Grad das Optimum für diese Art Segel ist. Jeder höhere Wert drückt das Verhältnis von Sehne zu Wölbungstiefe des Segels unter den optimalen Wert. Aus dem 2. Kapitel

Parameter für den Computer. PAA_1 (mit α_2 und θ_2) ergäbe einen Spinnaker mit schmaleren Schultern als PEE_1 (mit α_1 und θ_1, der in diesem Fall 90° ausmacht). Soll PAA_1 das gleiche SMW wie das vollere Segel nach PEE_1 haben, würde man mit einer größeren Kugel arbeiten. Damit würden sich CAA_1 und CEE_1 verändern, und PA wäre dann länger als PE. Mit anderen Worten, der flachere Spinnaker hätte einen größeren Prozentsatz der Lieklänge in der Kopfsektion.

PP_1 = Polachse.
C = Centrum.
R = Radius.
E = Äquator.
θ = Vertikales Kopfsegment.
α = Winkel am Kopf.

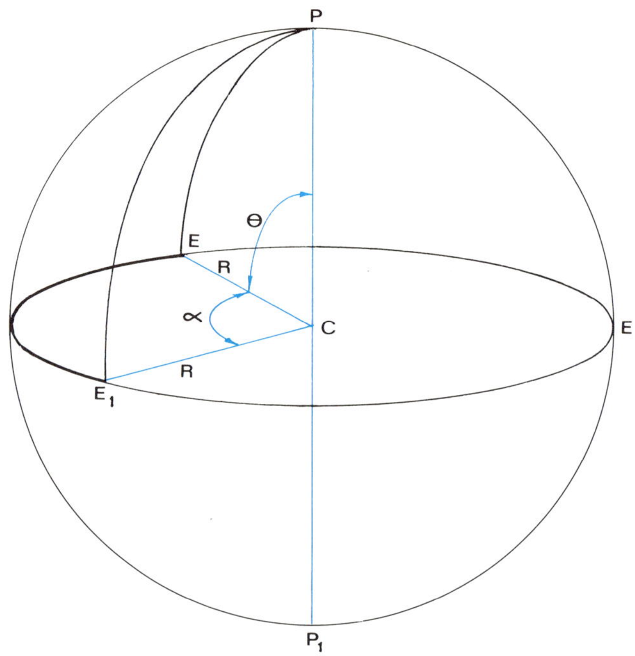

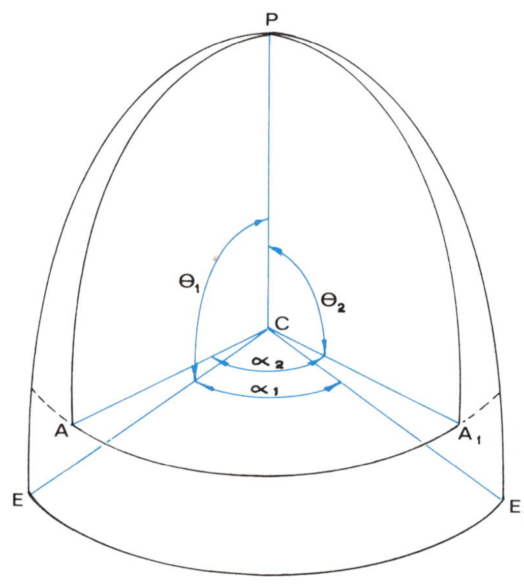

wissen wir, daß dieser Wert 5:1, mindestens jedoch 4:1 für ein stabiles Vormwindsegel betragen soll.
Die maximale Breite wird uns von der Formel diktiert (1,8 JC), und da wir wollen, daß das Segel die volle Breite so hoch wie möglich entwickelt, benutzen wir diesen Wert als Basismaß für den sphärischen Teil des Segels. Die Mathematiker unter meinen Lesern werden sogleich erkennen, daß dieses Problem folgendermaßen gelöst werden kann:

$$\frac{\text{cosec}\ \theta \times \text{Segelbreite}}{\alpha} \times \theta = \text{Höhe des sphärischen Teils.}$$

Die Lösung sollte so arrangiert werden, daß bei $\theta = 82$ Grad und α um 105 Grad die Höhe des sphärischen Teils um 45 bis 47 Prozent der gesamten Lieklänge betragen soll.
Wie schon festgestellt, hat die Form des restlichen Segels einen Einfluß auf die obere Hälfte. Doch kann man die Form noch genauer kontrollieren, indem man die Formel verschiedene Werte für verschiedene Sektionen des Segels eingibt. So kann man z. B. θ in jenen Teilen des Segels erhöhen, die an die Lieken angrenzen. Bei einem Radialkopf-Segel können die Bahnen beim Schnitt rund geschnitten werden, womit man unterschiedliche Wirkungen erzielen kann.
Die untere Hälfte des Spinnakers muß der oberen entsprechen, sie muß ihr angepaßt sein, damit die Form im gesamten Segel korrekt bleibt. Am besten erreicht man dies durch Formung der Nähte zwischen den horizontalen Bahnen in der Nähe des „Äquators". Zusammen mit der Wirkung des triradial geschnittenen Fußteils kann dies einen ellliptischen Querschnitt hervorbringen, der noch dadurch unterstützt wird, daß man die Mittelsektion des sphärischen Kopfteils flacher als die Kanten macht. Damit liegt man bei den meisten Segelgrößen richtig. Doch, wie schon erwähnt, muß man für besonders große und besonders kleine Spinnaker die Werte wahrscheinlich anpassen.
Soweit es unseren Allround-Spinnaker betrifft, brauchen θ, α und PC nur geringfügig verändert werden, um in der letztendlichen Form beträchtliche Unterschiede zu erreichen: Zwei oder drei Grad bei θ, fünf Grad bei α und zwischen $2\frac{1}{2}$ und 5 Prozent bei PC decken schon alle Varianten zwischen Floater, Runner und Allround-Spinnaker ab, sogar alle Unterschiede zwischen Topp-, Siebenachtel- und Dreivierteltakelung. Bei solchen geringfügigen Unterschieden ist es unpraktisch, tabellarisch genaue Werte aufzuführen. Sinnvoll erscheinen mir jedoch folgende allgemeine Regeln:
1. Je größer θ, um so voller das Segel.
2. Je größer α, um so voller das Segel.
3. Je kleiner PC, um so voller der Kopf.

Es ist relativ leicht zu verstehen, wie wir diese drei Werte abändern müssen, um einen flacheren Spinnaker für raum-vorliche Kurse zu erhalten, und wie wir dann entsprechend die Form der unteren Segelhälfte anpassen müssen. Für einen Reacher normaler Größe müssen wir θ bis auf 77 bis 75 Grad, α bis auf 85 bis 80 Grad herunterbringen und zugleich PC bis auf etwa 55 Prozent des gesamten Segels vergrößern. Für einen kleinen Reacher mit einer maximalen Breite von 1,65 JC (im Unterschied zu den zugestandenen 1,8 JC) würden die Werte etwa $\theta = 65$ bis 70 Grad, $\alpha = 65$ bis 70 Grad und PC 57 bis 60 Prozent lauten. Diese Werte variieren nicht so sehr mit der Bootsgröße wie mit der Völligkeit, die im Segel erforderlich ist. Entsprechend wird die Völligkeit in der unteren Hälfte um einen Wert, der zwischen 7½ und 12½ Prozent liegt, vermindert, was fast vollständig durch entsprechende Formung der horizontalen Bahnen erreicht werden kann.
Ich gebe hier diese Zahlen unter anderem deshalb nicht genauer an, weil sie auch von AR beeinflußt werden. Wird das Segel kürzer und breiter, muß es voller geschnitten sein, damit das Verhältnis von Sehne zu Tiefe konstant bleibt. Also hilft dieser vierte Faktor, die genauen Werte der anderen drei Faktoren zu bestimmen. Praktisch variieren die Werte dadurch wahrscheinlich stärker als durch die Bootsgröße, fallen aber höchstwahrscheinlich dennoch nicht außerhalb der gegebenen Parameter.

Sphärisches Design

Die nächste Phase der Überlegungen bezieht sich auf ein Segel, das vollständig auf sphärischer Basis entworfen werden kann. Merkwürdigerweise deckt man damit extreme Typen ab: die sehr großen Spinnaker, wie man sie in einigen Klassen, insbesondere in den Internationalen Meter-Klassen sieht, ebenso wie die kleinen, flachen IOR-Spinnaker wie den Sturmspinnaker oder den Super-Starcut.
Zu bemerken ist dabei zunächst einmal, daß diese Segel in der Mitte breiter als am Unterliek sind. Beim übergroßen Spinnaker liegt die größte Breite hoch oben im Segel – unterhalb der halben Höhe. Beim Sturmspinnaker befindet sich die maximale Breite viel weiter unten, also näher am Unterliek.
In diesem Fall benutzt man ein θ größer als 90 Grad; üblich ist ein Wert von etwa 108 Grad. Wenden wir wieder den Vergleich mit der Erdkugel an, liegt der Spinnakerkopf am Nordpol, während der Äquator auf einer Linie, die 18 Grad oberhalb des Unterlieks liegt, durchs Segel führt. Man berechnet dies wie schon beschrieben, wobei die 18 Grad unterhalb des „Äquators“ bzw. des Punkts der größten Breite ein Spiegelbild der darüber liegenden 18 Grad sind.

Daß das Segel im Kopf ein θ von mehr als 90 Grad besitzt, mag vielleicht überraschen. Bei einem sehr großen Spinnaker ist dies nicht nur akzeptabel, sondern notwendig, um die nötige Völligkeit zu erhalten. Dazu gehört auch ein größerer Horizontalwinkel (α) im Kopf, und PC steht in direktem Verhältnis zur Lieklänge. Die Breite wird durch die Größe des Segels kontrolliert, so daß wir einige sehr große Horizontalwinkel erhalten können. Bei Segeln, bei denen AR sehr niedrig liegt, muß die Geometrie verzerrt werden, wenn wir ein schnelles Segel erhalten wollen.
Beim Sturmspinnaker geht die zusätzliche Völligkeit, die durch θ = 90 Grad und größer erreicht wird, teilweise wieder verloren, weil der Horizontalwinkel im Kopf so klein ist. Andererseits braucht ein Sturmspinnaker nicht so flach geschnitten zu werden, daß im Kopf keinerlei Völligkeit mehr vorhanden ist, die ihn ja schließlich tragen muß. Man sollte sich erinnern, daß, wie im 2. Kapitel erwähnt wurde, 7:1 das flachste Verhältnis von Sehne zu Wölbungstiefe ist.

Die Werte für den Zuschnitt

Für einen Programmierer ist es nicht besonders schwierig, ein Programm zu entwerfen, das die erforderlichen Tuchformen für den Zuschnitt fast aller Spinnaker definiert. Im rechteckigen Teil des Segels können Länge und Breite der Bahnen leicht von so elementaren Größen wie der Breite und der Höhe des Spinnakers abgeleitet werden. Ebenso lassen sich die Formen der Bahnen und gerundeten Schnittlinien vorgeben; beim Zuschnitt werden sie mit Hilfe von Schablonen oder flexiblen Straklatten auf das Tuch übertragen.
Auch für die triradial geschnittenen Schothörner rechnet der Computer leicht durch einfache trigonometrische Rechnung die Winkel und Höhen der Bahnen aus. Ist Wölbung gefordert, haben wir es wieder mit sphärischer Geometrie zu tun, und dann ergibt sich für die gerundete Schnittlinie jeder Bahn folgende Formel:

$$\text{Maß} = \frac{\sin(\theta \times \%\,\text{der Bahnlänge})}{\sin\theta} \times \text{Bahnbreite am breitesten Punkt}$$

„Prozent der Bahnlänge“ ist der Punkt, dessen Maß gesucht wird, ausgedrückt als Prozent der Länge des Tuchs. Es ergeben sich also Maße für die Breite der Bahn an verschiedenen Punkten, die z. B. per Straklatte zur Linie geformt werden können.
Ist diese Formel erst einmal erarbeitet, kann der Programmierer dann die Spezialwünsche des jeweiligen Segelmachers, seine „Geheimrezepte“, einarbeiten.
Das Design des Segels mit Hilfe der Vektorenmethode verlangt vom Programmierer, Punkte auf dem Segel in Form von Abständen

und Winkeln im Verhältnis zu einem bestimmten Referenzpunkt auszudrücken. Daraus kann man wiederum Schnittfiguren für jede Bahn des betreffenden Segels gewinnen.
Einige Segelmacher berechnen die gesamte Form des Segels mit einer Reihe von Vektoren, Winkeln, Abständen und Maßverhältnissen. Dank des Computers ist dies nicht nur eine praktikable Idee geblieben, sondern hat sich in der täglichen praktischen Arbeit der Segelmacherei als anwendbar erwiesen. Diese Vektoren werden im Computer programmiert, und dann muß der Segelmacher für den Schnitt nur noch die jeweiligen Dimensionen des Segels eingeben. Der Computer formt dann nicht nur das gesamte Segel entsprechend dem vorgegebenen Konzept, sondern wirft auch die Zahlen für den Schnitt aus.
In der Segelmacherei Hoods entwickelte man ein anderes Programm, das den sphärischen Kopfteil direkt in radiale Bahnen umsetzt, indem es für einzelne Punkte über die Länge der Bahnen bestimmte Werte auswirft. Dann gibt das Programm noch die Schnittlinien der Bahnen in der unteren Hälfte des Segels an, und zwar so, daß sie die erforderliche elliptische Form annehmen. Soll ein triradial geschnittenes Segel gefertigt werden, kann man auch noch die Längen- und Breitenangaben der dafür nötigen Bahnen erhalten. Diese Formel ist Fundamental-Trigonometrie, und Können ist im Grunde nur für die Eingabe der Daten für die Rundung der Bahnen erforderlich.
In das Computerprogramm, das die Designformel und das Schnittprogramm enthält, braucht der Bearbeiter zusätzlich nur noch die Segelgrößen eingeben. Auf Knopfdruck hin erscheinen dann die Schnittfiguren in Zahlenform für jede einzelne Bahn des Spinnakers, entsprechend der zugrunde gelegten Designformel, auf einem Drucker.
Erfahrene Segelmacher berücksichtigen in vielen Fällen schon während der Eingabe in den Computer ihre Kenntnis des Eigners, der Art des Segelns, die er bevorzugt, und der Art und Weise, in der er das Segel handhaben wird, und modifizieren damit das Programm, so daß es ein optimales Segel für diesen speziellen Fall ergibt. Auf solche Weise werden mehr Variationen möglich, als es Segelmacher gibt. Jedenfalls ist es nicht schwierig, ein vorgegebenes Programm abzuwandeln, so daß es den Wünschen des Segelmachers oder des Eigners entsprechende Schnittfiguren ergibt. Das wiederum führt auch dazu, daß einige Segelmacher, die sich mehr Mühe geben, ihren Kollegen voraus sind. Andererseits arbeiten Segelmacher, die vor allem Einheitsklassen-Segel liefern, meist immer noch mit Schablonen, nach denen sie die Bahnen zuschneiden. Werden Modifikationen erforderlich, ändert man die Schablonen, ohne daß man in die grundlegende Berechnung einzugreifen braucht.

Stichwortverzeichnis